生态视域下的体育赞助价值评估
课题组

特约顾问：吴寿章　丁俊杰　马　力　何海明　岑传理
支持机构：北京我要赞体育传媒有限公司
课题组组长：杨　懿
课题组副组长：邵华冬　张　豪　洪建平　王晓乐
课题组成员：齐彦丽　郑　萌　张浚哲　高馨睿　王晓鑫　王　伟
特邀研究员：于子桓　于　波　万　安　王　芳　王利锋　王雨霏　王　博
卞光明　方立军　方妤文　邓世海　史　阳　付红加　冯连胜
兰亚东　朱晨光　刘　卫　刘开运　刘泽俊　刘　翔　刘　磊
纪　宁　芦琰姣　李进阳　李卓然　李　佳　李俊香　杨　安
杨　旺　杨学宝　杨　柳　连　震　吴永刚　吴志伟　吴琳娜
利汶桦　邱　柯　邹建新　沈泊廷　沈艳鲲　宋　昱　宋道钧
宋　巍　张　一　张　多　张丽君　张政静　张　特　张　婧
张　辉　陈　宁　陈　汐　陈国伟　陈　嵘　陈煜晃　林德韧
欧小燕　尚　桃　易广涛　金今兰　金　柯　周恒宇　庞　刚
郑忠远　郑　威　赵纯志　赵　驿　茶马司　南真真　柯永祥
侯立东　侯　琨　洪贵贤　骆维维　袁　方　倪张根　徐瑞芬
彭　强　郭　斐　唐云松　崔　虹　崔曦元　剪兆华　屠　波
童　惠　谢森树　樊露薇　魏　卓（按姓名笔画排序）

特别鸣谢|深度访谈对象：中国移动、匹克体育、汇源果汁、海航新传媒、阳光保险、彩虹泡泡跑、盛力世家、竞技时代、水木智娱、万博宣伟中国、北京未名阳光体育咨询、盛开体育、盈方体育、体育之窗、城市传奇、南方五环、长路体育、跑步前进、活动时、拉加代尔体育、新浪体育、天津日报、中国体育报、《冰雪》杂志、《篮球》杂志、南京广播台、旅游卫视、爱奇艺、田协马拉松办公室等（排名不分先后）

感谢以上机构对本研究的大力支持和鼎力配合！

生态视域下的体育赞助价值评估

杨懿 等著

中国传媒大学出版社
·北京·

序

2017年,中国体育赞助市场蓬勃发展,可谓沧海横流、风云变幻。随着国家政策密集出台,从中央到地方,政府成为体育市场成长的重要推手;随着体育创业热潮的到来,蜂拥而至的资本逐渐回归理性,体育赛事IP的抢购热逐渐降温;新技术、新探索不断出现,大数据、云计算、人工智能、VR/AR技术为体育市场赋能,扩容了体育市场未来的想象力;在消费升级的浪潮下,体育消费增长,但消费者的消费意识的提高还有待市场进一步激活;体育市场话语权从以官方话语体系为主导向大众话语体系与官方话语体系并行转移……从政策到资本,从消费到技术,中国体育赞助市场在上述要素的共同作用下,生机勃勃、潮流涌动。

基于以上背景,在北京我要赞体育传媒有限公司的倡议和支持下,中国传媒大学联合北京体育大学、对外经济贸易大学共同发起中国体育赞助价值生态调研,对生态视域下的中国体育赞助价值进行全景式扫描。课题组对赛事及赛事运营公司、广告主、媒体、消费者、政府主管部门及行业协会等体育赞助市场多方主体进行了问卷调查和深度访谈,总计回收问卷371份,梳理中国体育赞助市场现状,探寻体育赞助的盲区与痛点,并探讨中国市场上体育赞助价值生产、流通、运作的未来发展趋势。希望本项研究可以为中国体育赞助产业的发展略尽绵薄之力,也恳请各位业界、学界朋友多多指正!

杨懿

2019年春

目 录

上编　趋势研究

第一版块　体育赞助市场之变　/ 2
一、多元要素作用下的中国体育赞助市场　/ 2
二、体育赞助价值的生产、分发、交付路径的创新与变革　/ 4
三、体育赞助价值的有序流转需要更加系统科学的体育赞助价值评估　/ 5

第二版块　体育赞助市场之痛　/ 6
一、我国体育产业尚处起步阶段,体育赞助市场仍显稚嫩　/ 6
二、赛事版权市场动荡起伏,内部两极分化明显　/ 11
三、赛事运营公司、广告主、媒体对体育赞助价值的有效运作都存在一定问题　/ 16
四、我国体育消费水平仍属较低层级,观赏型消费发展不足　/ 20
五、体育赞助价值评估存在三大问题:公信力不足、科学性存疑、评估
　　标准尚未统一　/ 21
六、体育赞助价值评估模型　/ 24

第三版块　体育赞助市场之思　/ 25
一、赛事及赛事运营公司:体育赞助价值的开发与激活　/ 25
二、广告主:体育赞助价值的凝聚与转化　/ 44
三、媒体:体育赞助价值的传播　/ 80
四、消费者:体育赞助价值生产源动力　/ 124

第四版块 体育赞助市场之势 / 146

一、体育赞助市场的供给侧改革聚焦"扩""融""补" / 146

二、互联网颠覆传统体育赞助生态：赞助价值流动的去中介化 / 151

三、体育赞助市场从无序到有序的规范化发展 / 152

四、2018年本土品牌迎来体育赞助营销机遇 / 155

五、规范与突破：旧秩序影响力仍在，新规则与话语体系在博弈中逐渐成形 / 156

下编 实践案例

一、欢乐跑·中国10公里锦标赛 / 160

二、跑步前进Bubble RUN泡泡跑 / 163

三、彩虹泡泡跑 / 164

四、斯巴达勇士赛 / 166

五、阿里巴巴世界电子竞赛 / 168

六、ofo小黄车赞助德国多特蒙德足球俱乐部 / 170

七、阳光保险体育赞助案例 / 173

八、新浪3×3篮球黄金联赛 / 175

九、央视+微博：2014年巴西世界杯 / 179

十、央视+微博：2016年里约奥运会 / 181

上编 | QUSHI YANJIU
趋势研究

第一版块　体育赞助市场之变

一、多元要素作用下的中国体育赞助市场

(一)在政策、技术、资本作用下,中国体育赞助市场稳健发展

在政策、技术、资本三重要素作用下,我国体育产业仍处于快速增长期。国家体育总局、国家统计局公布数据显示,2016 年我国体育产业总规模为 1.9 万亿元,总产出比 2015 年增长了 11.1%;体育产业增加值为 6 475 亿元,占同期国内生产总值的比重为 0.9%。① 体育产业增加值在 2015 年后增速明显提升,从多年稳定的 14% 增长至 20% 以上。② 体育赞助既是我国体育产业中市场化程度较高的环节,也是广告主进行体育营销时的重要方式和手段。我国体育赞助市场在整个体育产业快速发展的大环境下也获得了较为稳健的发展。东兴证券数据显示,与体育赞助紧密联动的中国体育营销行业的主营业务收入从 2006 年的 20 亿美元上升至 2015 年的 35 亿美元左右。③ 生态视域下的体育赞助价值评估课题组调研数据显示,在被访赛事运营公司中,65.22% 的公司预计其 2017 年营业额将呈现增长趋

---

① 2016 全国体育产业统计数据发布:总规模达 1.9 万亿[EB/OL]. (2018 - 01 - 14)[2018 - 02 - 11]. http://news.sina.com.cn/o/2018 - 01 - 14/doc - ifyqqciz6799164.shtml.
② 叶倩瑜.广阔天地,大有作为——体育行业跨市场深度报告[R/OL]. (2017 - 12 - 04)[2018 - 02 - 11]. http://mp.weixin.qq.com/s/g9e_4DmDmaR - RITkp - SooQ.
③ 余伟.200 亿规模的体育营销市场要火了,但机会在哪里?[EB/OL]. (2016 - 09 - 27)[2018 - 02 - 11]. http://money.163.com/16/0927/11/C1VEKT8Q002580S6.html.

势;对纯利润预期增长的企业占54.55%。具体来看,2017年我国体育赞助市场发展受到以下三大外部因素的影响:

其一,国家政策对体育产业的助推作用。主要表现为:一是以2014年《国务院关于加快发展体育产业促进体育消费的若干意见》(国发〔2014〕46号)为代表的政策放宽、审批流程简化;二是国家在资源配置上加大了对体育场馆建设、体育教育、体育文化等方面的投入力度;三是国家的政策倾斜为体育行业释放利好信息,吸引不同行业、不同领域的竞争者加入。

其二,2017年资本对体育产业的投入回归理性,相关投融资数量和金额双双回落,但这段冷静期也为体育赞助市场的发展提供了一个反思、探索、重整的空间。数据显示,2017年体育产业的融资数量和融资金额创下新低,融资数量从2016年的242起减少到180起,融资金额从199亿元锐减到90亿元,体育公司在新三板的挂牌数量从2016年的41起减少至2017年的16起。① 从2017年乐视体育全生态营销模式的失利可以看到,资本的快速助推并不一定有利于体育赞助市场的健康发展;广告主体育赞助理念、体育赞助实践经验的累积还需要一定的时间与空间;体育赛事的发展、受众消费习惯的培养、成熟的体育赞助商业模式的形成也都需要进一步探索。与美国等体育赞助发育较成熟的市场相比,中国体育赞助市场从运作模式到操作理念仍不成熟,过于快速的资本助推无疑会挤压各方主体基本的反思与沉淀空间,导致发展畸形,遗留隐患。②

其三,技术的发展为体育赞助产业的价值增值提供可能。例如,AR/VR创新体育运动体验场景,智能可穿戴设备的普及使得运动数据的产生和传递成为可能,大数据在体育赞助产业的应用日新月异,为体育赞助营销行为的精准应用提供更多机会。而物联网、5G、区块链等技术革新也将为体育赞助产业带来新的营销机会。

(二)旧体系影响力尚在,新规则与话语体系在博弈中逐渐成形

体育市场话语权从以往的政府主导,逐步演变成政策破局下的多元参与、共同

---

①② 韩牧.2017年挂牌和融资数创新低,体育产业如何走出低潮[EB/OL].(2017-12-22)[2018-02-11].https://www.iyiou.com/p/62756.

竞争,新的规则和话语体系正在博弈中逐渐成形。旧的话语体系主要表现为政府主导体育产业的资源配置,国家体育总局和央视掌握大部分的优质赛事的所有权和直播、转播权。在《国务院关于加快发展体育产业促进体育消费的若干意见》(国发〔2014〕46号)等一系列政策破局之下,市场在体育产业中的资源配置作用逐渐显现:一来市场竞争者更加多元,参与者渴望"发声";二来"优胜劣汰"法则下市场竞争更具活力,体育产业竞争格局有待重新整合。

这一特点在体育赞助市场参与主体上有所体现:其一,自办赛事发展火热,从竞技体育到大众参与性体育,赛事运营公司业务类型更加多元;其二,广告主的体育营销更加活跃,从海信、vivo等知名广告主"出海"赞助国际大型赛事,到本土广告主借助本地化赛事实现品牌落地,广告主基于自身品牌需求寻找多样化赛事资源赞助;其三,互联网体育媒体崛起,争夺媒体版权、构筑业务版图;其四,消费升级浪潮下,消费者对健康消费、娱乐消费的支出增加,体育消费市场潜力巨大。

二、体育赞助价值的生产、分发、交付路径的创新与变革

体育赞助价值的生产路径从粗放和混沌走向精细运营与多维活化。《国务院关于加快发展体育产业促进体育消费的若干意见》(国发〔2014〕46号)颁布后,国家放宽对体育赛事的行政审批,促进体育赞助资源多元化发展。以前,由于体育赞助市场上赛事资源垄断、经验和规则意识缺乏等原因,一些体育资源的赞助价值开发停留在表面,而随着国际体育赛事运营公司的进入和本土体育赛事运营公司的蓬勃发展,我国体育赞助市场竞争活化,体育资源在"国际视野"与"本土经验"叠加下的价值开发潜能巨大,体育赛事运营公司对于体育资源赞助价值的开发愈加深入、精细。

体育赞助价值的分发路径从单向派发走向智能分发。体育赞助价值的分发路径指赛事运营公司如何为一项体育资源寻找合适的赞助方,其目的是高效率、低成本地实现体育资源与赞助方的匹配。在传统的体育资源分发中,体育赛事运营公司与广告主彼此信息分散且孤立,体育赛事运营公司难以有效捕捉广告主的需求,广告主对体育赛事的赞助效果难以预计,体育赞助价值在分配上灵活性差、隐性成本高。随着大数据在体育赞助领域的应用,体育赛事运营公司与广告主可以在体

育资源标签化的基础上进行智能匹配。

体育赞助价值的交付路径从浅层触动走向多元互动。体育赞助价值的交付路径指赛事运营公司如何将赞助方的权益最大化,完成符合广告主需求的体育赞助价值交付。在营销变革时代,广告主已经不满足于通过对赞助资源的浅层开发带来的知名度提升,广告主的体育赞助需求更加多元,赛事背书、用户关系维护、新用户开发、政府关系、海外传播等都可能成为广告主体育赞助的目的。除此之外,广告主愈发重视赞助效果,"品效合一"成为开展体育赞助的指导思想。

三、体育赞助价值的有序流转需要更加系统科学的体育赞助价值评估

体育赞助价值的流通如同货币的流通,需要专业、科学、可量化的评估标准,只有这样方能在赞助价值链上的各主体间有效流通。

某体育媒体人士在接受课题组访谈时表示:"体育赛事价值评估抓住了市场的痛点,能够对行业起到指导性作用。以前广告主不能很好地认知赞助行为,可能得到的东西不能和赞助相匹配;一些新兴赛事在发展前期很难,没有资金来满足基本需求。赛事价值评估作为连接器让广告主通过行业价值标准来找到合适的赛事。"

生态视域下的体育赞助价值评估课题组通过对赛事及赛事运营公司、广告主、媒体、消费者的实证研究,在一手数据与深度访谈的基础上,遵循科学、中立、严谨的评估原则,与业界专家一起,提出了体育赞助价值评估模型(详见第二版块第六点)。

第二版块 体育赞助市场之痛

一、我国体育产业尚处起步阶段,体育赞助市场仍显稚嫩

总体而言,我国体育赞助市场的不成熟主要体现在以下两个方面:一是我国体育产业体量与我国经济发展体量不匹配,产业结构失衡;二是我国体育赞助市场尚未形成成熟的市场机制。

(一)体育产业体量与我国经济发展体量不匹配,产业结构失衡

目前,我国的体育产业仍处于发展的起步阶段,成长潜力巨大,但这也反映了我国体育产业在规模和结构上的诸多问题。在政策助推下,近两年来我国体育产业总规模有所扩大且增势向好。数据显示,2016 年我国体育产业总规模为 1.9 万亿元,总产出比 2015 年增长了 11.1%;体育产业增加值为 6 475 亿元,占同期国内生产总值的比重为 0.9%[①](图 2-1)。全国体育及相关产业总产出从 2014 年的 1.36 万亿增长至 2016 年的 1.9 万亿,年均增幅达到 18.2%,超过了 2006 年至 2013 年的 16% 左右的实际平均年增长率。[②] 然而,这一数据也体现了我国体育产业规模不大、结构不合理等问题。

---

① 2016 全国体育产业统计数据发布:总规模达 1.9 万亿[EB/OL].(2018 - 01 - 14)[2018 - 02 - 11]. http://news.sina.com.cn/o/2018 - 01 - 14/doc - ifyqqciz6799164.shtml.
② 郭阳.总规模 1.9 万亿、增速超 GDP,这样的数据对体育产业意味着什么?[EB/OL].(2018 - 01 - 25) [2018 - 02 - 11]. http://tech.sina.com.cn/roll/2018 - 01 - 15/doc - ifyqqciz7146552.shtml.

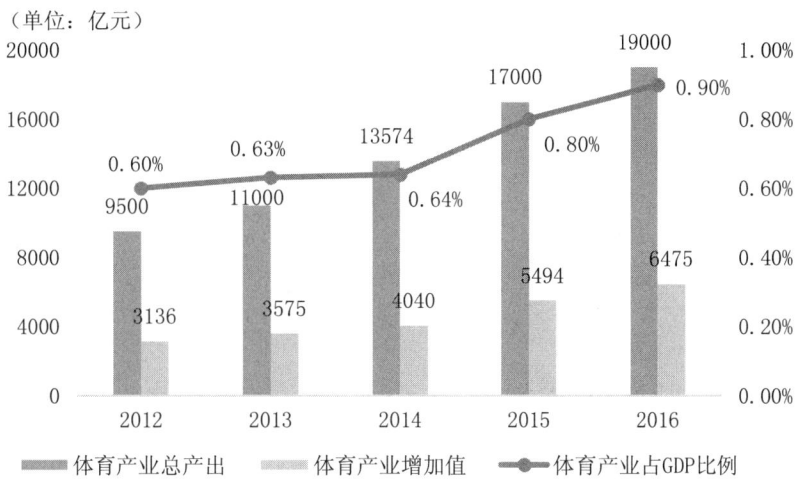

数据来源:国家体育总局

图 2-1　我国体育产业规模与增加值

首先,我国的体育产业体量与我国的经济发展体量不匹配。数据显示,我国作为世界第二大经济体,2016 年体育产业占同期国内生产总值的比重为 0.9%。反观世界其他国家,体育产业对 GDP 的贡献率保持在 2% 以上(图 2-2),并常作为支柱性产业拉动本国经济增长。例如,早在 1988 年,美国体育产业的年产值为 630 亿美元,超过了美国石油化学工业(533 亿)、汽车工业(531 亿)等重要工业部门的产值,占美国国民生产总值的 1.3%,成为美国第 22 位支柱性产业;意大利以"足球工业"为主体的体育产业,早在 20 世纪 80 年代末已跻身为意大利国民经济 10 大支柱性产业;瑞士并非体育强国,但体育产业却是该国排名第 13 位的支柱性产业;英国体育产值达 70 亿英镑,超过了汽车工业、烟草业的产值,政府从体育产业中获得的税收达 24 亿英镑。[①]

---

① 田书华. 美国体育产业研究报告[R/OL]. (2011-3-14)[2018-02-11]. http://blog.sina.com.cn/s/blog_77655bd30100pi8a.html.

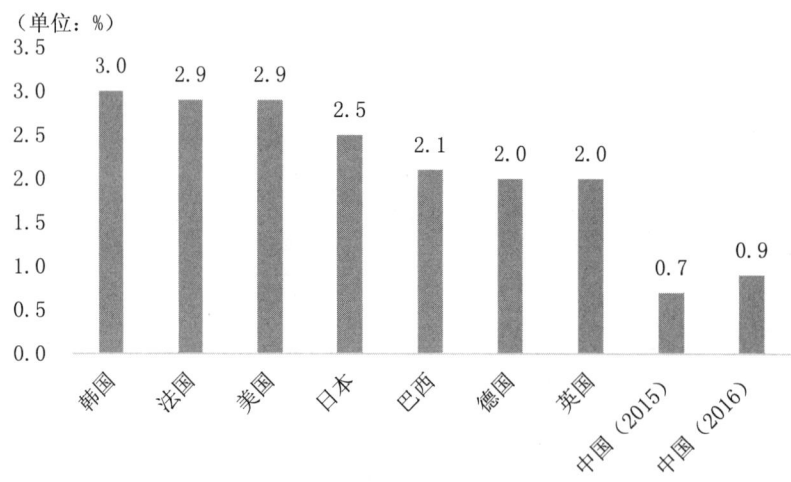

数据来源:国家体育总局、中商产业研究院等

图 2-2　2015 年各国体育产业占本国 GDP 比例情况

其次,我国体育产业结构同欧美的体育大国相比不够均衡,主要表现为体育用品及装备制造业占比大,体育服务业占比过小。从国家体育总局公布的 2016 年我国体育产业 11 个大类来看,体育用品和相关产品制造业总产出和增加值最大,总产出为 11 962 亿元,占我国体育产业总产出比重的 62%,增加值为 2 864 亿元,占总增加值的 44%;体育服务业(除体育用品和相关产品制造业、体育场地设施建设外的其他 9 大类)总产出和增加值分别为 6 827 亿元和 3 561 亿元,占比分别为 35% 和 54%[①](表 2-1)。目前我国体育产业结构仍不够均衡合理,主要归因于我国体育产业发展初期市场化程度较低,导致我国商业化赛事运营、体育培训、媒体传播等体育服务业发展不足。体育服务业表现不佳则直接导致其对产业内其他业态的辐射和拉动功能低下,难以满足体育消费市场的多样化需求,间接导致难以扩大内需、增加就业、培育经济增长点,最终影响的还是体育市场的培育和体育产业的健康成长。尽管 2016 年国家体育总局发布的数据显示,我国的体育服务业增加值在占比上首次超过 50%,但是产业结构中体育服务业的比重仍然较低,与体育产业发展较为成熟的美国相比仍有很大差距。数据显示,2016 年北美体育产业市场规模为 672.88 亿美元,其中媒体版权收入的市场规模为 183.72 亿美元,约占总规模

---

① 2016 年国家体育产业总规模与增加值数据公告[EB/OL].(2018-01-14)[2018-02-11]. http://www.gov.cn/shuju/2018-01/14/content_5256472.htm.

27%,票房、赞助和特许商品经营的市场规模分别为 186.49 亿美元、163.01 亿美元、138.06 亿美元,分别约占 28%、24% 和 21%。①

表 2-1　2016 年国家体育产业总量及产业结构

体育产业类别名称	总量(亿元)		结构(%)	
	总产出	增加值	总产出	增加值
国家体育产业	19 011.3	6 474.8	100	100
体育管理活动	287.1	143.8	1.5	2.2
体育竞赛表演活动	176.8	65.5	0.9	1.0
体育健身休闲活动	368.6	172.9	1.9	2.7
体育场馆服务	1 072.1	567.6	5.6	8.8
体育中介服务	63.2	17.8	0.3	0.3
体育培训与教育	296.2	230.6	1.6	3.6
体育传媒与信息服务	110.4	44.1	0.6	0.7
其他与体育相关服务	433.0	179.7	2.3	2.8
体育用品及相关产品制造	11 962.1	2 863.9	62.9	44.2
体育用品及相关产品销售、贸易代理与出租	4 019.6	2 138.7	21.1	33.0
体育场地设施建设	222.1	50.3	1.2	0.8

数据来源:国家统计局、国家体育总局

(二)体育赞助资源流通尚未形成成熟的市场机制

体育市场机制是体育资源在价值链条上流通的主要调节器,目前我国体育产业的市场机制不够完善,体育赞助也不可避免受其影响。我国体育赞助资源流通的市场机制欠缺主要体现在以下两个方面:

第一,由于体育赛事的公共属性,政府在政策放开前主导体育资源配置,虽然政策已逐步放开,但是市场机制在体育资源开发中发挥的作用仍有巨大提升空间。

我国体育产业的市场化与欧美国家由业余俱乐部演变为职业化、市场化的发展路径有较大的区别。我国经历过一段较长的计划经济时期,体育产业曾长期处

---

① 普华永道最新研报:北美体育 2021 年规模 758 亿美元,版权增长最快[EB/OL](2017-12-14)[2018-02-11]. http://k.Sina.com.cn/article-5136739626-1322c6d2a020003vi9.html?cre=financepagepc&10 c=4&r=9&doct+0&rfunc+100.

于政府包管的模式下,这一时期形成的体育产业的主要特征在当下的中国体育产业中仍残留着较强影响:其一,体育的公共性和公益性被放大,市场价值相对被忽视[①],且在"公共性"产权界定下私人资本难以有效介入;其二,政府高度集权式管理,导致体育产业中的产权主体较为单一,市场竞争缺乏活力;其三,行政手段主导体育产业的资源配置,市场在体育资源配置中的决定性作用未能充分发挥。

随着我国经济体制改革的深化,体育产业中以行政手段为主导的资源配置方式暴露出诸多弊端。行政手段的过分干预导致体育资源过度集中,进一步导致体育产业中参与主体较为单一,体育产业中许多领域的资源处于空白或闲置状态,体育产业活力缺乏深层激发。

在这一背景下,深化体育改革势在必行。体育市场化的进程是体育市场因素成长的过程,也是政府让渡权力、转变职能的过程。[②] 党的十九大报告提出,"广泛开展全民健身活动,加快推进体育强国建设,筹办好北京冬奥会、冬残奥会。"2018年作为学习贯彻党的十九大精神的开局之年,"改革""体育强国"成为关键词。不论是姚明接任中国篮球协会主席,还是足球协会内部核心职能管理岗位的变动,都显示出政府在破除制约体育发展的体制、机制障碍上的决心。然而,所谓"冰冻三尺,非一日之寒",体制、机制障碍的破除不是一蹴而就的。

第二,体育赞助市场中的经营主体仍处于萌芽状态,专业性、运营活力和创造力有待提高。

体育赞助市场中的经营主体主要由赛事运营公司、广告主、体育媒体组成。数据显示,2016年我国体育服务业(除体育用品和相关产品制造业、体育场地设施建设外的其他9大类)总产出和增加值分别为6 827亿元和3 561亿元,占比分别为35%和54%。[③] 我国的体育服务业与美国等体育产业发展较为成熟的国家相比仍有较大的差距。我国体育赞助市场中的经营主体仍然处于萌芽状态,不仅体育赞助资源开发不足,专业体育营销机构也呈现数量少、规模小的特征;广告主在体育赞助、体育营销的意识和具体策略上也有很大提升空间。

---

① 黄海燕,陈锡尧.政府主导下的体育市场化进程分析[J].体育科研,2005,26(6):37-40.
② 张陵,王湧涛,刘苏.大型体育赛事市场化运作模式的思考[J].产业论坛,2008(5):287-290.
③ 2016年国家体育产业总规模与增加值数据公告[EB/OL].(2018-01-14)[2018-02-11].http://www.gov.cn/shuju/2018-01/14/content_5256472.htm.

具有丰富体育传播经验的某国际公关公司副总在接受课题组访谈时表示:"体育营销不要指望一夜成名,这是一场持久战;品牌建立声誉也是一个持久的过程。伊利当时花了大价钱成为奥运会的赞助商,但后来急功近利又不做了;联想则是花钱就想出效果,后来也没有继续坚持。麦当劳、可口可乐、三星这些品牌赞助奥运会多少年才有现在的效果,我们的企业也要有长期抗战的意识。我很欣慰看到阿里、万达签的时间长,这体现出中国的企业开始意识到这件事不是一夜就能办成的,体育营销的规则也逐渐清晰。"

二、赛事版权市场动荡起伏,内部两极分化明显

(一)蒙眼狂奔下的赛事版权市场价值需各方重新审视

自2014年以来,各企业、资本方疯狂囤积体育赛事版权,意图借助版权资源形成竞争壁垒,在尚未成熟、亟待开垦的体育版权市场中急速扩张。如此不计成本的行为,在尚未建立起成熟、稳定的盈利模式的境况下难以持续。体育赛事版权经历两年狂热追捧后,在2017年遭遇资本寒冬,各方回归冷静,重新审视体育赛事版权价值。

政策释放的体育行业发展利好信号将热钱引向体育产业,也令体育版权市场的交易迅速扩大。以乐视体育为例,乐视体育曾经聚合了国内最多、最全、最好的赛事版权资源,也是全网唯一拥有欧洲五大联赛全部赛事版权的平台,还拥有中国职业篮球赛、欧洲篮球联赛、亚洲冠军联赛、中国足球超级联赛、国际女子职业网球与男子职业网球巡回赛、中国网球公开赛、高尔夫美国大师赛、英国公开赛、美国职业高尔夫锦标赛和高尔夫莱德杯等赛事的版权,几乎囊括了全球顶级赛事资源。然而,乐视体育的版权运营虽"多"却不"精"。数据显示,2015年乐视体育在中国地区纯赛事版权上的花销为5亿到6亿元人民币,然而,乐视体育在2014年营收1.07亿元,毛亏损1.39亿元;截至2015年11月30日,乐视体育当年营收2.91亿

元,毛亏损 3.84 亿元,净亏损 5.69 亿元,预计全年亏损超过 6 亿元。① 这意味着版权极速扩张中的乐视体育在深耕体育赛事版权的道路上还有很长一段路要走。融创中国董事长孙宏斌在融创中国的 2016 年业绩发布会上谈到乐视体育购买中超版权的问题时说:"乐视体育去年为中超(版权)花费了 13.5 亿元,一共才收回来 5 000 多万,亏了 13 亿元。"②可以说,乐视体育只是蓄势待发的体育产业中的一个缩影,激进者不止乐视。2014 年阿里巴巴高调注资广州恒大俱乐部 12 亿元,成为广州恒大的第二大股东,2015 年阿里体育单独成立体育集团,并在 2016 年初接连签约投资体育营销公司欧讯、票务公司盛开以及德国电竞公司 WIGE。万达则在 2015 年先后以 150 亿元人民币并购瑞士体育营销公司盈方、入股欧洲足球俱乐部、收购美国铁人公司。③ 尽管入局的各方在战略布局上各有谋划,但是体育市场弥漫着版权圈地的硝烟,蓬勃发展的互联网产业和资本力量则是这场体育赛事版权争夺战的最大助力(表2-2)。

表 2-2　2014—2017 年主要赛事版权购买情况

时间	赛事/球队	购买方/投资方	形式	期限	每年均价(百万元)
2014 年	CBA	PPTV、搜狐	新媒体版权	3 年(2014—2017 赛季)	20
2014 年	广州恒大	阿里巴巴	入资 12 亿占俱乐部 50% 股权	-	-
2015 年	中超	体奥动力	全媒体版权	5 年(2016—2021 赛季)	1 600
2015 年		乐视体育	新媒体版权	2 年(2016—2018 赛季)	1 350
2015 年	NBA	腾讯体育	数字媒体独播权	5 年(2015—2020 赛季)	653
2015 年	西甲	PPTV	全媒体版权	5 年(2015—2020 赛季)	350

---

① 缪定纯,刘一鸣.体育产业的盛世阴影:变现仍是难题[J/OL].财经,(2016 - 04 - 04)[2018 - 02 - 11]. http://www.sohu.com/a/67546742_115571.
② "互联网 + 体育"产业盛世变现仍是难题[EB/OL].中国投资咨询网,(2016 - 04 - 05)[2018 - 02 - 11]. http://www.ocn.com.cn/touzi/201604/wlejv05140515.shtml.
③ 缪定纯,刘一鸣.体育产业的盛世阴影:变现仍是难题[J/OL].财经,(2016 - 04 - 04)[2018 - 02 - 11]. http://www.sohu.com/a/67546742_115571.

续表

时间	赛事/球队	购买方/投资方	形式	期限	每年均价（百万元）
2015年	欧冠	乐视体育	新媒体全场次	3年（2015—2018赛季）	28
2015年	欧冠	PPTV	新媒体全场次	3年（2015—2018赛季）	28
2015年	欧冠	新浪体育	每轮直播2场	3年（2015—2018赛季）	28
2015年	欧冠	腾讯体育	新媒体全场次	3年（2015—2018赛季）	28
2015年	意甲	乐视体育	新媒体独家版权	3年（2015—2018赛季）	36
2015年	WTA	爱奇艺	数字版权	10年（2017—2027赛季）	63
2015年	WTC	万达	6.5亿美元并购美国世界铁人公司（WTC）100%股权	—	—
2015年	西甲马德里竞技	万达	4 500万欧元收购20%股份	—	—
2017年	NFL	腾讯体育	新媒体版权	3年（2017—2020赛季）	未披露
2017年	CBA	央视	全媒体版权	10年（2017—2027赛季）	—
2017年	CBA	腾讯体育、中国体育直播TV	新媒体版权	3年（2017—2020赛季）	—

数据来源：生态视域下的体育赞助价值评估课题组根据网络公开资料整理

经历两年的火热期后，2017年，体育市场争夺赛事版权的硝烟逐渐散去。"先行者"乐视体育已渐渐淡出人们的视野，各大赛事版权逐渐向苏宁、腾讯两大巨头集中，资本寒潮逐渐袭来。数据显示，2017年体育产业的融资数量和融资金额创下新低，融资数量从2016年的242起减少到180起，融资金额从199亿元锐减到90亿元，体育公司在新三板的挂牌数量从2016年的41起减少至2017年的16起。① 在体育版权销售上，2017—2018年赛季的CBA媒体版权在开赛之际仍然悬而未决，最终与腾讯、中国体育直播TV完成新媒体版权的签约，较上一赛季7家媒体平台共同拥有版权的盛况相去甚远。尽管2017年体育版权市场遇冷，但优质版权的价格并未过度缩水，拥有头部版权仍然是入局者撬动体育市场的重要支点。

---

① 韩牧.2017年挂牌和融资数创新低，体育产业如何走出低潮[EB/OL].（2017-12-22）[2018-02-11]. https://www.iyiou.com/p/62756

在这一背景下，企业、资本方与政府，版权方、播出平台与赞助商正在对体育版权的未来走向进行重新思考。一方面，这一现状迫使版权方、播出平台、赞助商之间的关系由此前单纯的买卖关系逐渐发生转变，各方互动的增加或将为遇冷的版权市场带来新的变革；另一方面，体育版权市场从版权圈地走向版权运营，已经掌握版权的各方将面临版权精细化运营方面的诸多压力，而体育版权具有投资大、培育周期长的特点，因此各方要选择适合自身健康发展的商业模式。

某互联网媒体公司内容部高级经理在接受课题组访谈时表示："三年来（2015—2017）赛事版权市场是一个冲高、回落再下行的状态，中超和CBA的媒体版权价格可以看作市场的一个标尺。资本进入市场后，变成无序增长，处于一种失控状态，直到大家对版权有了正确的认识后，市场才能回到正常的发展状态，这是一个漫长的过程。通过自己的工作接触，我认为大家都在调整自己的心态，国内的买方在调整心态，国外的卖家也在调整心态，国内的版权市场也在调整心态。"

（二）赛事版权市场"头部火热，长尾冷落"

当前中国赛事版权市场中，许多资本、企业追逐头部赛事版权，形成"红海"市场，在版权市场内部形成"头部过热，长尾冷落"的情况。

某体育用品公司品牌经理在接受课题组访谈中表示："之前我们谈体育营销就是NBA、五大联赛，其他的一些体育项目就被自动忽略了。大家会觉得，只有做这几个体育赛事才算是大的体育营销活动。"

体育赛事媒体版权的"头部过热，长尾冷落"主要表现为优质赛事如英超、中超、NBA等版权价格相对高昂，而其余众多体育赛事版权遇冷甚至无人问津。造成这一情况的主要原因如下：其一，体育赛事版权的争夺者看中的是赛事背后的用户群体及其引发的流量红利，头部体育赛事经过多年培育，已具备广泛的用户基础和社会关注度，一些垂直类体育赛事如中国网球公开赛可画出较为清晰的用户画像；其二，头部体育赛事的预期回报通常有案可考，商业化运营较为成熟，这种相对可控的收益预期，于版权争夺者而言犹如一颗定心丸；其三，头部体育赛事版权相较于其他娱乐节目、游戏或业余体育赛事版权的生命周期更长，用户对这类体育赛事的喜好一般不会轻易改变，因而可以在较长范围内维持用户黏性，从而更好地从复利效应的角度思考价值增长。

各路参与者激烈争夺头部体育赛事版权的案例不胜枚举。国内外头部体育赛事的版权几乎被抢夺殆尽。在2017年，苏宁旗下PPTV以13.5亿元接过年度中超联赛全场次新媒体独家版权，拿下亚足联所有赛事未来四年在中国的全媒体版权和信号制作权，再加上西班牙足球甲级联赛、英格兰足球超级联赛、德国足球甲级联赛的全媒体版权，PPTV几乎取得全部中国球迷感兴趣的职业足球联赛的版权。万达则在2016年成为国际足联的顶级赞助商，打造中国杯赛事并成为国际篮联2016—2033年的全球独家商业合作伙伴，打造多款篮球赛事；旗下盈方体育成为世界羽联全球独家商业合作伙伴，获得2017—2025年世界羽联主办的所有国际比赛的全部商务开发权。

在头部体育赛事的版权争夺如火如荼地进行的同时，业余赛事随着体育产业整体的跃进式发展走进了大众视野。随着各级业余体育赛事的数量与日俱增，它们对于获得媒体转播的需求日趋强烈，然而以电视为主的传统媒体对业余体育赛事态度相对冷淡。此外，将业余体育赛事按照电视媒体的标准制作也会给赛事方带来较高的成本。当下，诸多业余体育赛事对于大众消费者的口味和偏好尚处在摸索阶段，在商业模式的打造上也难以与成熟的头部体育赛事相提并论。因此很多企业尝试涉足业余体育赛事时也不免如履薄冰，大多还是采取观望态度。这些都导致数量激增的业余体育赛事成为"无人问津"的长尾市场。

与此同时，尽管业余体育赛事在传统媒体上遇冷，却引起了新媒体的关注。许多新媒体平台推出针对业余赛事的直播、转播服务，一些拥有庞大用户基数的社区或媒体应用直播功能也纷纷上线，为业余赛事的传播提供出口。以企鹅直播为例：企鹅直播与腾讯体育致力打造的"大版权精英体育"不同，走的是一条扩充赛事数量的路线，以解决业余赛事传播效度低的问题，为业余体育赛事提供制作和播放双向服务。数据显示，企鹅直播在2016年共直播了超过2 000场业余体育赛事，而2017年，在不到五个月内就播放了超过200场业余体育赛事。①

---

① 池源.头部版权+草根赛事内容，背靠腾讯的企鹅直播要双手互搏[EB/OL].(2017-05-26)[2018-02-11].https://www.iyiou.com/p/46152.

三、赛事运营公司、广告主、媒体对体育赞助价值的有效运作都存在一定问题

体育赞助市场的沉浮起落并非由某一环节的滞塞引起，在整个体育赞助价值链条上，各环节一荣俱荣、一损俱损。在目前的体育赞助市场中，赛事及赛事运营公司、广告主、媒体在对体育赞助价值的有效运作上都存在一定的问题。

(一) 赛事运营公司盈利能力普遍薄弱，在运营上面临资金、市场、专业人才三大压力

自从体育产业站上政策风口，各类体育赛事不断涌现，但是运营体育赛事投入大、盈利难的行业痛点仍困扰着赛事运营的"当局者"。生态视域下的体育赞助价值评估课题组调研数据显示，在 2017 年被访赛事运营公司面临的挑战中，43.8% 的被访对象选择"快速成长阶段，缺少资金支持"，选择"专业人才短缺"和"目标市场发展缓慢，需长期培养"选项的均占 35.4%（图 2-3）。由此可知，我国赛事运营公司在运营上普遍面临资金、市场和专业人才的三大压力。

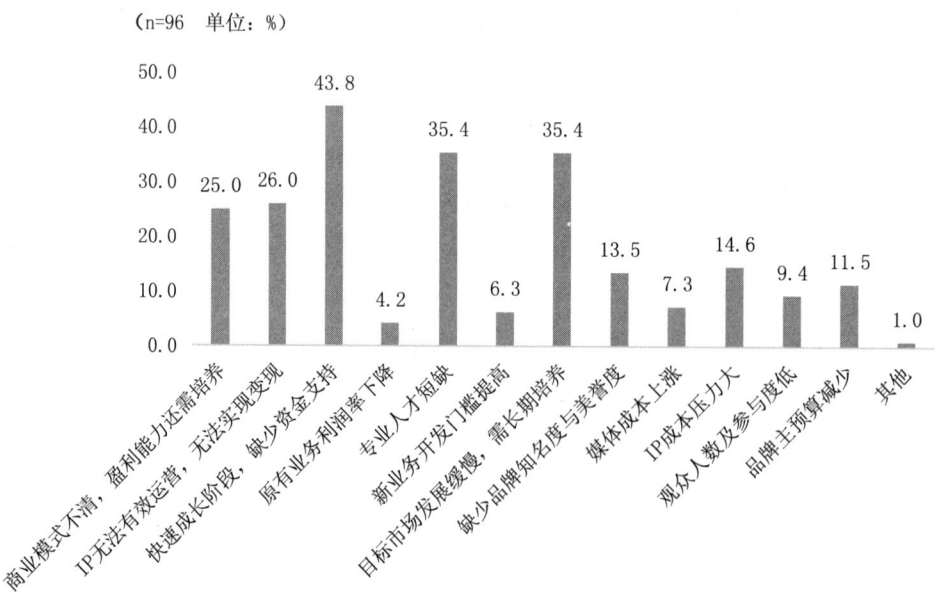

图 2-3　2017 年被访赛事运营公司面临的挑战

体育赛事运营具有投资大、运营周期长的特点,一项成功的赛事运营不仅需要强大的资金支撑,更需要具备自身造血能力。赛事运营公司营业收入的主要来源有商业赞助、门票收入以及衍生品收入。原创赛事初期的运营成本高而收入低,短期内难以盈利。同时,市场对于原创赛事的认知不足,广告主不会贸然去赞助一个新的赛事;由于人们对一个新赛事没有认知,观众就会很少。一项赛事的运营在团队打磨、资源获取、寻找长期合作伙伴等方面都需要时间,原创赛事一般都要经历三年的投入期,才会在收入上有一定提升。①

某互联网媒体体育板块商业经理在接受课题组访谈时表示:"我认为目前中国体育市场中,最有赞助价值的职业联赛是CBA和中超,以及一些马拉松赛事。其他的比如排球联赛之类的赞助都非常不好,尤其是一些新兴的赛事赞助是非常惨淡的。我认为现在80%以上的赛事公司赞助都比较少。"

除了面临资金缺乏、市场发展缓慢的挑战外,专业人才短缺也是阻碍赛事运营、公司成长的一大痛点。从2014年至今,经过"版权圈地"的诸多企业在版权精细化运营上纷纷遭遇人才痛点——懂体育却没有做过运营,能做运营的又不了解体育。随着体育赞助的市场化推进,体育赞助需要与其他领域发生"化学反应"。"体育圈内人"跨行业知识储备不足、经验欠缺的短板逐渐显露出来,传统体育人才亟须补足在互联网、金融、营销、法律等其他知识领域的短板。资深体育人马国力曾公开表示:"体育是操作性非常强的一个行当,一定需要有规划人员、执行人员、操作人员,这些人才需要长时间培养。中国体育产业不缺少领袖级人才,而更缺中上、中层和操作层。"②中国始终不缺乏体育人才,但体育产业人才的培养还远未跟上资本和产业升级的需求。

(二)广告主对体育赞助价值开发不足,在体育赞助营销上面临转化痛点

现阶段,我国本土广告主在体育赞助价值开发上尚处于浅层状态,如何把消费者对赞助资源的关注、好感、参与行为转化为对品牌的关注、好感、消费行为是其在

---

① 原创赛事IP赔本赚吆喝怎么破? 资本+运营来解决[EB/OL]. (2017-06-20)[2018-02-11]. http://www.sohu.com/a/150470596_161623.
② 郭亦非.5万亿体育产业大风口来了,人才培养难点怎么做? [EB/OL]. (2016-11-03)[2018-03-01]. http://finance.qq.com/a/20161103/039728.htm.

体育赞助营销上的关键问题。以世界五百强企业三星为例,在三星从一个地区性品牌成长为全球性品牌的过程中,体育营销在其中扮演着重要的角色,通过对奥运会等大型赛事赞助权益的深度开发,将公众对体育赛事的关注和信任转化为对自身品牌的关注和背书能力。然而我国的广告主在体育营销上还面临诸多困惑。

某赛事运营公司商务总监在接受课题组访谈时表示:"前几年李宁一直在赞助 CBA,但是在所有李宁专卖店或直营店,我们很少能看到它跟 CBA 有直接挂钩的视觉物料或其他元素,品牌进行体育赞助不能仅仅影响电视前面的那些核心受众,其他的人群也需要去影响。这需要广告主更多的思考。"

近年来,一些中国本土品牌逐渐站上国际大型赛事赞助队列。目前,万达、海信、vivo、蒙牛四家中国企业加入 2018 年足球世界杯大家庭,中国银行、国航、伊利集团、安踏和中国联通成为北京 2022 年冬奥会和冬季残奥会官方合作伙伴。同时,国内的大型赛事也是本土品牌广告主追捧的对象,2017 年中超联赛继续受到广告主追捧,江苏洋河酒厂股份有限公司在 2017 年成为中超联赛官方供应商,除此之外还有京东、红牛、崂山啤酒等知名品牌;热度不减的国内马拉松赛事聚集了来自各行各业的赞助商(表 2-3)。未来,随着广告主在体育赞助营销上的持续发力,他们将面临更多赞助权益精细化运营的挑战。

表 2-3　2017 年主要赛事的广告主赞助情况

赛事名称	赞助级别	赞助商
FIFA(2018 足球世界杯)	赞助商	海信、蒙牛、vivo、万达
北京 2022 年冬奥会和冬季残奥会	官方合作伙伴	中国银行、国航、伊利集团、安踏、中国联通
2017 年中超联赛	冠名	中国平安
2017 年中超联赛	官方合作伙伴	耐克、福特、京东、DHL、红牛、壳牌、崂山啤酒
2017 年中超联赛	官方供应商	TAG Heuer、百岁山、艾比森、洋河酒厂
CBA	官方主赞助商	中国人寿
CBA	官方战略合作伙伴	李宁
CBA	官方合作伙伴	携程旅行、一汽大众、美孚、Jeep、TCL、广发银行
CBA	官方赞助商	德邦、崂山啤酒、UPS
CBA	官方供应商	金陵体育、今麦郎、TAG Heuer、万好、McDavid、黑卡饮料

数据来源:生态视域下的体育赞助价值评估课题组根据网络公开资料整理

(三) 媒体版权市场尚未成熟却先推高版权成本,围绕媒体版权的内容深耕仍显不足

目前,国内体育媒体主要有两个痛点:一是媒体版权市场尚未成熟却先推高版权成本,二是围绕媒体版权的内容深耕仍显不足。

首先,我国体育赛事媒体版权市场发展尚未成熟。一是我国体育赛事媒体版权市场经历近三年的争夺后,2017年版图有所稳定但格局仍有变数。对比体育产业发展较为成熟的国家可以看出,体育版权市场通常仅能存活几家企业,赛事运营方通过市场竞争,能够持续多年获得同一赛事版权,进而形成企业竞争壁垒。美国体育赛事版权市场仅有 NBC sport、CBS sport、FOX sport、ESPN 和 TNT 这五家大型传媒公司长期从事赛事版权运作。美国五大电视网虽然竞争比较激烈,但资源相对均衡。而在我国,近年赛事版权归属不停更替。NBA 与英超版权在我国 10 年内均 3 次易主,价格次次大幅攀升。这从侧面反映出,国内至今尚无一家媒体机构能够真正主宰市场、长期锁定某项赛事版权。二是近年来赛事媒体市场价格震荡较大,背后折射出我国赛事媒体版权市场参与者心态的不成熟。以中超联赛全媒体版权为例,在 2015 年中超联赛公开竞标中,体奥动力最终以 80 亿元人民币购得全媒体版权,高于第 2 名上海五星体育的 37 亿元报价,约为其报价的 2 倍。2017 年 6 月 30 日,中超公司在长春召开中超股东大会,通报了体奥动力提交交涉函且暂缓支付 6 亿元等事宜。几天之后,体奥动力正式向中超公司亮出了自己的底牌,因为中超擅自改变方针政策,严重侵害并影响了版权商的利益,要求将现有的 5 年 80 亿元版权费改为 10 年 80 亿元。[①] 此外,当前体育赛事媒体版权的行业壁垒暂未形成,新进竞争者高价参与竞购,造成赛事版权价格虚高。在英超新一轮(2019—2022 年赛季)的版权竞购中,经营英超版权多年的新英体育出价 4 亿美元(约 27.5 亿人民币),而苏宁旗下 PPTV 以 49.6 亿元中标英超 3 年版权,出价约为前一份合同的 10 倍(6 年 10 亿人民币),如此高价按照当前市场环境和新英体育的运营方式,毫无利润可言。

其次,我国媒体围绕赛事媒体版权的深耕仍显不足。版权深耕体现在媒体的

---

① 肖良志. 体奥动力交涉 80 亿中超版权 5 年变 10 年[EB/OL].(2017-07-18)[2018-02-11]. http://sports.qq.com/a/20170718/027839.htm.

赛事直播、转播的专业性。目前,我国的赛事直播、转播仍然遭遇一定的专业障碍,如 2017 年 PPTV 直播西班牙足球甲级联赛第 17 轮皇家马德里对阵巴塞罗那的比赛。这场比赛受到了世界各地球迷的关注,再加上是在北京时间 20∶00 开赛,更是吸引了大批国内球迷的关注。但不少球迷在观看过程中却反馈故障不断,甚至不少付费观看的球迷只能观看西班牙语解说,严重影响了观赛体验。① 另外,业余体育赛事播放标准的不统一也是阻碍其赞助价值开发的重要原因。

此外,媒体在体育赛事版权内容上的衍生开发仍有不足。

某互联网媒体公司内容部高级经理在接受课题组访谈时表示:"我们以后最应该做的事是深耕版权,也就是核心竞争力的构建。"

以 PPTV 为例,PPTV 借力苏宁集团雄厚的资本优势,构建了以足球产业为核心的体育内容矩阵,并且基于版权内容开发了直播+点播、直播互动、资讯、短视频、球迷社区、衍生周边等内容,仅围绕中超的视频节目就包括《周星星》《星耀中超》《中超囧时刻》《十分中超》《中超音乐榜》《中超脱口秀》《中超故事》等。②

四、我国体育消费水平仍属较低层级,观赏型消费发展不足

尽管我国的人均可支配收入提高,但是消费者的体育消费水平尚处较低层级。从人均体育消费金额上看,我国居民人均体育消费数额在 2013 年为 593 元,2014 年 645 元,2015 年 926 元,只有世界平均水平的十分之一。③ 生态视域下的体育赞助价值评估课题组调研数据显示,在 2017 年被访消费者每月赛事及周边消费金额分布情况中,82.6% 的消费者选择 0 - 199 元,选择 200 - 499 元的消费者占到 11.6%,选择 500 - 999 元和 1 000 元以上的消费者仅分别占到 3.2% 和 2.6%(图 2-4)。

从消费者的体育消费类型看,目前我国体育消费仍以实物型消费为主,观赏型消费发展不足,消费结构有待优化。按照国际经验,人均 GDP 超过 1 000 美元,体

---

① 怒了! 国家德比直播出故障,球迷:垃圾 PPTV,怀念乐视和央视[EB/OL].(2017 - 12 - 24)[2018 - 03 - 01].https://baijiahao.baidu.com/s? id = 1587621856385180800&wfr = spider&for = pc.
② PP 体育打造自制节目矩阵,精细化深耕版权运营[EB/OL].(2017 - 09 - 30)[2018 - 03 - 01].http://sports.163.com/17/0930/15/CVJDPKU500058780.html.
③ 洪春梅.中国居民体育消费现状及发展趋势研究[J].经济研究导刊,2017(16):57 - 58.

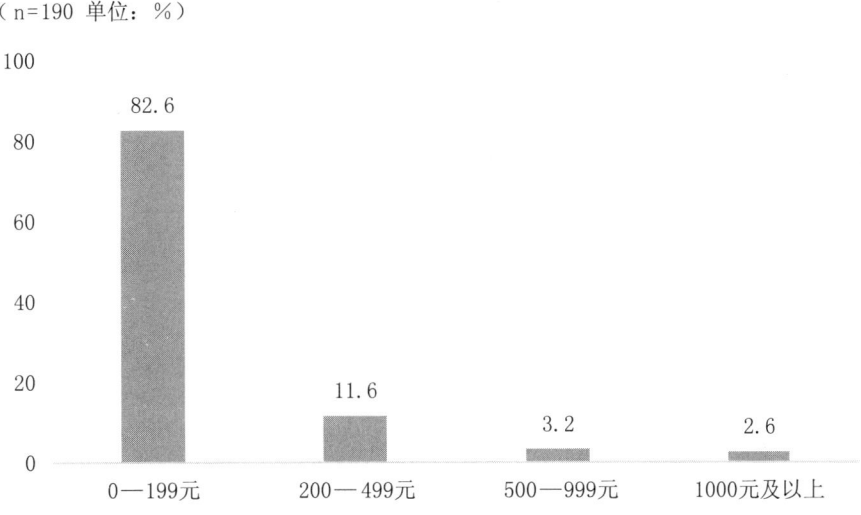

图 2-4　2017 年被访消费者每月赛事及周边消费金额分布情况

育文化消费增长速度便会超过物质消费,人均 GDP 在 3 000 – 4 000 美元之间将会出现体育文化消费激增的局面。① 国家体育总局发布的《2014 年全民健身活动状况调查公报》显示:购买运动服装的人数占比最高,达到 93.9%;购买体育器材、体育书刊的人数占比为 38.8% 和 9.7%;而租场地、看比赛等参与型和观赏型消费的比例均不足一成。② 2016 年国家体育总局出台的《体育产业发展"十三五"规划》指出,"十三五"时期体育消费方式将从实物型消费向参与型和观赏型消费扩展。可见,未来我国体育消费还将处于以实物型消费为主的阶段,体育消费结构需进一步优化升级。

五、体育赞助价值评估存在三大问题:公信力不足、科学性存疑、评估标准尚未统一

体育赞助价值流转犹如货币流通,体育赞助链条上赛事运营公司、广告主和媒体的赞助价值顺利流转有赖于对赞助价值进行科学的判断与评定。体育赞助价值

---

① 董进,战焰磊. 新常态下扩大体育消费的动因与路径[J]. 学术论坛,2016,39(10):87 – 91.
② 2014 年全民健身活动状况调查公报[EB/OL]. (2015 – 11 – 16)[2018 – 03 – 10]. http://www. sport. gov. cn/n16/n1077/n1422/7300210. html.

评估课题组通过对体育赞助市场现状及市场上的体育赞助价值评估模型进行分析整理(表2-4),发现目前体育赞助价值评估主要存在三大问题:

表2-4 市场上部分体育赞助价值评估体系梳理

榜单名称	榜单测评方法简介	发布周期
体银智库《中国体育赛事价值报告(2017)》	采用实地调研、专家访谈、问卷调查、案例分析、数据分析等多种研究方法,并设置了赛事价值测评体系,其中一级指标3个,二级指标15个,三级指标几十个,通过影响力因子来分析赛事的价值。具体内容上,报告对16大项目的赛事如足球、篮球等21个经典赛事分别从赛事发展基本情况,包括赛事组织、参赛规模、赛事商业价值、品牌价值、社会价值、赛事发展趋势及建议等多维度进行系统分析。赛事项目方面,报告对篮球、足球、马拉松、网球、搏击、自行车、电子竞技、冰上项目、雪上项目、水上项目、户外等16大项目的发展、赛事价值、未来发展趋势进行了系统分析;经典赛事案例上,报告对CBA、中超、北京马拉松、中国网球公开赛、环海南岛国际公路自行车赛、3×3黄金联赛、5×5足金联赛等21项经典赛事今年发展情况、赛事价值、未来发展趋势及建议进行了详细分析。	年度
体育大生意《2016中国赛事影响指数排行榜》	影响力榜中选取十个项目重点考察,综合考虑了项目自身的影响力、相关商业赛事的发达程度以及该项目当下的话题性。《2016中国赛事影响指数排行榜》所考察的十个项目分别是足球、篮球、赛车、网球、搏击、马拉松、越野跑、轻路跑、自行车、电子竞技。榜单中收录每个项目影响值前十的赛事,最终得出"2016百大影响力赛事"。体育大生意产业研究中心以互联网传播度为考察维度,根据赛事的网络曝光数量来确定影响力。	年度
人民体育、人民网舆情监测室《2015最具影响力自行车赛事排行榜》	榜单统计了2015年近两百场较大规模的自行车赛事,将排在前100名的赛事予以公布。赛事涵盖公路赛、山地赛、越野赛等类别,从专业性、舆情热度和参与情况三个维度综合评估。	年度
中国田径协会、人民网《商业性体育赛事品牌价值评估指标》	榜单涵盖2016年度在中国田径协会注册的328场马拉松及相关赛事,从舆情热度、赛事级别、项目设置、奖金设置、参与情况及专业性等6个方面、40余项维度指标进行评估,得出综合排名。	年度
华奥星空《2015全球体育赛事影响力报告》	《2015全球体育赛事影响力报告》的主要研究对象是2014年度举办的77项国际赛事,包括世界锦标赛和综合性运动会,以及常规的联盟比赛、巡回赛、系列赛和锦标赛,通过比较观众数据、平均上座率等对经济、体育、媒介、社会和环境的影响因素进行综合评估。	年度

数据来源:体育赞助价值评估课题组根据网络公开资料整理

一是体育赞助价值评估模型的公信力不足,存在体育赞助生态视角盲区。值得注意的是,随着整个体育产业的蓬勃发展,一些企业积极从各自专业视角出发推出各类体育赛事价值评估榜单,例如体银智库基于投资视角推出的《中国体育赛事价值报告》,人民体育、人民网舆情监测室基于赛事的传播影响力推出的《2015最具影响力自行车赛事排行榜》等。这显示出各方对于赛事价值评估的积极探索和尝试,但是也存在视觉盲区——立足体育赞助生态视角,围绕体育赞助链条主体(即赛事运营公司、广告主、媒体、消费者)间的价值评估缺失。

二是体育赞助价值评估模型的科学性存疑。价值评估模型的科学性主要体现在两点:一是科学的研究框架,具体表现在评估维度和评估指标方面;二是科学的研究方法,主要体现在调研方法、样本选择及评估工具的科学性方面。目前体育价值评估的数据呈现彼此封闭的状态,这也导致其在研究框架和研究方法上可能存疑。

某国际赛事运营公司商业开发经理在接受课题组访谈时表示:"我们的价值评估体系目前只存在于公司内部。更多还是从项目类别、赛事知名度、媒体价值、跑者的口碑以及近几年积累的一些数据来判断的。体育行业的数据很难获取,一是与其他的赛事发展较晚有关,二是即便是专业的机构在研究和讨论中也很难拿到最新的数据。所以大家都在摸着石头过河。"

三是现有的各种赛事评估体系之间指标和维度的设立尚未统一,留下众多"评估体系孤岛"。评估维度的壁垒阻碍了综合性、全方位的榜单产出,往往会让刚接触体育产业的广告主摸不着头脑。这些都折射出中国体育赛事价值建构的缺失和迫切程度。如何通过赛事榜单合理地对赛事价值进行评估,以此促进赛事与企业的成长,这需要整个行业的理性思考。

某广告公司运营总监在接受课题组访谈时表示:"体育赛事价值评估一定要有,但这是很难做的一件事。因为它非常难以界定,不好评估。没人能够很明确地界定一个赛事赞助之后的产品销售转化率、品牌曝光率。至少我没有看到这类学术性的研究成果,到现在业内没有一个模型、没有一个公式、没有一个全球公认的标准和方法。"

六、体育赞助价值评估模型

生态视域下的体育赞助价值评估课题组在总结过去研究经验的基础上,结合目前体育赞助的新特点,在大数据等技术的支持下,对方法体系进行重新梳理和完善,将评估体系涉及的多类型数据进行系统化整合,最终构建形成了包含3大维度、15项具体指标的"体育赞助价值评估体系模型"(图2-5)。

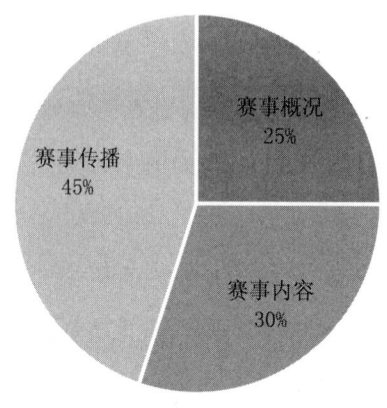

图 2-5 体育赞助价值评估体系模型

生态视域下的体育赞助价值评估课题组邀请赛事运营公司、广告主、业内专家人士组成研讨组,基于体育赞助生态视角探讨体育赞助市场现状及其发展趋势,科学、系统地设置体育赞助价值评估维度及细分指标,共同完善体育赞助价值评估体系的科学性与专业性,提升体育赞助评估体系的公信力。

生态视域下的体育赞助价值评估课题组依托大数据处理技术,对1 300万条互联网互动传播数据的传播影响力进行分析,得出各个赛事的传播影响力指数。课题组在尽可能地保留原始信息的基础上,用少数变量解释原变量方差的因子分析法对数据进行处理,最大化地保证体育赞助价值评估数据的客观性。

体育赞助价值评估体系模型是课题组的探索与思考,为体育赞助市场提供一种可能的解决方案。然而,行业内体育赞助价值评估体系的认定及标准的统一,非课题组单方力量可以解决,还需行业内多方力量的共同推动。

第三版块　体育赞助市场之思

体育赞助是一项赞助方、被赞助方、中介方和电视转播商(新媒体转播商)"四位一体"的有机行动,是一项联动共赢的品牌价值营销(图3-1)。

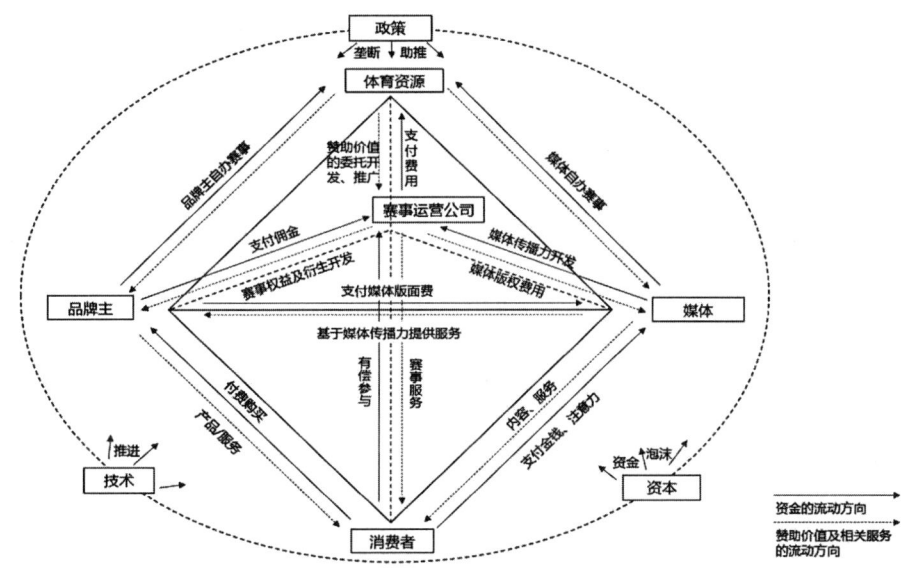

图3-1　生态视域下的体育赞助价值链的价值流动图

一、赛事及赛事运营公司:体育赞助价值的开发与激活

(一)市场向好,盘整推进,资源对于赛事运营公司发展至关重要

1.赛事运营公司发展态势:整体经营向好但优化盘整已然开始

2017年赛事运营公司整体经营向好,且对未来一年体育赛事赞助市场预期较

好。国家体育总局数据显示,2016 年我国体育产业总规模为 1.9 万亿元,增加值为 6 475 亿元;其中体育服务业(除体育用品和相关产品制造、体育场地设施建设外的 9 大类)总产出为 6 827.0 亿元,占国家体育产业总产出的比重从 2015 年的 33.4% 提高到 35.9%;增加值为 3 560.7 亿元,占国家体育产业增加值的比重从 2015 年的 49.2% 提高到 55.0%。① 赛事运营属于体育服务业的范畴,在我国体育服务业发展势头向好的宏观背景下,我国赛事运营市场未来发展可期。生态视域下的体育赞助价值评估课题组调研数据显示,分别有 65.2% 和 54.5% 的被访赛事运营公司表示 2017 年营业额及纯利润预期为"增长"(图 3-2)。对"体育赛事赞助市场未来一年预期向好"这一观点,分别有 41.3% 和 11.3% 的被访赛事运营公司选择"比较同意"和"非常同意"(图 3-3)。

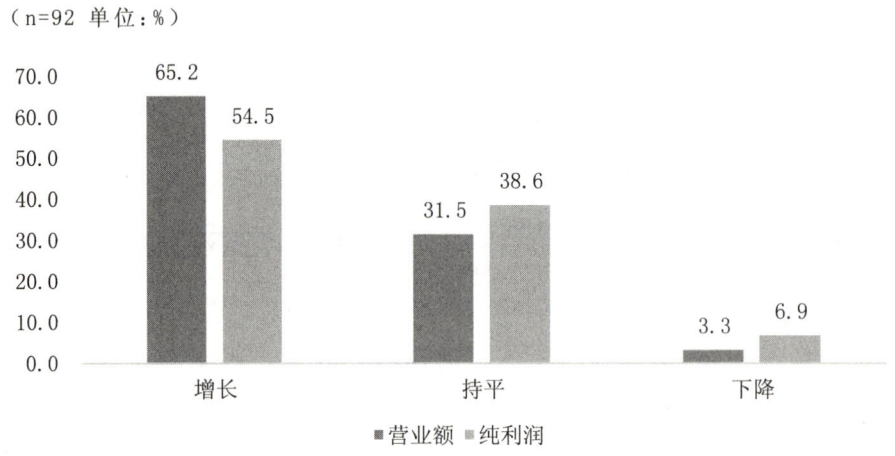

图 3-2　2017 年被访赛事运营公司对 2017 年营业额及纯利润预计情况统计

　　与此同时,赛事运营市场正处在优化盘整推进阶段。不论是竞技体育还是群众体育,2017 年国家体育总局关于体育改革的信号明显增强。聚焦于赛事运营市场上的优化盘整主要体现在两个方面:
　　一是国内以中超等为代表的竞技体育赛事运营的优化盘整。2018 年 3 月,在中超联赛与新赞助商共同召开的发布会上,中超公司董事长刘毓毅提到 2018 年新赛季的目标是:"我们要将中超联赛打造成更高质量的联赛,高质量的联赛有五个

---

① 2016 年国家体育产业总规模与增加值数据公告[EB/OL].(2018 - 01 - 13)[2018 - 03 - 11]. http://www.stats.gov.cn/tjsj/zxfb/201801/t20180113_1573014.html.

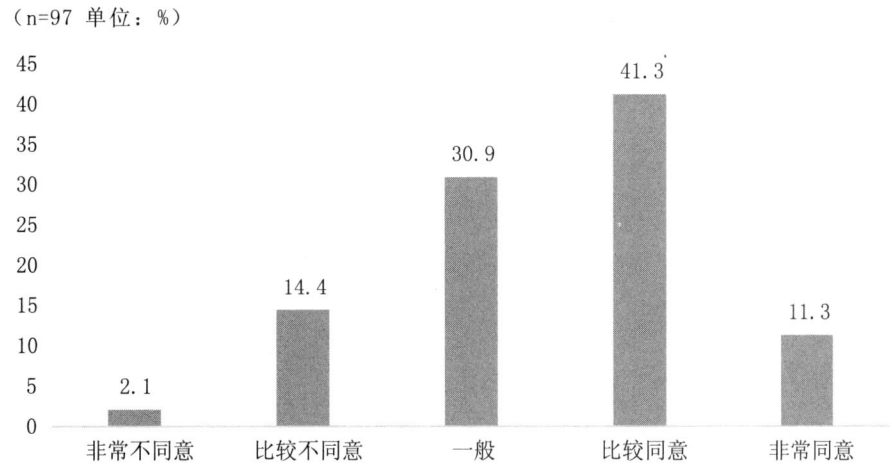

图 3-3　2017 年被访赛事运营公司对"体育赛事赞助市场未来一年预期良好"这一观点的态度

内涵:办人民喜爱的联赛、公平诚信的联赛、可持续发展的联赛、涌现球星的联赛、公认一流的联赛。"①2018 年中超联赛新赛季盘整推进:中国足协颁布 2018 赛季的"加强版"U23 新政,加大培养 U23 球员的倾斜力度;新赛季中首次启用 VR/AR 技术,利用视频助力裁判;2018 年中超公司通过游戏及其他娱乐内容提升中超联赛的价值和品牌影响力,创新与球迷的互动方式。

二是国内以路跑赛事为代表的群众性体育赛事的优化盘整。例如国内马拉松赛事从数量上的爆发式增长逐渐走向质量上的盘整优化。2014 年国务院发布《国务院关于加快发展体育产业促进体育消费的若干意见》,放开赛事审批权,随后马拉松赛事在数量和种类上迎来爆发式增长。中国田协数据显示,2017 年中国各类规模的马拉松赛事场次多达 1 102 场。② 2011 年在中国田协注册的马拉松赛事仅 22 场,这意味着六年间中国的马拉松赛事在数量上翻了 50 倍。马拉松赛事的种类也呈现多元化态势,全马、半马、迷你马拉松、亲子马拉松、音乐马拉松等多种类型的马拉松赛事也不断涌现。尽管我国马拉松赛事市场呈现蓬勃发展的态势,但是仍需思考"赛事的供给不足""赛事同质化"等问题。2017 年以来,马拉松赛事市场

---

① 房亮.中超公司董事长李毓毅:办人民喜爱的联赛[N/OL].新京报,(2018-03-01)[2018-03-11]. http://news.sina.com.cn/c/2018-03-01/doc-ifyrzinh1045497.shtml.
② 数说 2017 中国马拉松:全年 1102 场 498 万人次参赛[EB/OL].(2018-01-25)[2018-03-11]. http://www.athletics.org.cn/competition/news/2018-01-25/528379.html.

盘整的信号逐步释放。一是因为同质化竞争导致赛事的吸引力下降。马拉松赛事的发展需遵循市场规律,其本质首先是赛事,其次才是担负城市旅游、城市宣传的责任。二是马拉松赛事监管水平的提高,田协等行业组织通过培训、制定竞赛组织标准等方式提升马拉松行业办赛水平。

"跑步前进"创始人王路娜在接受课题组访谈时表示:"2017年是路跑市场洗牌的一年。国家在社会层面上对赛事的把控、执行上有了很大的限制,实力不佳的公司过不了审批,自然而然就淘汰了一批。这也是事物发展的一般规律,赛事市场在经过一段时间的野蛮生长之后必然会进入洗牌期。"

三是马拉松参赛人口在数量和完赛率上都呈现较好的发展态势,跑者的日趋成熟促使马拉松赛事的优化发展。田协某工作人员在接受课题组访谈时表示,2017年平均每场马拉松的跑步人口数量在15 000人左右,2017年北京马拉松完赛率超过95%。

2. 群众性、娱乐性、政策扶持性赛事率先崛起

群众性赛事率先崛起,路跑类、网球类、自行车类等专业门槛较低的赛事获得大众青睐。"广泛开展全民健身运动"被写入中国共产党第十九次全国代表大会(简称党的十九大)报告,标志着以马拉松为代表的全民健身的运动在领军体育供给侧改革、表现中国文化自信、推进体育强国建设等方面获得认可并得到重视。群众性赛事的低门槛、多场景、方便参与等特点使之具备了快速扩散的条件,得以受到消费者的青睐。近年来,中国自行车运动竞技水平不断提高,环海南岛自行车赛、环崇明岛赛、环青海湖赛等一系列由国际自行车联盟(UCI)认证的国际公路自行车赛事蓬勃发展。

体育赛事的娱乐性得到更多挖掘和展现。体育是娱乐,人体在运动中分泌的多酚肽会使人在生理和心理上产生愉悦的感觉,因此体育被称为"绿色鸦片"。体育是竞技,体育运动被贴上"拼搏""超越"等标签,可以满足人类高层级自我实现的需求。竞技运动的观赏性为赛事的商业开发带来机遇。例如2017年企鹅明星赛中有吴亦凡、蒋劲夫等娱乐明星与雷·阿伦、皮尔斯等专业运动员的组合,大大提升了赛事的关注度和观赏性。近年来国内搏击赛事也在挖掘其娱乐属性。例如,活跃银幕十几年的《武林风》融合了武术与娱乐元素,进军中国市场的韩国综合格斗品牌赛事"ROAD FC"与湖南卫视联手开展搏击类真人秀节目。"让优秀的体育 IP 和娱乐 IP 产生有机的结合,让赛事品牌的链条更加丰富,增大赛事的影响力和价值"①,ROAD FC 创始人曾说。

某国际赛事运营公司商业化经理在接受课题组访谈时表示:"赛事的娱乐化是我们考虑的,未来我们会开放三公里,重新把赛事娱乐的成分加进来,作为一个迷你跑的组别。因为市场的需求是多元化的,与跑者和赞助商需求直接相关,所以我们也会把娱乐的元素添加进去。"

随着 2022 年北京冬奥会的逐步临近,冰雪类赛事获得政府重视,冰雪运动的普及度和关注度得到大幅度提升。

"雪合战"创始人于国超在接受课题组访谈时表示:"政府的支持主要集中在两个方面,一是采购服务和资金的支持,二是对冰雪文化引导方面的支持。曾经冰雪运动是很小众的,最近两三年中国的冰雪运动成为最热门、最时尚的一种体育运动,这方面政府的功劳是很大的,在宏观大环境上提供了很大的帮助。"

3. 政府仍是赛事运营公司的重要利益相关者,举办地资源与赛事开展至关重要

政府仍是赛事运营公司的重要利益相关者,赛事运营公司与政府的互动关系影响其外部经营环境。

首先,政府在一定程度上把控着国内优质赛事资源。

某赛事运营公司创始人在接受课题组访谈时表示:"体育行业是一个比较封闭的行业,资源相对来讲是固定的,就在政府、大公司手里。现在国家级别的赛事,所有权还在体育总局手里,只是会和市场主体有不同方式的合作。赛事运营公司,不论是在国内建 IP 还是从国外买 IP,它的体量都难以与政府相比。"

其次,体育赛事的组织往往需要动用社会资源。

某路跑类赛事运营公司创始人对此在接受课题组访谈时表示:"大型城市马拉松需要政府调动大量的社会资源支持,仅从社会资源调配、环节审批上就耗费大量成本,动用上万名警察、志愿者封锁道路、维持安保等,可能牵扯到 20 多个部门和

---

① 中国搏击产业系列观察(五):体育+娱乐将成为发展趋势?[EB/OL]. (2016-03-28)[2018-03-15]. http://www.xinhuanet.con//sports/2016-03/28/c_128840725.htm.

多个城区。"

赛事举办地的经济发展水平、地域文化、自然条件仍是影响一项赛事顺利开展的重要因素。

其一,体育赛事对举办城市的经济发展水平依赖较大,经济发展好的城市往往会在基础设施、商业赞助、参赛者数量上有较好的表现。

某趣味路跑赛事创始人在访谈中表示:"专业竞技类马拉松'嫌贫爱富',在级别高的城市发展得好,例如'北上广深',以及杭州、厦门等重点二线城市,在潍坊、廊坊等城市很难将马拉松赛事做好。"

其二,赛事举办地的地域文化能够帮助赛事挖掘自身特色。例如重庆的马拉松又叫火锅马拉松,跑一个马拉松吃三顿火锅,既是对重庆饮食文化的传播,也刺激了当地的旅游消费。

其三,赛事举办地的自然条件往往对赛事组织造成影响。例如冰雪运动受季节、地域性限制比较大,尤其是雪上运动,即使人工雪场的技术在不断发展,但室内滑雪场和室外滑雪场的差别仍然非常大;而冰上运动基本上都是室内运动,因此冰上运动可以通过技术避免一些季节、地域等自然因素的影响。

(二)两大业务打造体育赞助资源,激活并提升体育赞助价值

1. 两大主要业务:体育IP自主开发与体育赛事组织策划

生态视域下的体育赞助价值评估课题组调研数据显示,2017年被访赛事运营公司的业务形态较为多元,其中分别有87.9%与74.7%的被访赛事运营公司选择"体育赛事策划与组织"与"体育IP的自主开发与运营"为主要业务类型(图3-4)。有76.8%的被访赛事运营公司表示在业务拓展方向上选择提高现有业务的专业化水平,37.4%的赛事运营公司选择拓展新的业务,17.2%的表示将精简业务范围(图3-5)。在将拓展的业务类型中,有18.4%的被访赛事运营公司选择"体育旅游服务",占比最高;其次分别有15.8%和10.5%选择"体育赛事策划与组织"与"体育IP的自主开发与运营"(图3-6)。

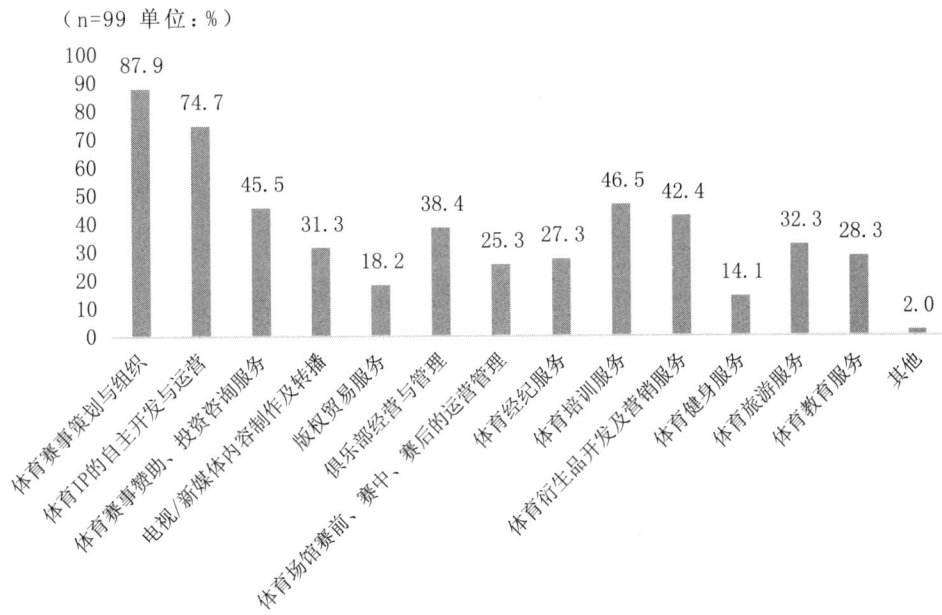

图 3-4　2017 年被访赛事运营公司业务类型统计图

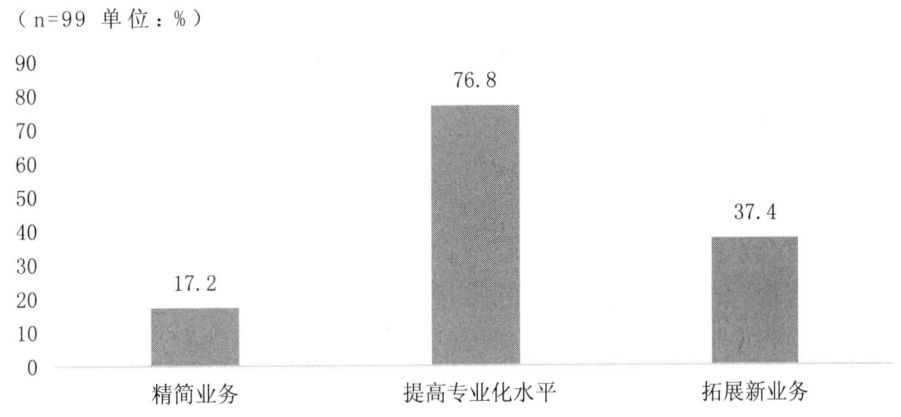

图 3-5　2017 年被访赛事运营公司业务发展方向

生态视域下的体育赞助价值评估课题组调研数据显示,在赛事运营公司竞争优势统计中,63.5%的被访赛事运营公司选择"赛事运营专业水平",42.7%选择"赛事推广能力","体育赛事开发能力"排在第三,占比为37.5%。除专业能力外,18.8%的赛事运营公司选择以"政府关系和资源"为竞争优势,选择"场馆资源"的占比为13.5%,选择"俱乐部资源"及"国际共享资源"的占比均不到10%。除此之外,较少有赛事运营公司以"赛事转播权""代理能力及业界声誉""公司资产规模及资金优势"为竞争优势(图3-7)。

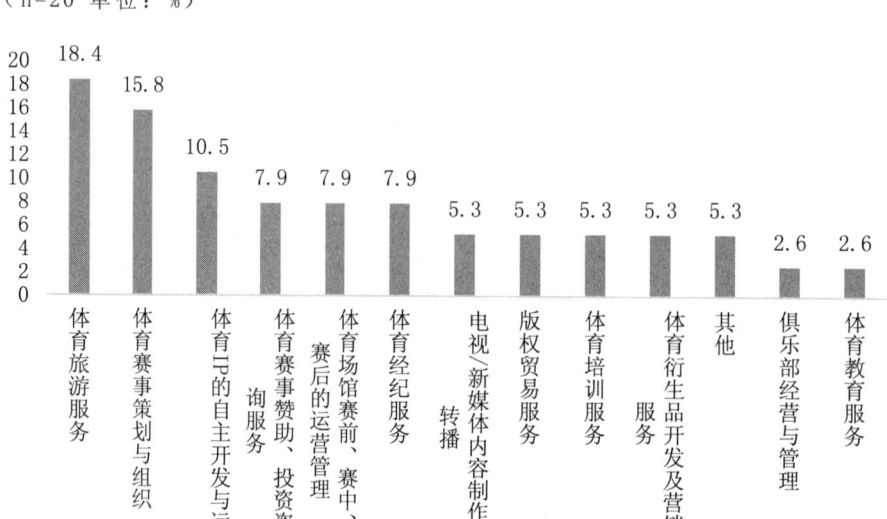

图 3-6　2017 年被访赛事运营公司将拓展的业务类型统计图

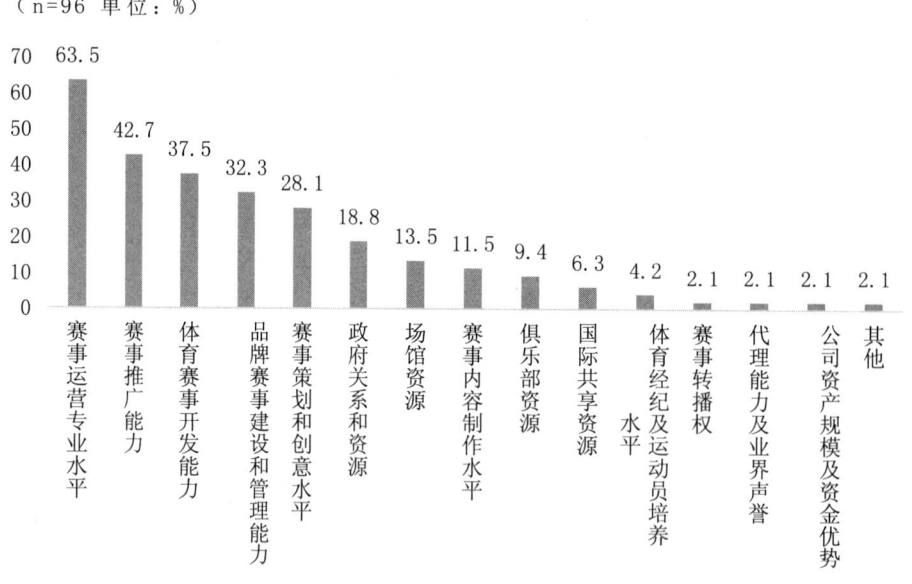

图 3-7　2017 年被访赛事运营公司竞争优势统计图

2."开发+运营"双轮驱动下打造自主赛事 IP

《国务院关于加快发展体育产业促进体育消费的若干意见》(国发〔2014〕46号)放开体育赛事的审批权后,国内赛事运营公司在政策风口下自主打造赛事 IP

成为热点,"开发+运营"成为打造本土品牌赛事的双轮驱动。

在赛事开发上,大众参与型赛事是赛事运营公司自主打造赛事的主要切入口。生态视域下的体育赞助价值评估课题组调研数据显示,67.7%的被访赛事运营公司选择运营大众赛事,分别有41.4%和34.3%的被访赛事运营公司选择职业赛事和综合性赛事(图3-8)。足球、马拉松和篮球是被访赛事运营公司主要运营的三大赛事类别。其中有32.3%的公司运营足球,27.3%的公司运营马拉松,26.3%的公司运营篮球。相对而言,被访赛事运营公司对武术、斯诺克和高尔夫的关注度较低。有33.3%的被访赛事运营公司在运营"其他"赛事(图3-9)。"其他"赛事包含的赛事类别见表3-1。

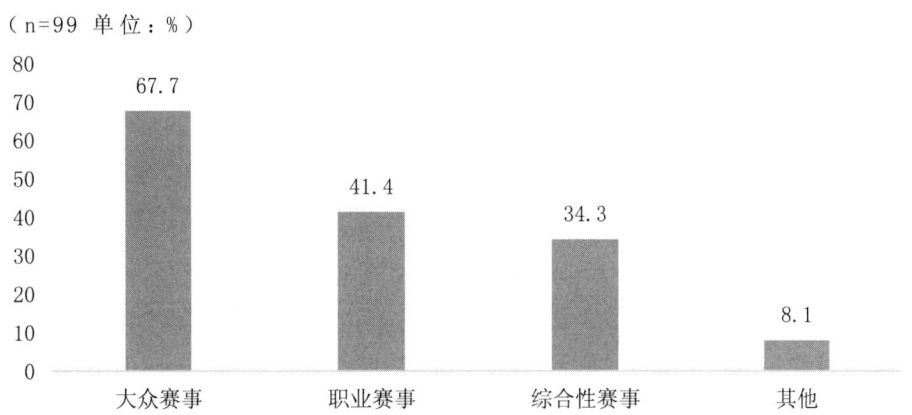

图3-8　2017年被访赛事运营公司主要运营赛事类型统计图

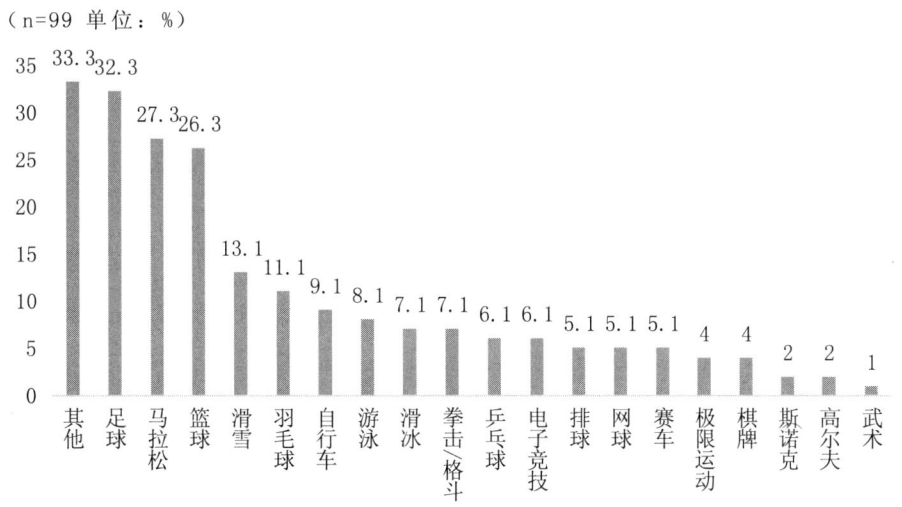

图3-9　2017年被访赛事运营公司运营的赛事类别统计图

表 3-1 "其他"赛事的赛事类别

赛事类别	体育项目
球类	台球、英式橄榄球、棒球
冰雪项目	雪合战、冰球
水上项目	帆船赛(×2)、皮划艇、水上运动
飞行项目	无人机竞速、无人机(×2)、无人机竞技、航空运动
路跑类	铁人三项赛、大型娱乐路跑、越野跑
其他赛事	轮滑、运动会、角斗士、体能大赛、钓鱼、亲子户外、击剑、体操、健身、广场舞

赛事运营公司选择以大众参与型赛事为运营主要切入口有以下原因：一是专业竞技类赛事自办难度大，且难以与已成规模的专业赛事竞争；二是大众参与类赛事可扩大赛事参与的边界，吸引广告主、媒体、消费者的注意力，率先形成规模优势。

城市传奇的创始人周一帆在接受课题组访谈时表示："观赏型赛事再做也不如CBA的观众多，所以只能先做参与型。参与型在于如何放大边际，让更多的人参与进来，互联网在其中起到了很大的作用。城市传奇从2010年开始做PC端线上的产品，用户赛前自由组队、发起订单，我们则会帮他们匹配对手、提供线下标准化服务。"

然而，随着参与者增多，自办赛事的市场竞争日趋激烈，自办赛事还需构建自身竞争优势，提升赛事的专业竞技性，强化赛事的强资源属性，增强赛事的服务体验。

某国际赛事运营公司商业化经理在谈及赛事运营的专业性和娱乐性之间的界线时对课题组表示："尽管我们在赛事上加入许多娱乐性元素，但赛事的专业性将会继续保持，这与赛事的差异化定位有关。比如彩色跑的人群可能更年轻化，但我们的人群更多是严肃跑者和初跑者，各赛事之间的定位不一样。从大众的眼光看，赛事的专业性与娱乐性的边界会慢慢地模糊，但这个娱乐化只是迎合消费者的娱乐需求，不会改变赛事竞技的本质。"

跑步前进创始人王路娜在谈及赛事的标准化执行时对课题组表示："我们比别人做得好的地方就在于细节的执行层面上。在装备上，物料是有标准的，只要钱花到位了，不会做得不好。做赛事最大的差别就在于人，人的服务是很难标准化的，这也是国内做赛事服务较为落后的一点。但是人可以通过标准化的动作规范去传递对应的情感,比如在迪士尼,你看到任何工作人员都是热情高涨的,在不停地传递着快乐,通过手势、规定动作来传递这种情绪。这是迪士尼精神的一种外在表现。"

无论是自建赛事IP,还是引进或承办赛事,其实质均是围绕赛事的精神内核和价值认同在做文章,让赛事的生命力更为持久。赛事IP需通过对表层、中层、核心层递进向赛事注入能量和灵魂(图3-10)。

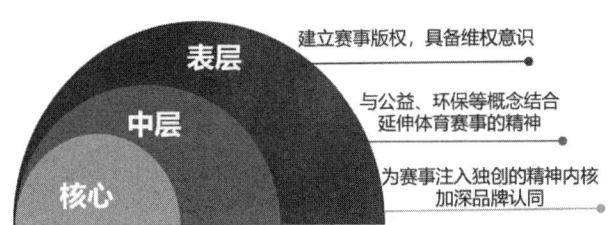

图 3-10 赛事IP运营的表层、中层、核心层

赛事IP运营的表层是建立赛事版权并具备维权意识,然而现阶段自办赛事的版权保护还很难被提上议程。一方面,目前中国的自办赛事市场还处于野蛮生长阶段,不仅自办赛事的成长需要一个容错的市场环境,而且对于行业监管来说,赛事版权的维护需要累积经验才能慢慢发现问题、纠正问题、形成规范;另一方面,目前情况下赛事维权很难解决一些非规范性的问题,完全解决问题则意味着管理成本骤增。

某赛事运营公司人士在接受课题组访谈时表示:"国内的知识产权的维护措施并不健全,所谓的版权的维护到底是维护什么?目前国内对体育赛事版权的维护是难以界定的,现在唯一能界定的就是名称。名称就是注册的商标,但是关于名称各自都有各自的道理,仅从名称上不足以对体育赛事版权进行保护。"

赛事IP运营的中层是与公益、环保等概念的结合,从而发展体育赛事的精神。每个赛事都有自身的生命周期,所谓的主题不过是赛事精神的载体,但是赛事需要与时下热点相结合来刺激外界对它的关注。如赛事与公益、娱乐的结合等,都是对赛事精神的拓展与延续。

某赛事运营公司人士在接受课题组访谈时表示:"我们只能是在某一个主题上加一个点,例如关爱留守儿童等,肯定要有侧重点。就像奥运会都会添加很多元素,如绿色、科技等。"

赛事 IP 运营的核心是为赛事注入一个有独创性的精神内核,这是足以支撑赛事的生命体,一种内在的文化核心、精神核心。赛事运营团队若能塑造出一种赛事的文化精神,会加深消费者对赛事品牌的认同;有精神烙印的赛事品牌会更容易吸引与品牌调性相似的广告主,相互匹配的赞助使双方更有可能实现共赢,从而释放赛事价值。

跑步前进创始人王路娜在接受课题组访谈时表示:"泡泡跑仅仅是一个载体,会不断有新的表现形式去丰富它。我们讲赛事 IP 真正形成价值的时候,它会有一个我们要传递的精神,代表一种品质,代表某一类人的追求。所以在每一个产品、每一个比赛里都融入了我们的调性和内涵,没有办法去抄袭,没有办法去模仿。"

(三)赛事运营公司客户合作方式

1.赛事运营公司版权扩张意愿较强,通过合作达成版权扩张成为主要方式

生态视域下的体育赞助价值评估课题组调研数据显示,2017 年被访赛事运营公司中,61.9% 的公司承认有赛事版权扩张意图(图 3-11)。在扩张赛事版权的方式上,75% 的被访赛事运营公司选择与行业内其他公司建立合作关系,70% 选择与政府及相关部门合作,65% 选择与媒体建立合作关系,仅 6.7% 的被访赛事运营公司选择通过购买途径扩张赛事版权(图 3-12)。

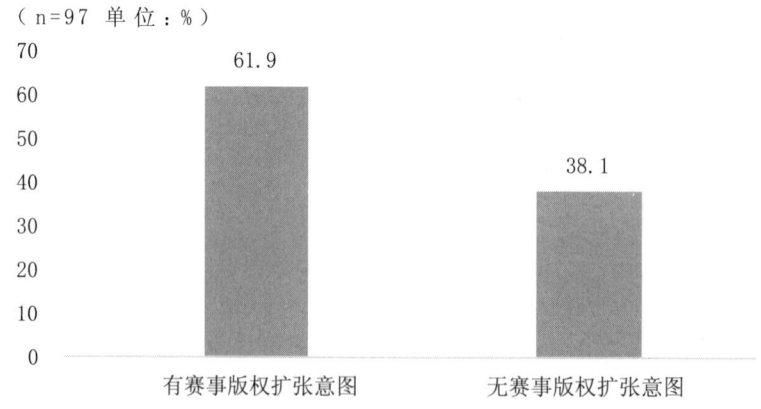

图 3-11　2017 年被访赛事运营公司赛事版权扩张意图

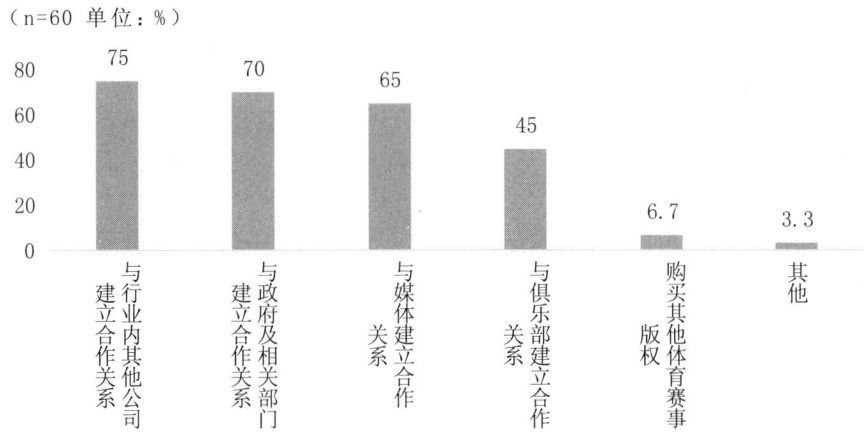

图 3-12　2017 年被访赛事运营公司扩张赛事版权的方式统计图

2. 房地产、食品、文化体育娱乐业等是赛事运营公司利润贡献的主要来源

生态视域下的体育赞助价值评估课题组调研数据显示,房地产、食品、文化体育娱乐业、交通、金融保险行业是 2017 年赛事运营公司利润贡献的主要客户行业。被访赛事运营公司中,排在第一位的行业是房地产,占比为 41.2%;其次是食品行业,占比为 16.5%;排在第三位的是文化体育娱乐业,占比为 14.4%(图3-13)。在被访赛事运营公司利润贡献率排第二的客户行业中,食品和文化体育娱乐行业排

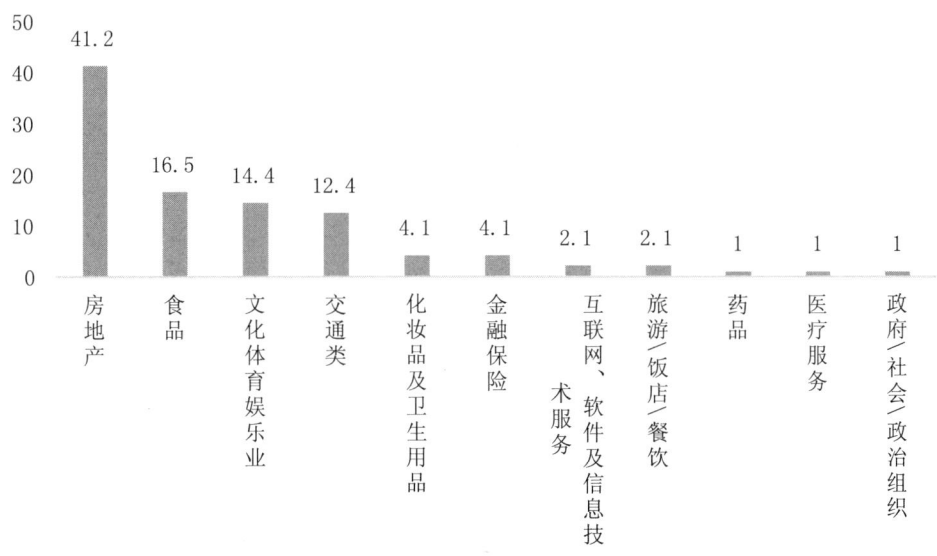

图 3-13　2017 年被访赛事运营公司利润贡献率排名第一的客户行业

在首位,占比均为17.4%;其次是交通类,占比为10.5%;排在第三位的是金融保险行业,占比为9.3%(图3-14)。在被访赛事运营公司利润贡献率排第三的客户行业中,酒类和文化体育娱乐行业排在首位,占比均为14.9%;其次是旅游/餐饮行业,占比为11.9%;排在第三位的是食品、金融保险行业和政府/社会/政治组织,占比均为10.4%(图3-15)。

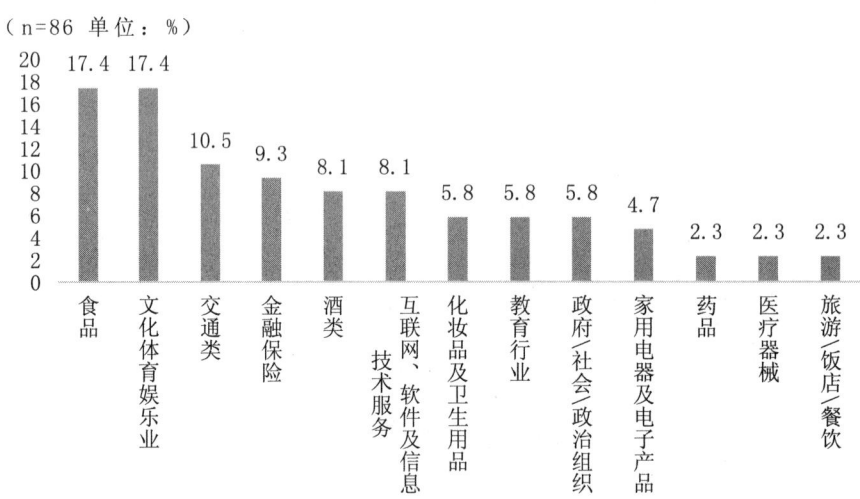

图3-14 2017年被访赛事运营公司利润贡献率排名第二的客户行业

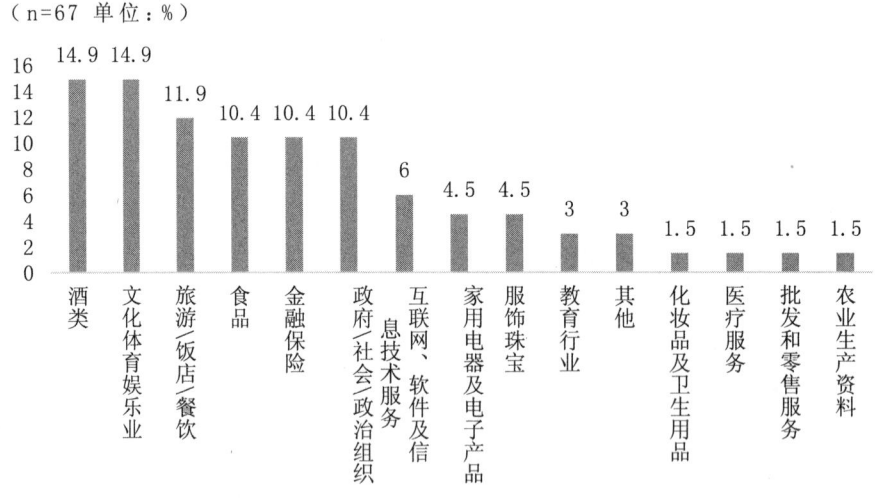

图3-15 2017年被访赛事运营公司利润贡献率排名第三的客户行业

2017年被访赛事运营公司认为在未来业务中最具开发潜力的行业中,房地产和文化体育娱乐业均占比为17.2%;其次是金融保险和教育行业,占比为10.9%;

分别有9.4%和7.8%的公司选择交通类和政府/社会/政治组织(图3-16)。

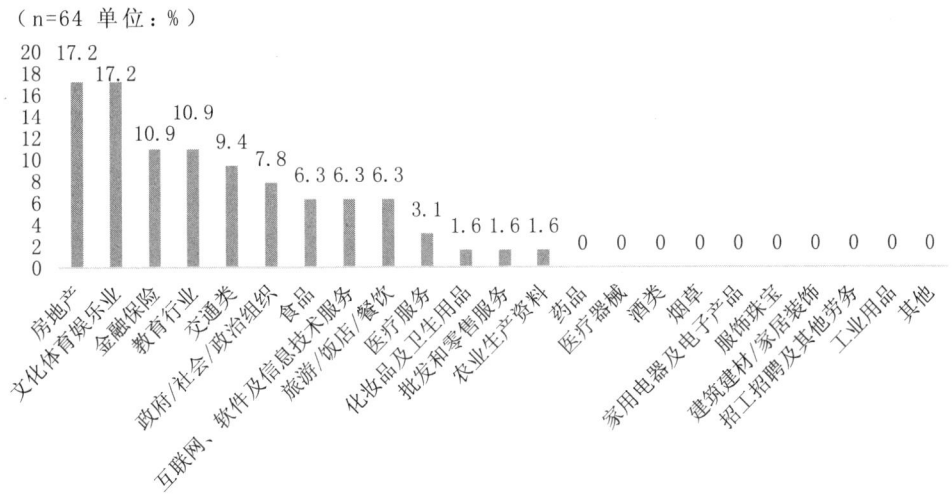

图3-16　2017年被访问赛事运营公司认为未来业务开发潜力排名第一的行业

3.客户合作中的策略磨合成为主要矛盾,现有客户纵深发展和新客户开发并重

生态视域下的体育赞助价值评估课题组调研数据显示,在2017年被访赛事运营公司与客户中止合作的原因中,58.7%的公司选择项目自然终结,分别有30.4%和18.5%的公司选择"客户的业务发生调整"和"双方在策略执行上很难达成一致",仅有15.2%的公司选择"同行业低价竞争导致客户流失"(图3-17),这意味着

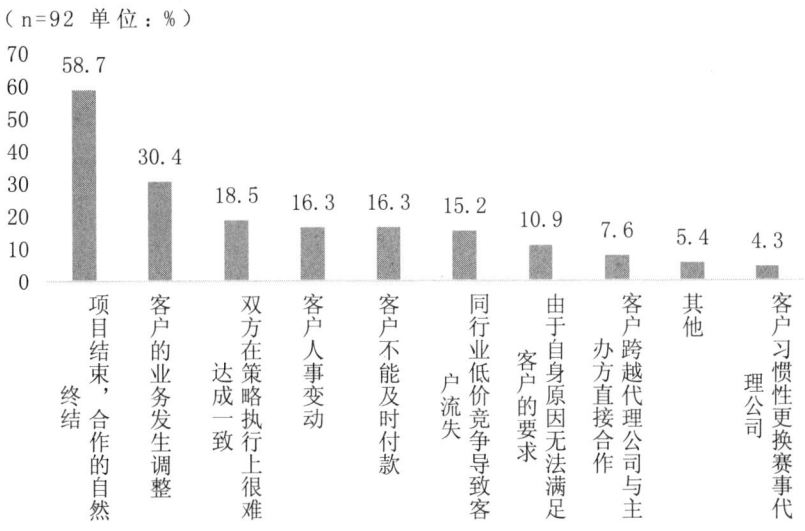

图3-17　2017年被访赛事运营公司与客户中止合作的原因

目前赛事运营公司与客户合作中的主要矛盾仍为双方策略的磨合。

在客户开发方式上,55.8%的公司选择"现有客户业务的纵深发展和新客户的开发并重",41.1%的公司选择"以对新客户的开发为主,对现有客户业务的纵深发展为辅",31.6%的公司选择"以对现有客户进行业务的纵深开发为主,新客户的开发为辅"(图3-18)。

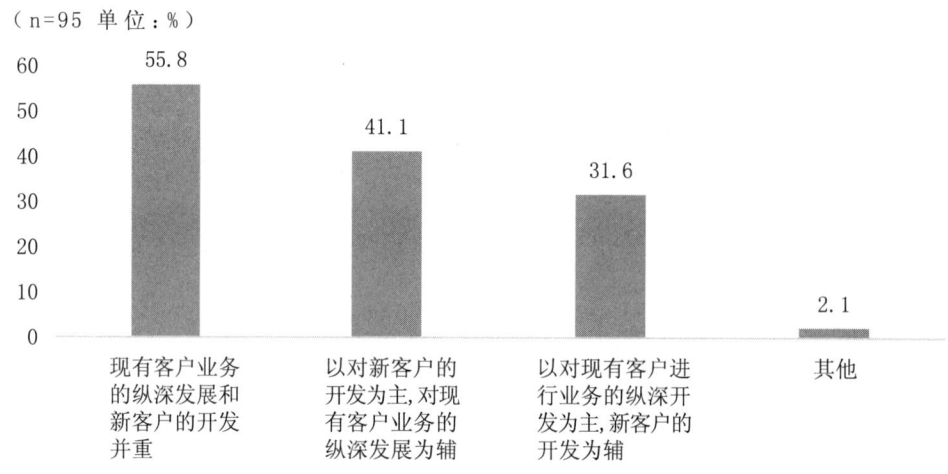

图 3-18　2017 年被访赛事运营公司的客户开发方式

(四)赛事培育难度大、人才匮乏为赛事运营公司面临的两大难题

1. 赛事培育周期长,前期投入大

自从体育产业站上政策和资本的风口后,各类赛事不断涌现,但是赛事培育周期长、投入大、盈利难等问题仍困扰当局者。生态视域下的体育赞助价值评估课题组调研数据显示,在2017年被访赛事运营公司面临的挑战中,43.8%的公司选择"快速成长阶段,缺少资金支持",35.4%的公司选择"目标市场发展缓慢,需长期培育",分别位列第一和第二(图3-19)。这主要有两方面原因,一方面,我国体育市场发展相对滞后,体育消费潜力有待挖掘,赛事运营缺乏稳固的基石支撑。尽管我国人均可支配收入提高,但是人均体育消费水平尚属较低层级,体育消费潜力尚待进一步挖掘。

某VR电竞赛事运营公司总经理在接受课题组访谈时表示:"任何市场的培育都有一个周期和过程,传统领域也走过受众逐渐普及的过程,在这个过程中它也会不断优化产品。VR电竞也是一样,只不过市场的爆点现在还未到来,VR电竞要出现像英雄联盟、王者荣耀这样的爆款可能还需要一段时间。"

另一方面,一项赛事要成为品牌赛事需要长期培育,包括赛事服务水平的提高、盈利模式的探索、赛事品牌传播等方面的投入。且在赛事培育期内,广告主、媒体、消费者等对赛事往往持观望态度,使得赛事在赞助收入、门票、媒体等方面收入较低。

一位赛事运营公司商业开发总经理在接受课题组访谈时说道:"体育是需要投入的,表面上看投入的是钱,其实背后投入的是时间。目前公司在跑步赛事方面还处于探索阶段,体育产业的成效要晚几年才能看到,所以2018—2020年可能会是一个好的赛事养成的时间。"

2. 专业人才数量短缺

近年来,赛事运营公司围绕俱乐部股权、赛事的运营权、媒体版权等版权布局频繁,但在后续版权的精细化运营上,行业内面临着体育产业从业人才缺乏的痛点。数据显示,体育产业从业人口大约为400万,占国内劳动力总人口的0.5%。[①]要想实现2025年体育产业5万亿的产业规模,中国体育产业从业人口就要达到全国就业人口的1.5%,意味着体育从业人数至少要达到1 000万。生态视域下的体育赞助价值评估调研数据显示,2017年被访赛事运营公司面临的挑战中,35.4%的公司选择"专业人才短缺",与"目标市场发展缓慢,需长期培养"并列第二,仅次于赛事运营公司在快速成长阶段的资金短缺问题(图3-19)。

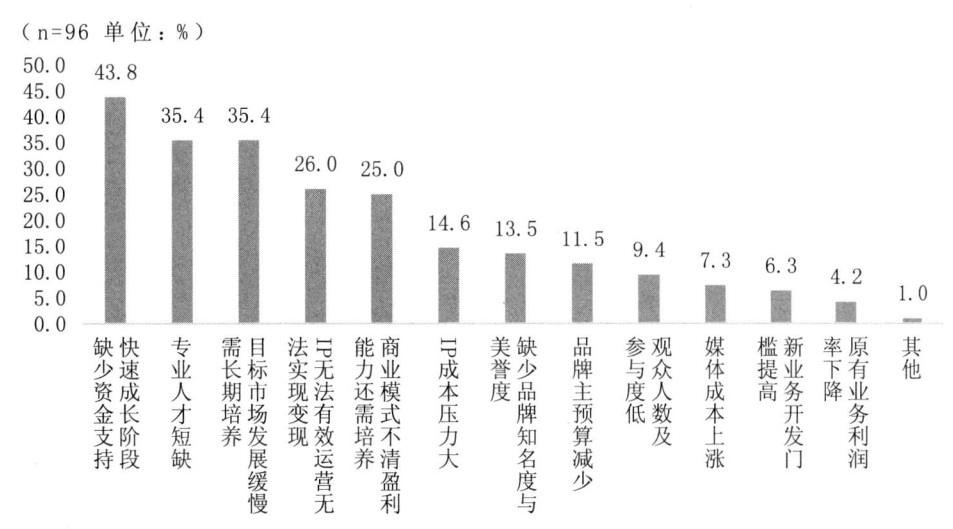

图3-19 2017年被访赛事运营公司面临的挑战

---

① 2016年中国体育产业总规模达1.9万亿元[R/OL]. (2018-01-13)[2018-03-15], http://www.gov.cn/shuju/2018-01/13/content_5256335.htm.

某国际公关公司副总在接受课题组访谈时表示:"现在体育营销传播方式改变了,已进入了新媒体时代,例如国际奥委会开了一个奥林匹克频道,就是为了吸引年轻人,与时俱进。我们赶上了一个好的年代,但是也需要人才。我们当年(2008年北京奥运会)花大成本学习国外顶级赛事组织规则、转播规则。但现在我国仍然缺乏赛事方面的优秀人才。"

某赛事运营公司副总经理就行业内人才短缺表示:"体育赛事运营公司说多也不多,拥有骨干团队的公司相对比较少。赛事运营团队的人才流失率很高,原因就是做体育要吃苦,一些赛事运营公司一年之内接连举办十几场马拉松,其骨干团队基本上一年时间都是在外的。"

(五)赛事运营发展趋势:社群化、本地化、整合化、数字化

1. 社群化运营助力赛事运营公司深耕市场,全面释放赛事价值

赛事运营公司对体育赞助价值的开发和运营不仅在于赛事本身和对赛事知名度的打造,还在于赛事所凝聚的用户群。用户群的价值才是赛事赞助价值激活的源泉。正如姚明所说:"体育能够使人与人产生情感关联,就像我不认识绝大部分的球迷,但我相信,我和他们之间一定有某种联系。"①

赛事运营的社群化主要基于以下两点:一是体育不仅是一种健康生活方式,更是人类情感的凝聚。社群使一项体育赛事所凝聚的共同情感得以落地,社群中的用户之间、粉丝和明星之间得以连接,进而增强赛事的情感凝聚力。例如李娜每年都会被邀请参加中国网球公开赛的比赛或观赛,这已经成为中国网球公开赛一个重要的情感元素。二是用户得以在一项赛事中投入更多注意力、停留更长时间,进而为赛事的赞助价值激活创造条件。例如亲子路跑赛事主要以家庭为单位参加,"辣妈"和孩子是其主要参赛人群。

彩虹泡泡跑创始人田道凯在接受课题组访谈时表示:"彩虹泡泡跑的用户留存率较高,旧用户参赛的比例约为40%,这意味着在没有更多广告费用投入的情况下用户的留存成本是很低的。我们用户留存率高的原因主要是孩子,如果孩子说

---

① 体育 IP 的蛋糕如何做好——中国体育产业跨界峰会[N/OL].北京日报(2016-05-25)[2018-03-15]. http://news.gscn.com.cn/system/2016/05/25/011391481.shtml.

'妈妈我今年还想玩',家人一般会再次参加。"

参赛人群的高留存率无疑会增加赛事与用户人群间的互动联系。

2. 赛事运营的本地化:本地用户+本地品牌

赛事运营的本地化指当地的运营团队再结合当地的赛事。赛事运营的本土化主要有以下优势:

第一,便于赛事运营公司把握地域文化打造有特色的本地赛事,并延长赛事可操作时间,为广告主权益的激活创造机会。

某赛事运营公司人士在接受课题组访谈时表示:"当地的运营公司再结合当地的马拉松赛事,两者的结合就能使赛事可持续发展。像厦门马拉松,就是当地的运营公司团队在做,每年都在做,这样就能和赛事进行很好的联结。"

第二,本地化赛事运营公司更有益于培育当地口碑,梳理与当地政府、媒体的关系,为赛事的可持续发展营造良好的外部环境。

某赛事运营公司人士在接受课题组访谈时表示:"如果赛事运营公司非本土公司,由于举办赛事有时间期限,一般做完赛事就会离开,容易留下后遗症,会有一些问题来不及解决,可能留下口碑问题,本土化赛事运营公司则能够避免这一点,使赛事更圆满。"

3. 赛事运营公司的整合化:向大型综合集团和专业垂直化发展

随着体育赞助市场的不断成长,广告主赞助经验和消费者参赛经验不断累积,赛事运营公司将会面临广告主需求升级、消费者期待增加等挑战。未来赛事运营公司的竞争将不仅停留在单一业务水平上,而且将会对赛事运营公司的资源整合能力提出新的要求,即通过有效的资源整合、匹配并满足广告主的需求,利用资源激发并实现消费者的需求。未来赛事运营公司资源整合能力越强,其竞争优势将会越明显。

拉加代尔体育与娱乐大中华区企业合作执行总监李莹在接受课题组访谈时表示:"拉加代尔的最大优势是我们的资源是独家的,不管是足球、网球、高尔夫球还是橄榄球、曲棍球等,包括我们的球员、俱乐部,如果按照体育资源涵盖的范围、数量、质量来说,拉加代尔在全球范围内是屈指可数的。这一点让我们在面对国内和国际品牌时要倾听它们的诉求,而不是只有一项或两项资源硬性的品牌推销,所以是以解决品牌的痛点为核心,资源丰富性恰恰赋予我们这样的能力。"

某被访赛事运营公司商务总监在接受课题组访谈时表示:"三星前两年在体育赞助方面还是相对比较好的,它的做法是会去买大的 IP 赞助权益,买到权益之后会用不同的媒体去发酵包装这个权益,会把所有的媒体资源都嫁接到它的体育资源的出口上,这样它的动能会相对更强,会达到事半功倍的效果。"

某被访赛事运营公司商务总监在接受课题组访谈时表示:"未来应该会衍生出非常专业或非常垂直的行业,就是在体育方面整合营销的公司,它会把所有的媒体、包括 IP 有机结合起来,把整个的解决方案做好,把体育 IP 周边的服务做好。"

4. 技术为赞助价值分发赋能

随着互联网等技术的发展,赛事运营公司正努力融合新技术,引用先进技术提升赛事体验,促使赛事组织和运营变得更成熟,突出表现为体育赞助的数字化和智能化。

第一,技术提升赛事体验。例如,2017 年"北京跑"采用人脸识别系统,防范替跑和名额转让现象;人脸识别不仅可以提高运动员的快速通过速度,也为赛事的安全进行提供了保障。新浪 3×3 篮球黄金联赛的报名系统按照 NBA 的数据体系打造,每个参加比赛的球员都有自己的数据,像 NBA 比赛一样有自己的赛事主页,有全网的赛事排名。

第二,数字赋能促进赞助价值流通。在数字化时代背景下,赞助资源也实现数字化。赞助资源的数字化利于赛事运营公司整合赞助资源,帮助广告主实现赞助需求适配,从而提升赞助价值的流通效率,加快赞助价值在整个赞助链条的有序流转。北京我要赞体育传媒有限公司通过整合赛事资源,为赛事资源赋值、评级等方式将赛事资源数字化,从而为广告主匹配适合自己的赛事资源,为赞助资源寻找恰当的赞助商,促进赞助价值在广告主与赞助商之间顺畅流通。

二、广告主:体育赞助价值的凝聚与转化

(一)消费升级+体育赛事市场活力涌现,广告主体育赞助营销迎来新机遇

广告主体育赞助营销在未来或将迎来新机遇:一是伴随着我国居民消费水平

升级的浪潮,体育产业还有巨大的发展空间,为广告主体育赞助营销提供了机遇;二是体育赛事市场活力涌现,且未来几年东亚地区大赛增多,为中国广告主体育赞助营销提供了更大空间和更多的机会。

近年来,我国体育产业蓬勃发展。其中,我国居民消费水平的增长和升级在其中起了重要的拉动作用。在2017年我国经济总体保持平稳增长的状态下,最终消费支出对经济增长的贡献率为58.8%,消费需求的增长仍是当前经济发展的主要拉动力。① 与此同时,我国消费转型升级态势明显,居民对文化、娱乐、体育等服务类消费有较高需求,更注重消费的品质、个性化和服务化。国家统计局消费结构变化指数表明,与2012年相比,2017年以衣、食、住为代表的生活刚需性消费占比略有下降,而以教育、体育、文化、娱乐和服务为代表的品质消费占比有所提升。其中,在休闲娱乐消费方面,居民体育健身、休闲娱乐需求增加带动相关商品和服务快速增长,2017年限额以上单位体育娱乐类商品消费比上年增长15.6%,增速比上年加快1.7个百分点。② 具体来看,消费升级对广告主体育赞助营销的促进作用主要体现在以下三个方面:

第一,消费升级刺激了国民对竞技体育观赛的需求。目前中国体育人群表现活跃,尤其体现在足球、篮球和羽毛球三大类体育赛事。新浪微博上,中超联赛累计收视超过4亿、NBA球迷超过3亿、羽毛球爱好者超过2.5亿。③ 生态视域下的体育赞助价值评估调研数据显示,对于"在进行体育赛事赞助营销时,相比参与类赛事,我更倾向于赞助竞技类赛事"这一观点,持不同意和同意态度的广告主所占比例相当,均为30.5%,其余39.0%的广告主持中立态度(图3-20)。

第二,消费升级刺激了国民对体育运动的需求。近年来随着居民收入和消费能力的提升,国人参与体育健身的热情越发高涨,具体表现为我国运动人群不断扩大,运动健身逐渐成为国民的重要生活方式。数据显示(图3-21),目前平均有超过三分之一,即34%的中国人经常性地参加体育锻炼——较10年前28%的数据

---

① 董礼华.2017年我国经济平稳增长 质量效益持续提升[N/OL].(2017-01-19)[2018-02-05].http://www.ce.cn/xwzx/gnsz/gdxw/201801/19/t20180119_27807007.shtml.
② 孟庆欣.消费市场平稳增长 消费结构持续优化[N/OL].(2017-01-19)[2018-02-05].http://www.ce.cn/xwzx/gnsz/gdxw/201801/19/t20180119_27807007_3.shtml.
③ 互联网体育创业投资发展白皮书[R/OL].(2016-05-30)[2018-01-18].http://www.sohu.com/a/115619784_505611.

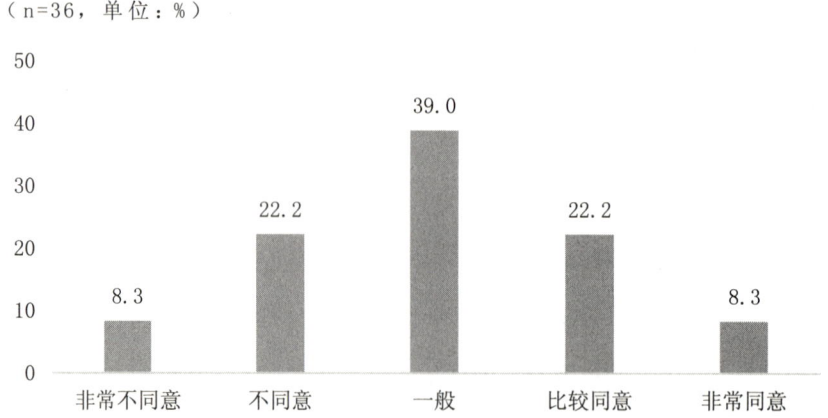

图 3-20　2017 年被访广告主对"在进行体育赛事赞助营销时,相比参与类赛事,我更倾向于赞助竞技类赛事"这一观点的态度

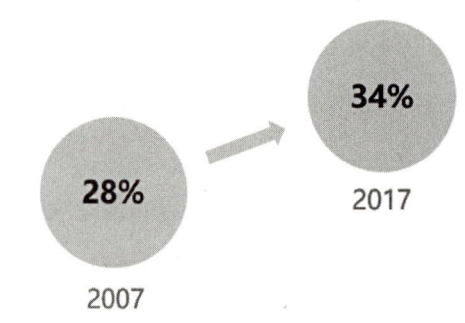

图 3-21　我国经常性参加体育锻炼的人口比例

数据来源:《中国开赛:崛起中的中国体育健身产业》

有了大幅提高,意味着国内积极从事体育活动的人口高达 4.34 亿。[①]《全民健身计划(2016—2020 年)》明确指出,2020 年我国每周参加 1 次及以上体育锻炼的人数将达到 7 亿。与此同时,我国马拉松、自行车等大众参与型赛事不断涌现,正在成为广告主愈加看重的赞助赛事项目。生态视域下的体育赞助价值评估课题组的调研数据显示(图 3-22),在对"相比该项赛事是否有明星运动员,我更关注参赛的人数"这一观点的态度中,47.2% 的广告主表示同意这一观点的态度,33.4% 的广告主表示不同意。可以看出,体育运动人群的增多刺激了参与型赛事价值空间的

---

① 中国开赛:崛起中的中国体育健身产业[R/OL].(2017 - 05 - 26)[2018 - 01 - 18]. http://www.sohu.com/a/143851585_355061.

提升,相比竞技型赛事需要通过体育明星、竞技表演等方式曝光品牌并促进销售转化,参与型赛事则因为参赛者本身即消费人群而直接扩大了赛事关注的人群,为广告主的体育赞助营销提供了更广阔的空间。

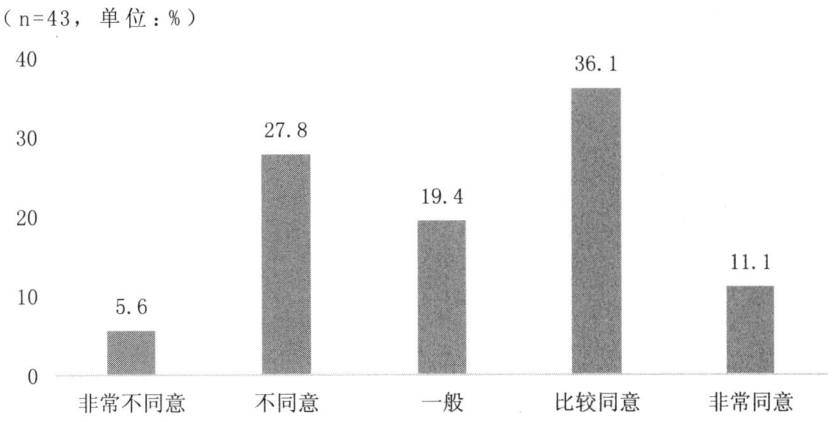

图 3-22　2017 年被访广告主对"相比该项赛事是否有明星运动员,我更关注参赛的人数"这一观点的态度

第三,消费升级进一步带动了体育服务、用品、装备等体育消费。据统计,2017 年全国居民人均消费支出比上年增长7.1%,其中体育健身活动支出增长15.5%。① 正是随着居民收入的持续增长和消费结构的不断升级,大众体育消费开始释放出巨大潜力。据经济学人发布的报告《中国开赛:崛起中的中国体育健身产业》显示,2016 年中国的体育健身市场规模接近1.5 万亿人民币(合2 170 亿美元),其中体育产品和装备的消费额占了近70%。② 同时,《全民健身计划(2016—2020 年)》也明确指出,到2020 年我国体育消费总规模将要达到1.5 万亿元,全民健身成为促进体育产业发展、拉动内需和形成新的经济增长点的动力源。消费升级不论对产品品类还是体育赞助营销上的升级都起到明显的驱动作用。例如,运动手环等智能可穿戴设备和健身跑步 App 成为大众健身的普遍配置,体育用品和装备的消费日益多样化和细分。

---

① 王有捐.2017 年全国居民收入较快增长 居民生活质量不断改善[N/OL].(2018 – 01 – 19)[2018 – 02 – 05]. http://www.ce.cn/xwzx/gnsz/gdxw/201801/19/t20180119_27807007_8.shtml.
② 中国开赛:崛起中的中国体育健身产业[R/OL].(2017 – 05 – 26)[2018 – 01 – 18]. http://www.sohu.com/a/143851585_355061.

某体育运动品牌商品企划高级经理在接受课题组访谈时曾提到："目前消费者想要获得的体育用品的种类在增多,同时产品的细化更加明显。以前的消费者可能只穿一双运动鞋就去跑步了,但现在的跑者从头到尾都有专业的跑步装备,他们对这些运动产品的需求是很大的。而这对于体育用品品牌来说是一个机会,也是一个挑战,因为这需要企业投入更多精力和资源去了解消费者,生产出更适合消费者的产品。"

多种类型赛事层出不穷,大众参与型赛事的蓬勃发展,也让我国体育赛事市场涌现活力。生态视域下的体育赞助价值评估课题组的调研数据显示(图3-23),60.4%的广告主同意"体育赛事赞助市场未来一年的预期良好"这一观点,超过样本总数的一半。尤其是在2018年体育大年及未来几年亚洲地区大赛增多的情况下,广告主将迎来难得的体育赞助营销机遇。

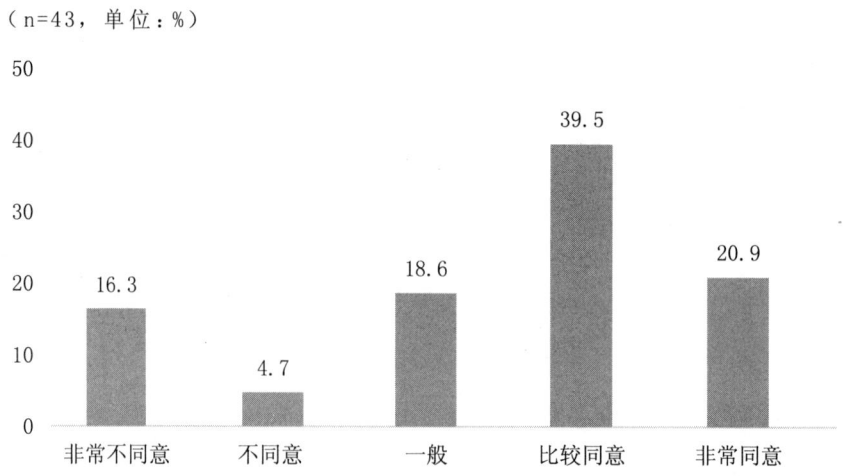

图3-23 2017年被访广告主对"体育赛事赞助市场未来一年的预期良好"这一观点的态度

首先,国际大赛增多,其提供的赞助和营销资源与我国本土品牌"出海营销"的意图和战略相匹配。在我国经济快速发展的带动下,本土品牌越来越渴望走出国门、寻求品牌升级,而通过在海外举办体育赛事赞助活动成为品牌"走出去"的一种相对常见和可靠的传播方式。2015年第四季度至2016年第三季度签约并宣布的海外赛事赞助案例一共有19起,其中被赞助最多的赛事项目为足球,共计10起,奥运会为第二多的赞助赛事,共计2起;从赞助合作的影响力来看,中国品牌亮相四大世界性运动的所有世界顶级赛事。① 2017年,中国品牌的海外赞助案例依然亮眼:海信、vivo、蒙牛宣布成为2018年俄罗斯世界杯的官方赞助商;阿里巴巴和国际奥委会达成长达12年的合作伙伴关系,赞助金额高达8亿美元;361°成为雅加达亚运会的官方合作伙伴;等等(表3-2)。

表3-2 2017年广告主赞助国际赛事情况(部分)

时间	赞助对象	赞助级别
2017年3月	华为:EFG环阿拉伯海帆船赛	唯一中国品牌赞助商
2017年3月	匹克:国际篮球基金会(IBF)	全球合作伙伴
2017年3月	OPPO:印度国家板球队	官方赞助商
2017年3月	喜力啤酒:世界一级方程式赛场锦标赛	长期全球啤酒合作伙伴
2017年3月	厦门航空:德国沃尔夫斯堡足球俱乐部	官方合作伙伴及官方指定航空公司
2017年3月	小天鹅:2017年斯诺克世界杯	冠名赞助商
2017年4月	海信:2018年俄罗斯世界杯	官方赞助商
2017年4月	东风汽车:沃尔沃环球帆船赛	独家冠名
2017年5月	中兴:塞维利亚足球俱乐部	
2017年5月	vivo:卡巴迪世界杯	
2017年5月	海信:美国电竞EG战队	官方赞助商
2017年5月	vivo:2018年俄罗斯世界杯	官方赞助商
2017年6月	361°:2018年雅加达亚运会	官方合作伙伴
2017年7月	中国银行:2022年北京冬奥会和冬残奥会	官方银行官方合作伙伴
2017年7月	匹克:罗马尼亚奥委会	运动装备赞助商
2017年7月	奔驰:英雄联盟S7全球总决赛	全球总决赛中国首席合作伙伴
2017年7月	海信:阿斯顿维拉足球俱乐部	官方科技合作伙伴
2017年7月	康佳:西班牙足球甲级联赛	中国区官方合作伙伴

---

① 2016年中国企业海外体育赞助:顶级赛事"大满贯"[EB/OL].(2016-11-22)[2018-02-21].https://baijia.baidu.com/s? old_id=705379.

续表

时间	赞助对象	赞助级别
2017年8月	7天酒店:法国尼斯俱乐部	
2017年8月	怡宝:亚洲足球联合会	
2017年8月	中国国际航空公司:2022年北京冬奥会和冬残奥会	官方航空客运服务合作伙伴
2017年8月	伊利:2022年北京冬奥会和冬残奥会	官方乳制品合作伙伴
2017年9月	华为:2017年亚洲室内与武道运动会	官方赞助商
2017年9月	海飞丝:巴塞罗那俱乐部	官方赞助商
2017年9月	ofo小黄车:德甲多特蒙德	
2017年9月	安踏:2022年北京冬奥会和冬残奥会	官方体育服装合作伙伴
2017年9月	海信:美国国家足球队	
2017年10月	百岁山:澳大利亚网球公开赛	全球合作伙伴
2017年10月	魅族:2017年国际马术公开赛	
2017年10月	东航:2017年环法自行车赛	赞助合作伙伴
2017年11月	阿里云:国际足联世界俱乐部杯	合作伙伴
2017年12月	蒙牛:2018年俄罗斯世界杯	全球官方赞助商
2017年12月	中国联通:2020年北京冬奥会和冬残奥会	官方通信服务合作伙伴

数据资料来源:生态视域下的体育赞助价值评估课题组根据网络公开资料整理

其次,体育赛事的多样性激发了不同行业广告主的赞助需求,更多广告主通过跨界、借势营销等方式进入体育赞助营销市场,增强了市场生机与活力。例如,在2017年9月进行的北京马拉松赛事中,赞助商所覆盖的行业从传统的运动行业拓展至地产、金融、新能源、餐饮、医疗等众多行业,包括华夏幸福、北京现代、六福珠宝、康师傅、欧莱雅等众多品牌。相比2010年,2017年北京马拉松的赞助商由6家增长至18家。[1] 而在2018年年初,宝洁借势冬奥会在北京地铁1号线打造了"宝洁冬奥会冷姿势专列",为冬奥会造势的同时,也为旗下的品牌及产品提供了个性化的营销场景。

---

[1] 透视北马的赞助商体系 看赛事如何带动产业联动[EB/OL]. (2017-09-18)[2017-12-08]. http://www.hubeifc.com/sports/ty/2017-09-19/147417.html.

(二)依托优质内容的体育赞助营销形式更加个性化、多元化

1.体育内容天生具备正能量优势,备受广告主青睐

在消费升级的背景下,商品及其品牌本身所包含的品质、精神等意义成为连接企业和消费者最重要的因素。同时,在消费者个性化、传播渠道碎片化的情境下,如何与挑剔的消费者进行有效沟通而不被排斥,也成为目前令广告主头疼的一道难题。此时,与消费者日常娱乐活动密切相关,天生具备正能量且功利性较低的体育营销便成为越来越多的广告主青睐的营销方式。体育赞助营销之所以受到广告主青睐,主要有以下几方面原因:

第一,体育赛事带有公益性和公共性等特点。作为一种世界性活动,体育赛事更容易消除和打破信仰、文化、语言等种种差异和障碍。由此,立足于体育赛事内容的体育赞助营销也往往较少受到受众的排斥,传播阻力较小,容易激发公众的情感共鸣。在生态视域下的体育赞助价值评估课题组调研数据显示(图3-24),超过一半(61.1%)的被访广告主同意"与其他营销方式相比,体育赛事赞助能给品牌带来积极向上、更具公信力的良好形象"这一观点。尼尔森发布的《2017体育粉丝研究报告》显示,国内体育消费拥有庞大的基数规模和优质的消费者结构,受众对品牌赞助行为多持肯定态度。体育粉丝中,赞成"赞助商对体育的帮助很大"这一

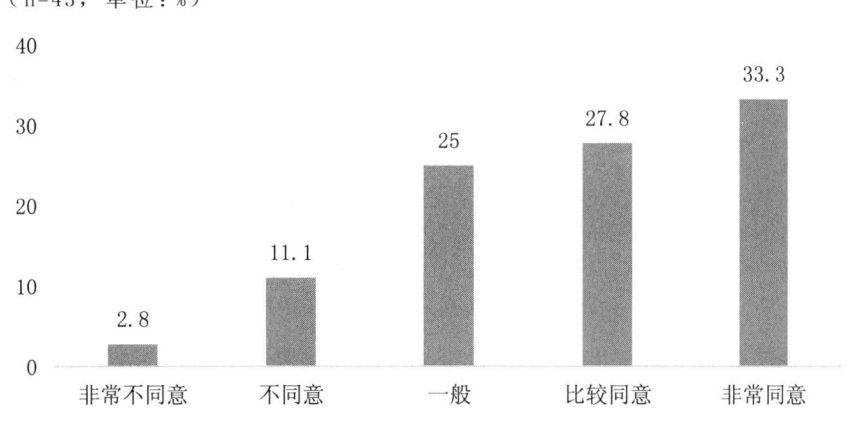

图3-24 2017年被访广告主对"与其他营销方式相比,体育赛事赞助能给品牌带来积极向上、更具公信力的良好形象"这一观点的态度

观点的被访者比例最高,高达70%;其次是赞同"赞助商给更多人提供了参与各种体育赛事活动的机会"这一观点的体育粉丝,达到被访者总数的69%;且超过73%的被访者表示"价格和质量相同,更会选择赞助体育赛事、队伍、球员的品牌"。同时,被访者对"赞助商阻碍运动"和"大赛事不需要赞助"观点的认可比例均处于较低水平。① 这为广告主注入了更多市场信心。

第二,体育赞助营销的广覆盖率及高曝光度也是其他营销手段难以企及的。尤其在重大比赛现场或赛事直播过程中,体育赛事的受众更为广泛,更有利于提高品牌的曝光度。例如,在2017赛季的中超联赛中,一场北京国安主场对阵广州恒大的比赛,仅现场观众人数就高达五万多,更不用说通过电视及互联网媒体观看比赛直播及转播的人数了。生态视域下的体育赞助价值评估课题组调研显示(图3-25),2017年,61.1%的被访广告主对"体育赛事营销与其他营销方式相比,在品牌曝光和提升品牌知名度上具有明显优势"这一观点表示同意,其中13.9%的被访广告主非常同意,仅有8.3%的被访广告主不同意此观点。

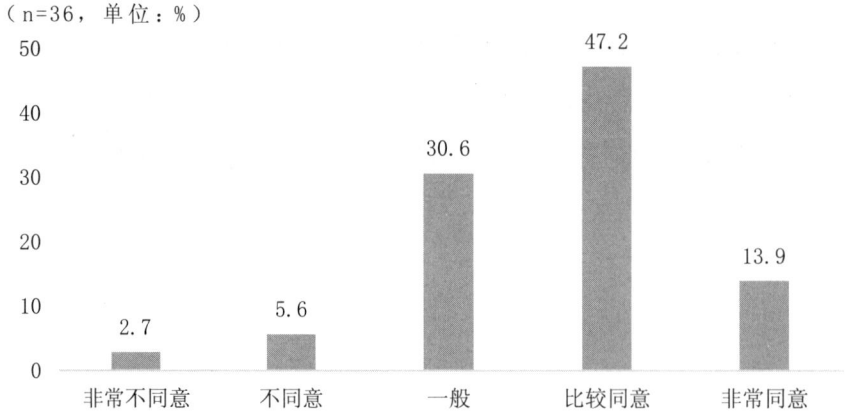

图3-25　2017年被访广告主对"体育赛事营销与其他营销方式相比,在品牌曝光和提升品牌知名度上具有明显优势"这一观点的态度

第三,虽然不同行业和品类的广告主采取体育营销的目的和诉求有所不同,但体育赛事赞助在塑造和提升品牌形象、提高品牌价值等方面拥有其他营销推广方式所没有的优势,尤其是奥运会、世界杯、欧洲杯等大型体育赛事为赞助企业提供

---

① 2017体育粉丝研究报告[R/OL].(2017 - 05 - 03)[2018 - 01 - 20]. http://mini. eastday. com/a/170503113649319 - 2. html.

了一个难得的、高效的品牌传播平台。例如,联想赞助 2008 年北京奥运会,使之在海外的知名度提升了 53%;VISA 通过"胜利中国,刷新梦想"的赞助广告使自己在中国的认知度在一个月内从 24% 升至 33%。① 具体来看,体育用品、制造、装备类品牌,往往都将体育营销作为最重要的营销方式。例如,匹克体育通过进驻 NBA,赞助马拉松赛、排球联赛等综合性的体育营销策略和手段,传递品牌在各运动领域的专业度。同样,诸如李宁这样的专业运动品牌,曾经与中国国家体操队有过长达 23 年的合作,围绕旗下篮球、跑步、羽毛球等产品制定不同的体育营销策略。在跑步方面,李宁除了赞助全国各地马拉松赛事外,还曾组织过"李宁中国 10 公里路跑联赛",同时李宁拥有自己的 iRun 跑步社区,围绕核心的跑步群体,打造各类线下赛事和活动,从而维护与消费者的关系;在篮球方面,李宁也围绕签约的篮球明星推出过定制球鞋,并积极与球迷粉丝互动。② 而与体育运动无直接关联的其他行业和品类的品牌,也会通过体育赞助营销这一方式打造品牌积极、阳光、向上的正面形象。如阳光保险打造"阳光跑团",参加了全国多场马拉松比赛,在比赛中宣传团结友爱的正能量,体现出阳光保险在本行业的人文关怀;康师傅冰红茶与 NBA 的结合,使篮球比赛的激情、活力与冰红茶"冰力十足燃痛快"这一积极向上的品牌理念相契合,拉近了康师傅与年轻赛事观众及消费者的距离。

汇源副总裁李生延在接受课题组访谈时表示:"体育营销本身就和我们很搭,如健康生活这样的体育精神理念和我们的价值观相符,同时在体育营销之后也能够把汇源的影响力放大。"

第四,除了提升品牌形象和品牌价值,促进销售增长也成为广告主越来越看重的体育赞助营销诉求,"品销结合"正成为目前广告主体育赞助营销最为看重的需求。

拉加代尔体育与娱乐大中华区企业合作执行总监李莹在接受课题组访谈时表示:"关于广告主的诉求,其实用四个字概括一下就是品销结合。我看到更多的还是把品牌推广、品牌价值提升放在第一位的,但是销量提升也是每一个品牌都有的诉求。"

据生态视域下的体育赞助价值评估课题组调研显示(图 3-26),在 2017 年被访

---

① 庄伏.体育赛事背后的品牌契机[J].国际公关,2012(4):26-27.
② 李宁体育营销之道:less than more[EB/OL].(2014-11-20)[2017-1-18]. https://www.huxiu.com/article/101831/1.html.

广告主开展体育赛事赞助活动的主要目标中,排名靠前的三类分别是提高品牌知名度、提高品牌美誉度和帮助企业促进销售增长或开拓市场。在对媒体的调研中,也侧面印证了广告主愈加重视赛事带来的销售转化。有78.2%的被访媒体同意"体育赛事赞助中,广告主越来越重视赛事带来的销售转化"这一观点,仅有3%的媒体对此持不同意见(见图3-27)。可以预见,在当前数字化、智能化营销的时代,广告主对营销传播的效果会提出更高的要求。

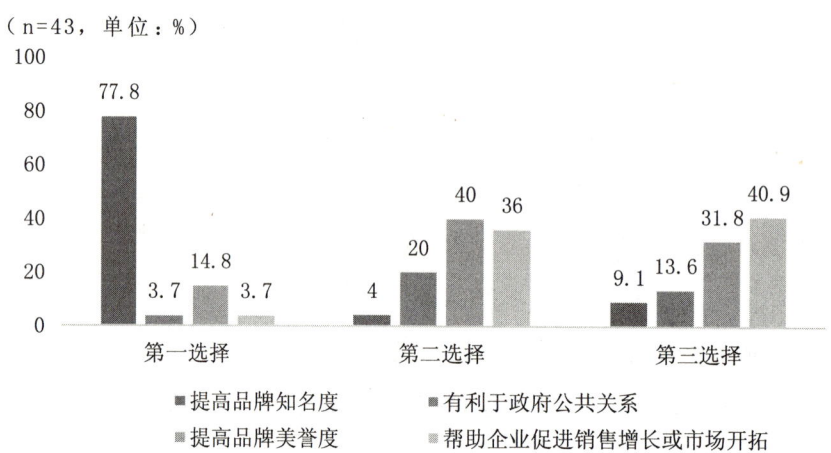

图3-26 2017年被访广告主开展体育赛事赞助活动的主要目标

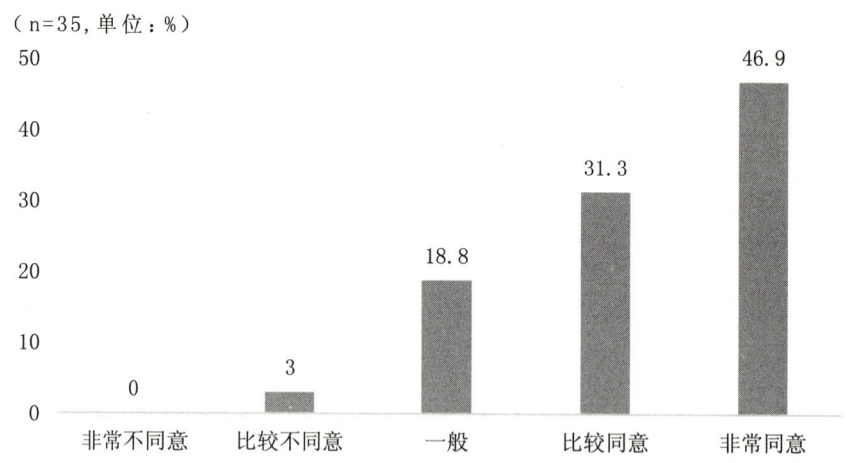

图3-27 2017年被访媒体对"体育赛事赞助中,广告主越来越重视赛事带来的销售转化"这一观点的态度

某企业品牌业务总监在接受课题组访谈时表示:"很多广告主会有这方面的要求(销售转化)。一方面是公司老板有要求,做活动的经费不能白白浪费,品牌不

光要提高知名度,一定要能够转化到收入上,这才是做活动的终极目的;另一方面,从大的角度讲是节约社会资源。否则在如今信息爆炸的时代,随随便便做一个活动,如果不求销售转化其实就是无效的。"

广告主体育赛事赞助的营销目标也可以从广告主的具体赞助级别及相应营销行为中窥见一斑。例如,很多赞助世界顶级赛事的广告主往往谋求成为赛事的设备供应商,这一级别的赞助使得广告主不仅可以"求名",更可以通过对顶级赛事的产品供应增强品牌的市场话语权,扩大市场份额。尤其是一些家电类品牌利用产品、技术与体育赛事的结合,往往使其相关的体育赛事赞助行为具有更为直接的优势。如索尼在 2014 年巴西世界杯上给国际足联的大规模高清转播制作提供了约 300 名技术及制作专业人员,还为 12 个比赛场馆提供了大量的制作设备和设施。[①] 格力空调作为 2016 年里约奥运会的"官方供应商",则更多是为了向海外输出优质的"中国造"产品,扩大海外销量。据生态视域下的体育赞助价值评估课题组调研数据显示(图 3-28 和图 3-29),被访广告主目前运用最多的赞助形式是合作伙伴/赞助商和冠名,而广告主最青睐的赞助级别为供应商(产品/服务等)和合作伙伴/赞助商。

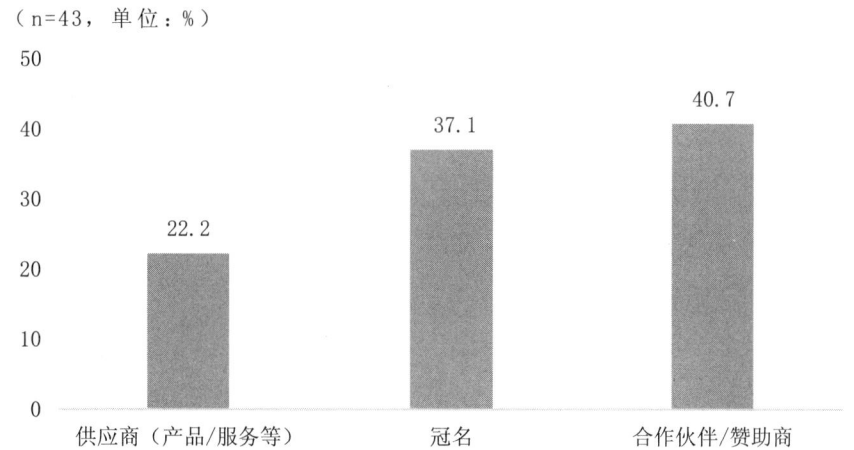

图 3-28　2017 年被访广告主主要运用的赞助形式

---

① 索尼的 2014 巴西世界杯营销[EB/OL]. (2017 - 03 - 29)[2018 - 01 - 23]. http://www.jiemian.com/article/1209299.html.

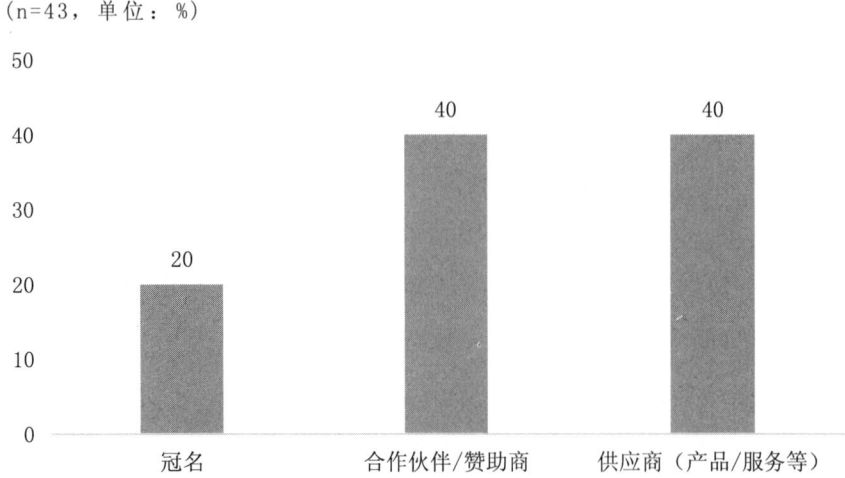

图 3-29　2017 年被访广告主倾向于运用的赞助级别

2. 广告主体育赞助营销形式更具个性化、多元化,从浅层单一向深度激活升级

长期以来,我国广告主对体育赞助价值权益的有效激活不足,导致品牌赞助价值未被真正高效地开发和传达。

传统的体育赞助营销大多通过赞助和冠名的方式追求品牌曝光;依赖硬性广告、赛场广告板等传统形式进行传播,品牌信息传达的广度和深度有限,但因其操作的易实现性,赞助和冠名仍旧是目前广告主使用率最高的体育营销传播方式。生态视域下的体育赞助价值评估课题组调研数据显示(图 3-30),2017 年被访广告

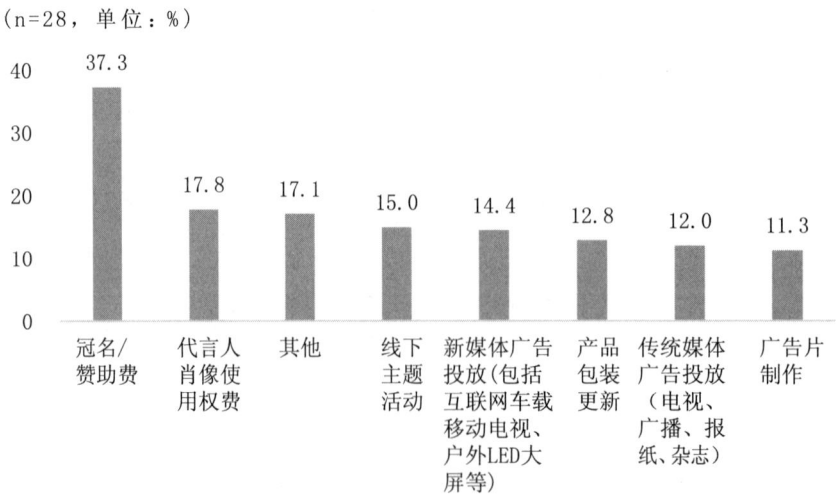

图 3-30　2017 年被访广告主体育赛事赞助营销费用具体分配

主体育赛事赞助营销费用具体分配到"冠名/赞助费"上的比例最高,平均费用占总体体育赛事营销费用的37.3%。而在生态视域下的体育赞助价值评估课题组调研中,很多广告主也表示很多企业仅仅是通过简单的冠名、赞助形式进行体育营销传播,其他更为深入及多样化、创新性的营销活动则有些不足。

某通信企业客户经理在接受课题组访谈时表示:"现在很多广告主的体育赛事赞助只是做了一些简单粗暴的表达,只是把信息推出去,除了冠名,还缺乏一些更为深入的探索,比如品牌调性的深度融合和受众的深度参与等。"

某体育营销公司商务总监则在访谈中表示:"有很多企业没有投入赛事周边去为企业服务,没有考虑到投入真金白银获得了一个IP以后,要用什么样的配套产品去服务它,或者说在这个基础上怎样围绕这个IP产生更多的价值。"

国内广告主进行体育赞助时在意识上往往存在这样的误区:认为只要提供赞助金,获得赛事(球队、球员等)的赞助权益后,就获得了消费者的认知度,因而在赞助价值的后续激活和相应的营销推广上缺少充分的投入,从而导致品牌与消费者难以建立联系,使得前期的赞助投入打水漂,体育赞助营销的最终效果也大打折扣。

某国际公关公司副总裁在接受课题组访谈时表示:"很多企业都有一个误区,比如赞助花了3千万美金就想着'听响'了,其实还需要两到三倍的钱去做激活。"

对于企业体育赞助行为的宣传并非只停留在赛场上,企业在赛场之外的宣传也非常重要。

拉加代尔体育与娱乐大中华区企业合作执行总监李莹在访谈中曾指出:"国外非常成熟的广告主在做体育营销的过程中至少会留出一半甚至更多的钱去做赞助之后的激活和宣传,国内的品牌在这一点上可能有所欠缺。"

从消费者变化的趋势来看,目前消费者对广告屏蔽、付费会员等多种方式愈发青睐,如果企业单纯采取冠名、赞助等行为进行单一、浅层的品牌表达,其传播效果很可能收效甚微。消费者的群体状态和消费行为正在快速变化,这使品牌的体育赛事赞助必须将独特的品牌价值与体育赛事相融合,提出个性化的传播主张,采取互动性、故事性、个性化的营销传播形式和手段才能引起消费者的关注和对品牌的认同。因此,基于优质体育内容的软性植入、趣味开发和社会化媒体传播正成为广告主吸引、留住消费者的手段。据生态视域下的体育赞助价值评估课题组调研显示(图3-31),2017年分别有70.4%和66.7%的被访广告主采用软文和品牌植入的方式进行体育营销,并且目前广告主采用软文和品牌植入等方式进行体育营销和硬性广告的比例相差无几。可见,广告主依托体育内容的营销形式愈发多元,体育赞助营销方式正在从单一浅层向深度激活升级。同时,在生态视域下的体育赞助价值评估课题组关于2017年更能引起消费者注意的赞助商广告形式的调研中发现,品牌植入这一形式引起消费者注意的占比最高,达到68.4%;其次是宣传片或微电影,占比43.2%;互动话题或小游戏、硬性广告、软文的占比分别是30%、28.4%和22.1%(图3-32)。

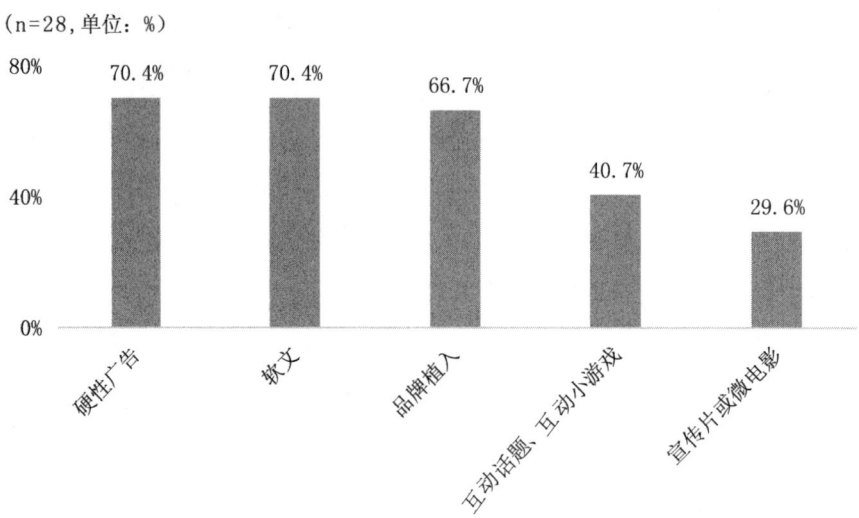

图3-31　2017年被访广告主体育赛事赞助营销与媒体合作的具体形式

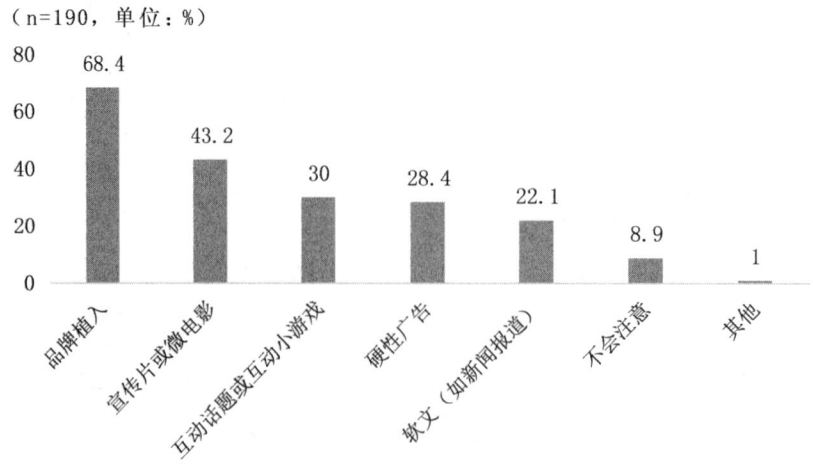

图3-32　2017年更能引起被访消费者注意的赞助商广告形式

以康师傅的奥运会面馆营销为例,从2016年里约奥运会面馆的成功营销,到2018年平昌冬奥会的平昌面馆,康师傅奥运系列面馆似乎开创了一种简单却又独特的体育营销策略。虽然康师傅并非奥运会的赞助商,但借助奥运会这一大型赛事开展的体育面馆营销事件也达到了良好的传播效果。在冬奥会的平昌面馆中,一方面,康师傅延续了一贯的视觉风格,增添了更多样的食材和中式菜品,主打弘扬中华饮食文化的主题,让康师傅的品牌形象在无形中得到了拔高;另一方面,康师傅聚焦于社交媒体平台,在微博上创建了"康师傅平昌面馆"的话题,并通过体育明星、著名媒体人等在社交媒体上的传播,引发网友的话题互动。他们还邀请"短道女神"刘秋宏亲临面馆展示厨艺,为康师傅平昌面馆在网络上的传播增添了更多可能性。如此数轮的话题互动和内容传播,加之"家乡面"和"中华美食文化"等关键词引发网友和消费者共鸣,让康师傅平昌面馆营销活动多次发酵、更具深度。

图3-33 广告主体育赞助营销的维度

(三)广告主体育赞助差异化,体育资源多元化布局与垂直化深耕并存

1. 差异化源于各行业、品牌与体育资源的适配度

通常来讲,广告主在开展体育赞助营销之前会将自身行业和品牌属性、企业和品牌的发展阶段、目标受众和消费人群等与赛事、运动员、俱乐部、体育场馆等体育资源进行匹配,考虑双方是否契合,进而选择适合其品牌或产品的体育资源。如果双方的联系过于牵强,则很难将消费者对体育资源的"情感"或注意力嫁接到品牌或产品上。

某通信公司客户经理在接受课题组访谈时表示:"广告主进行体育营销传播,首要的就是受众群体和品牌内涵是契合的,要和产品受众在百分之七八十以上是重合的。赞助不是盲目的,要么与品牌调性相吻合,要么与消费人群相吻合,否则赞助方案就是失败的。"

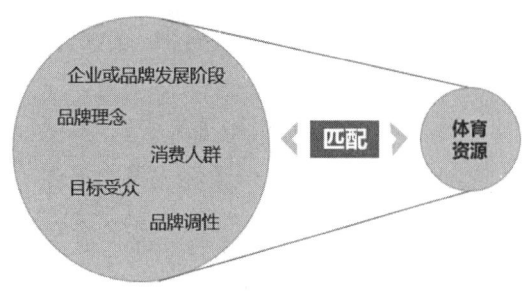

图 3-34　体育资源与企业或品牌的适配

从企业及品牌的不同行业属性与体育资源的契合度来讲,企业及品牌在不同发展阶段的体育赞助营销诉求各不相同。生态视域下的体育赞助价值评估课题组调研数据显示(图 3-35),在过去三年没有开展过体育赛事赞助营销的被访广告主中,选择"产品/品牌尚未达到体育赛事赞助营销阶段"这一原因的比例最高,为 61.5%;选择"体育赛事赞助营销与品牌/产品战略不符"这一原因的占比为 30.8%,位列第三。可见,企业及品牌、产品发展阶段这一因素在广告主是否进行体育赞助营销的考量中显得相对重要。而能达到体育赞助营销阶段的企业,由于自身发展情况不同,营销诉求也不尽相同。一些互联网金融品牌在发展初期为抓取用户数据、吸引新用户,往往会赞助马拉松等受众群体广泛的赛事。知名度较高的品牌选择赞助赛事则会相对谨慎,更加注重自身品牌理念和调性与赛事资源的契合程度。如海信、vivo 等高知名度或市场份额较高的企业依据自身开拓海外市场的需求,往往选择赞助国际体育赛事。此外,一些品牌基于本地化传播和政府公关的需求会选择赞助当地认知度高、深受当地消费者喜爱、具有当地文化特色的体育赛事。如中兴手机在北美及亚太地区进行体育营销传播时,采取本土化的营销策略,在加拿大赞助传统体育项目曲棍球,在日本牵手有全民运动项目之称的棒球,在埃塞俄比亚赞助传统优势项目长跑运动等。[①] 又例如 2017 年 ofo 小黄车和多特蒙德足球俱乐部的合作,正是出于 ofo 小黄车想要进入欧洲市场这一诉求所作出的本地化传播战略。

---

① 中兴体育营销战略:"全球本土化"[EB/OL].(2016 – 03 – 07)[2018 – 03 – 01]. http://news.sina.com.cn/o/2016 – 03 – 07/doc – ifxpzzhk2414101. shtml.

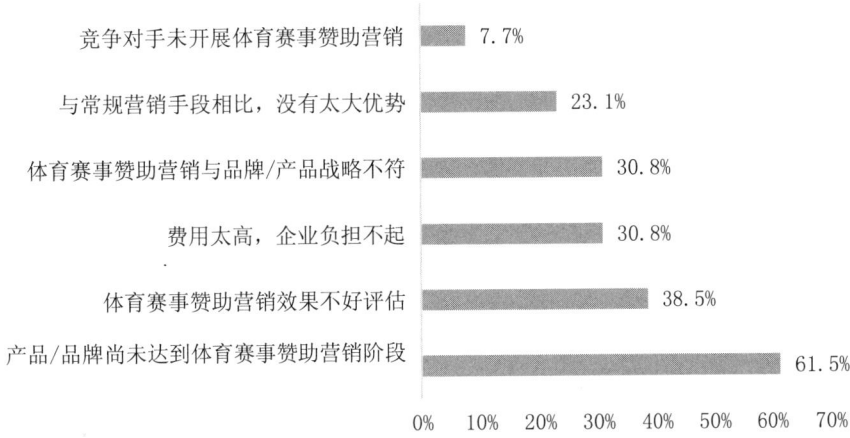

图 3-35　2017 年被访广告主未开展体育赛事赞助营销的原因

从体育赞助营销的行业和品牌属性与赛事资源的契合度来看,汽车、体育用品、金融、电子消费品、快销品等行业能与体育运动产生良好的互动。我国进行体育赞助营销的行业主要集中在交通类、金融保险类、快销品类等行业。据生态视域下的体育赞助价值评估课题组调研数据显示(图 3-36),2017 年被访广告主中交通类广告主开展体育赞助营销活动所占比例最高,为 29.6%;金融保险类广告主排名第二,占比为 25.9%;食品及饮料类、文化体育娱乐业广告主开展体育营销活动的比例均各占 18.5%;农牧业和教育行业类被访广告主没有进行过体育赞助营销。

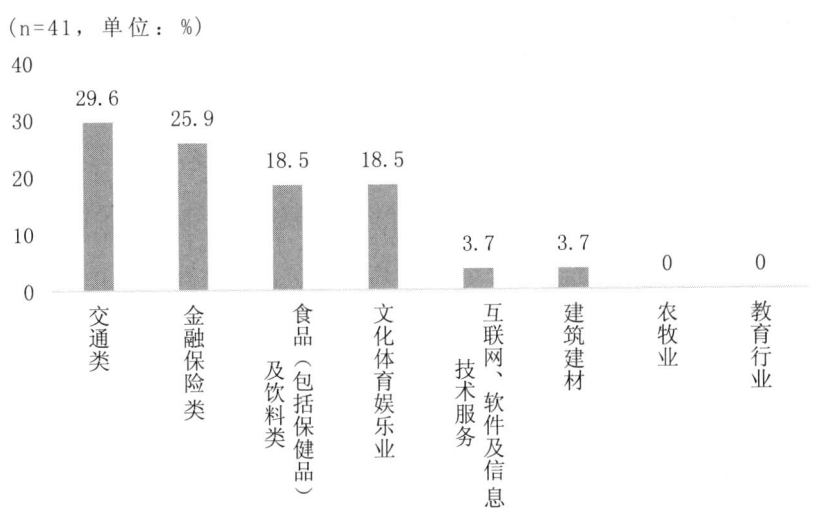

图 3-36　2017 年不同行业被访广告主开展体育赞助营销活动比例

我国不同行业广告主在选择体育赞助营销的赛事类别、内容和诉求等方面存在明显差异：

交通类汽车行业广告主是体育赞助营销的主力军。不论是全国各地的马拉松赛事还是篮球、足球、排球等主流竞技型赛事，都不乏汽车类广告主的身影。如长安福特连续三年冠名赞助中国足球协会超级杯，沃尔沃自1995年开始赞助沃尔沃中国公开赛这一高尔夫赛事，迄今已有24年。尤其是北京马拉松、上海马拉松这些一线城市的马拉松赛事，参与人群广泛且具备一定的消费能力，媒体关注度高，赛事具有较高的营销传播价值，深受汽车品牌的青睐。宝马连续多年赞助上海马拉松、厦门马拉松等国内顶级马拉松赛事，北京现代则连续7年赞助北京马拉松，不仅为其提供相关的赛事服务，还结合赛事的延伸性推出主题公益跑活动，目的就是使北京现代优质的客户服务理念深入目标参赛人群，同时将品牌年轻、积极、健康的理念和内涵与马拉松的赛事精神相互融合，更好地传递给目标消费者。

金融保险行业广告主热衷于赞助网球、足球、篮球、马拉松等热门赛事，往往赞助时间长、赞助级别较高，致力于在体育消费者及客户心中形成长期稳定、可靠的品牌形象。例如，中国平安以6亿元的价格冠名2014年至2017年的中超联赛，到2017年5月，中国平安再次以10亿元继续冠名2018年至2022年的中超联赛。前后9年，中国平安以共16亿元的价格冠名中超联赛至2022年底，成为中超联赛历史上冠名时间最长、金额最大的企业。中国银联则选择网球这一高端赛事为主要的赞助对象，先后成为2012年至2017年上海ATP 1000网球大师赛赞助商、上海劳力士大师赛2012年至2017年"尊耀赞助商"、中国网球公开赛2015年至2017年"白金赞助商"。中国人寿也连续8年赞助了中国网球公开赛。

食品、饮料等快消品行业广告主，尤其以饮用水、饮料为主营产品的企业近年来通过大力推行体育赞助营销来拓展市场。首先，其体育赞助营销呈多样化、密集化、集中化的特点。例如百岁山曾在2016年赞助包括篮球、网球、羽毛球、马术、马拉松、赛车、帆船等赛事项目，种类超过10类。不仅在大众参与型赛事上发力，同时也赞助多项高端体育赛事，在2017年成为澳大利亚网球公开赛的全球合作伙伴，以此来匹配百岁山高端水的品牌定位。青岛啤酒作为体育营销领域的"鼻祖"，已经连续15年赞助厦门马拉松，并且因其长期在足球赛事领域深耕体育营销策略，已经成为行业示范案例。其次，快销品行业广告主进行体育赞助可以直接促进赛事期间产品的直接销售,例如水类品牌经常作为赛事指定供水,潜移默化地使消费者形成对品牌及其产品的消费习惯。

消费电子类广告主近年来热衷于赞助海外赛事,将体育营销作为打开海外市场的主要方式。vivo 在 2017 年与国际足联签下 5 年的赞助合作周期,包括 2017 年和 2021 年联合会杯、2018 年俄罗斯世界杯、2022 年卡塔尔世界杯这四大国际赛事;OPPO 则在 2017 年成为印度国家板球队官方赞助商;华为在早年就开始深耕海外市场,一直把海外体育资源作为主要的赞助对象,如赞助各类俱乐部,连续赞助德甲多特蒙德等诸多传统欧洲强队,并成为 2018 年平昌冬奥会网络设备的官方供应商。

体育用品行业虽然天生自带体育基因,但体育赞助营销仅是营销传播方式的一种。

某体育用品公司商品企划高级经理在接受课题组访谈时表示:"对于体育用品公司来说,体育是其营销活动的重中之重。可能营销部门业务的百分之七八十都是围绕体育营销开展的,但是每个公司也并非完全一样。"

对于匹克、李宁这样定位于专业化体育用品的品牌来讲,想要触达多层次的消费人群需要更注重全方位、立体化的体育营销策略,且与垂直类赛事结合得更为密切。例如,匹克体育会围绕自身产品去与各项体育资源对接,将赛事资源与产品有效结合起来。其中,篮球是匹克体育极为看重的品类,所以匹克体育每年都会进行一些关于 NBA 的营销和赞助活动。近年来越来越多的体育品牌在时尚、娱乐的方向走得更为深远。国外品牌如阿迪达斯近年来在中国一直签约鹿晗等人气明星,正是看中了其背后数量庞大的粉丝流量,这也是阿迪达斯紧抓时尚潮流、贴近运动生活这一理念的体现。国内品牌如特步,曾连续 8 年冠名赞助《天天向上》这一综艺节目,如今先后与赵丽颖和林更新签下代言合同,一直在娱乐和时尚运动领域进行市场探索。

值得一提的是,在国内,互联网科技企业正在成为体育赞助营销领域中一股重要的力量。以阿里巴巴为例,先是冠名国际足联俱乐部世界杯 8 年,而后成为国际奥委会 TOP 赞助商,合作将长达 12 年。在阿里巴巴的布局中,未来或将阿里旗下的天猫、淘宝、支付宝等产品的用户与阿里体育会员相互打通,与各项赛事、协会的会员信息相对接。腾讯在 2017 年进军冰雪赛事,正式成为中国滑冰协会独家互联网合作伙伴及中国滑冰协会新媒体赞助商。除此之外,腾讯进军体育产业以来获得了包括 NBA 休斯敦火箭队、英超豪门曼城队、中国排球联赛、环法自行车中国赛以及电竞圈关注度最高的英雄联盟 S7 全球总决赛等众多赛事及俱乐部的代理权,2018 年腾讯有望签约更多更具实力的赛事和俱乐部,进一步布局海内外各项体育资源。再以京东为例,京东从 2010 年开始就与 CBA 以及中超联赛合作,2013 年伊始又与中超联赛签署了五年战略合作协议,成为中超联赛一级合作伙伴——零售企业和购物网站的独家合作伙伴。2016 年京东体育成立后,开始与各类赛事展开深度的营销合作,全面整合京东的资源,将传统的线下体育服务、大众参与型赛事及活动引入京东,大力发展体育旅游、体育票务等板块。正如京东体育的掌门人王学松所说:"当全民健身上升为国家战略,体育产业也将成为未来国家支柱产业,京东体育不再只是一个销售体育用品的平台,而要成为一个全方位满足体育消费需求的综合性平台,最重要的是拓展体育服务板块。"①

从企业及品牌的目标受众和消费人群与体育资源的契合度来讲,广告主进行体育赞助营销看重的一定是某类体育资源能够带来与品牌或产品相匹配的目标消费人群。目前,越来越多的品牌面临传播品牌形象年轻化的需求,会尝试与电子竞技等新兴、热门的体育资源相结合,以接近年轻的消费群体。例如奔驰赞助英雄联盟 S7 全球总决赛,北京现代曾赞助世界电子竞技运动会,红牛则冠名赞助了 2017 红牛杯英雄联盟电子竞技大赛。深圳航空在 2017 年 12 月与《王者荣耀》合作推出了主题航班,通过设计游戏的主题靠枕、行李架广告以及空乘人员角色扮演的方式,将企业与电竞相结合,做出了传统航旅企业对电子竞技营销的新尝试。②

2. 体育资源选择的多元化布局与垂直化深耕并存

虽然可以看到市场上广告主开展体育赞助营销活动十分活跃和广泛,但是目前我国大部分广告主对体育赞助营销依然缺乏长期规划和相对精准的赛事资源匹配法则,广告主体育赞助营销仍需在精耕细作和全面触达之间找到平衡点。

国内广告主在一段时期内往往选择投资多种不同的赛事且合作期限短,以

---

① 李子晨. 京东体育实现全产业布局[EB/OL]. (2016-01-01)[2018-02-21]. http://www.techweb.com.cn/news/2017-09-13/2584377.shtml.
② 禹唐体育 2017 体育产业年度盘点[EB/OL]. (2018-01-02)[2018-02-21]. http://m.ytsports.cn/news-15834.html.

1—2年最为普遍。生态视域下的体育赞助价值评估课题组调研数据显示（图3-37），28.5%的被访广告主与其投入最主要的体育赛事合作持续时间为1－2年（包含2年），是占比最高的选项；其次，分别有17.9%的被访广告主与所赞助的体育赛事有1年以内或5年以上的合作持续期。可以看出，广告主与赛事赞助对象虽有5年以上这样长期合作的案例，但与赞助对象合作期在5年以下（含5年）的所占比例总计高达82.1%，而国外品牌则更多会在某一类赛事上进行多年的深耕发展。例如巴黎银行到2017年为止赞助网球赛事长达44年。巴黎银行在体育赞助营销方面以赞助网球赛事为核心策略，并且在各个地方每开展一项新业务的同时就会通过对当地网球赛事的赞助和激活去发展其旗下的各项业务。因为在巴黎银行看来，网球这项运动不论是在品牌调性、品牌延伸、业务拓展或是商业款待上与其品牌的契合度较高。实际上，国内广告主体育赛事合作周期较短有其内在原因：一方面，由于国内体育赞助营销市场尚处于摸索和尝试阶段，更多广告主尚未清楚哪类体育项目或哪个具体赛事与其品牌调性、目标消费人群的契合度最高；另一方面，中国市场的多元与分散也是其他很多国家无法比拟的，这就意味着企业在一定程度上有必要在不同的赛事上进行布局和探索，从而扩大赛事传播的覆盖人群。

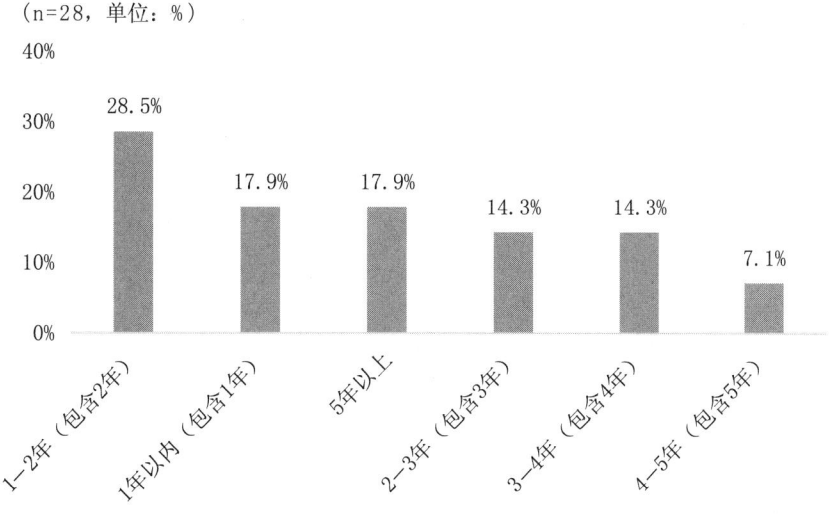

图3-37　2017年被访广告主与其投入最主要的体育赛事赞助合作持续时间

目前,很多中国企业进行体育赛事赞助也开始向垂直化、集中化的方向发展。青岛啤酒与亚洲冠军联赛的合作已经到了第 5 个年头,未来还有 3 年之约,不管是在战略还是营销上都表现出专注的特点;海信进行体育赞助一开始也呈现广撒网的特征,相继赞助赛车项目诸如 F1 英菲尼迪红牛车队、NASCAR Xfinity(NASCAR:美国全国运动汽车竞赛)系列比赛及 JGR 车队,网球项目如澳大利亚网球公开赛,甚至冠名过 Arena 体育馆。如今,我们更多看到的是海信集中赞助国际顶级赛事,从 2016 年成为欧洲杯顶级赞助商,再到 2018 年俄罗斯世界杯的官方赞助商,并赞助美国国家足球队,这正是由于海信赞助 2016 年欧洲杯后在欧洲市场取得了不错的效果,更加坚定了其赞助国际顶级大赛的信心。总之,赛事赞助的垂直化、集中化有利于强化品牌与受众群体的关联性,并能够快速集中传播效果。体育赞助营销如何在多元化布局和精细化运营之间找到动态平衡,还需要更多国内品牌在摸索之后找到适合自身品牌传播逻辑的答案。

(四)广告主体育赞助营销媒体策略趋于多媒介渠道整合

媒体策略在广告主体育赞助营销过程中依然占据十分重要的地位。生态视域下的体育赞助价值评估课题组调研数据显示(图 3-38),2017 年被访广告主开展体育赛事赞助营销活动中使用过的赞助权益排名前三位的是赛场广告、媒体宣传和互动营销,分别占比为 85.2%、70.4% 和 59.3%。与之相比,被访广告主青睐的赞助权益排名前三位的是媒体宣传、赛场广告和知识产权类(如赛事官方称呼、素材资源使用权),分别占比 68.3%、53.7% 和 34.1%。总体来看,广告主对媒体宣传

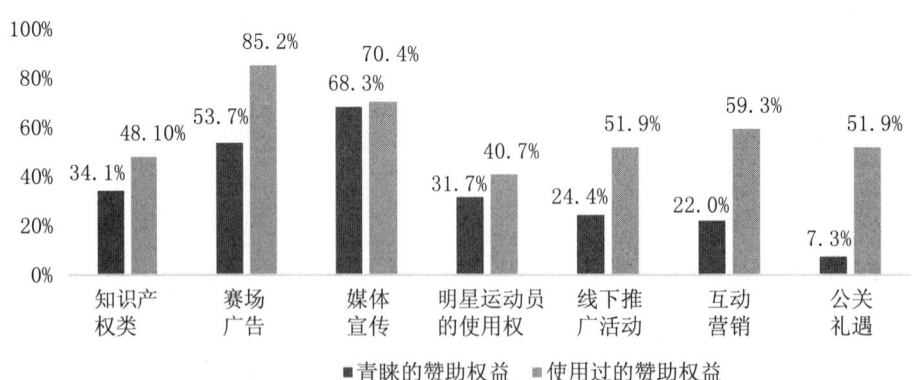

图 3-38　2017 年被访广告主使用及青睐的赞助权益

这项赞助权益效果的满意度最高,而对公关礼遇、互动营销、线下推广活动的满意度较低。公关礼遇、线下营销等方式具有一定的范围和功能限制,而通过媒体的广告宣传和展示能使品牌得到大范围的曝光,并且可以通过收视率、点击率等指标进行效果评估,因此成为广告主普遍青睐的赞助权益。

1. 广告主媒体运用整体呈现多层次、多元组合的特点

广告主体育赞助营销媒体策略呈现不同媒体多层次、多元组合的特点,以移动互联网、互联网站、电视为三大主要媒体传播渠道。生态视域下的体育赞助价值评估课题组调研数据显示(图3-39),2017年被访广告主在不同媒体上体育赛事赞助营销广告投放费用分配以移动互联网、互联网站和电视占据前三位,所占比例分别为33.4%、25.1%和24.4%;传统户外、数字户外、杂志和期刊等其他媒体形式的广告投放费用分配较为均衡,总体呈现多元分布的特征。

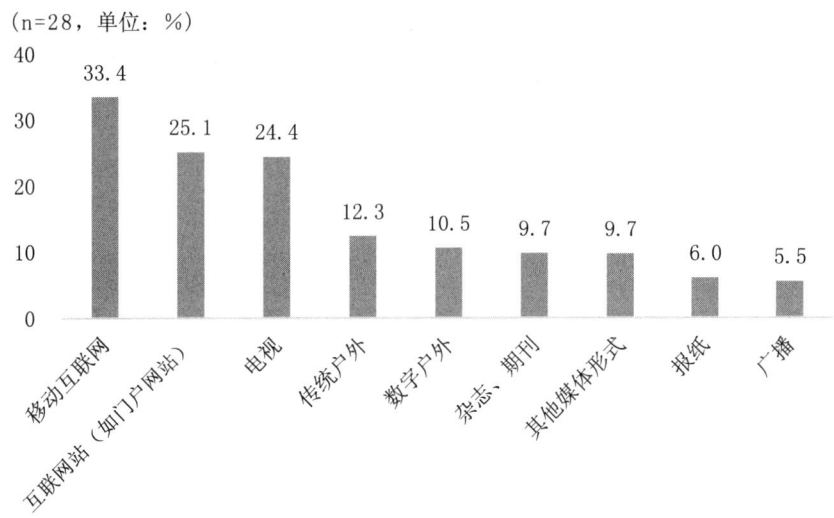

图 3-39　2017 年被访广告主在不同媒体上体育赛事赞助营销广告投放费用分配情况

相比单独投放电视广告而言,多渠道投放成为广告主体育赞助营销的媒体策略。原因在于:第一,在媒体环境纷繁复杂的当下,品牌声量仅在单一媒介作用下往往会被湮没在其他众多品牌声势浩大的广告活动中,因此品牌在资源充沛的条件下往往会选择多渠道联动,多角度、多方位地触及消费者;第二,广告主在电视广告上的信息播出选择偏向单一、简洁,承载信息量有限,且电视广告投放费用往往高昂,这就需要互联网广告、零售终端广告等多渠道配合以提供给消费者用来决策

参考的信息,或及时对消费者形成购买刺激,才可能实现广告主品销合一的诉求。如麦当劳、百事可乐、可口可乐、蒙牛等快销品牌都是国际顶级赛事的赞助"常客",这些品牌除了在 CCTV1 或 CCTV5 上投放较高频次的赛事直播间隔广告外,同时还在移动互联网平台、社交媒体平台、户外以及销售终端配合进行营销推广。

某广告主品牌总监在接受课题组访谈时表示:"我们进行体育赞助营销时,如果只有线上或只有线下的营销方式可能最终效果都不太好,所以需要赛场内外、媒体等与消费者进行线上线下的联动,甚至还要有一些店面来为赛事或明星做一些活动的促销等,这样综合起来才会带来更好的效果。"

2. 以央视为代表的电视媒体传播凸显品牌形象

生态视域下的体育赞助价值评估课题组调研数据显示(图 3-40),2017 年被访广告主开展体育赛事赞助营销在电视上的广告投放费用分配以中央电视台所占比重最高,平均费用占体育赛事营销在电视上广告投放总体费用的 44.5%;其次是省级卫视,省级地面频道和地市县级电视台,占比分别为 31.5%、16.4%、7.6%。首先,电视媒体可以凝聚家庭场景,搭载体育赛事的传播价值依然凸显,在互联网传播环境碎片化的当下,其对品牌整体形象的塑造和展示仍具有重要意义;其次,以央视为代表的国家级电视台覆盖范围广,受众人群多且手握顶级赛事 IP,背书能力强,在世界杯、奥运会等顶级赛事面前,央视凭借资源优势依然掌握电视端的直播、转播权,在品牌背书能力和覆盖范围等因素的考量下,广告主在体育营销上往往以中央电视台为主线来排兵布阵。

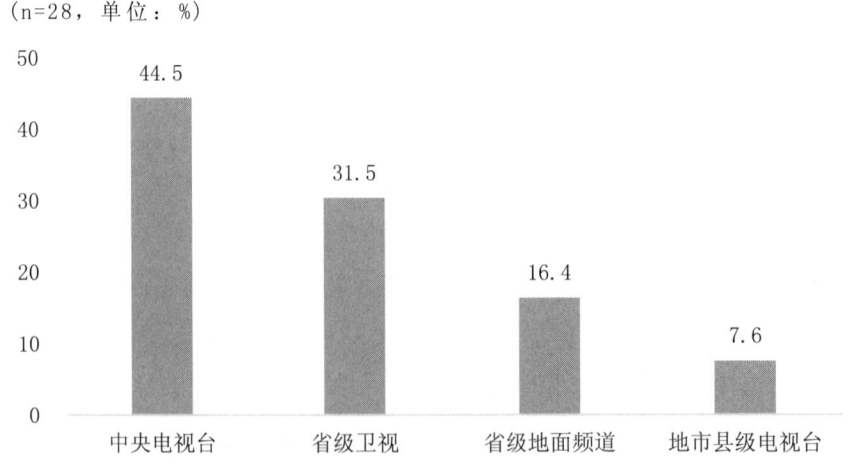

图 3-40 2017 年被访广告主开展体育赛事赞助营销在电视上的广告投放费用分配情况

某体育用品企业品牌管理总监在接受课题组访谈时表示:"我们企业的创始人是第一代创业者,往往倾向于传统媒体带来的可信度和背书能力。另外,由于我们的核心市场是二、三、四线城市,因此我们需要一个大的媒介来覆盖所有的区域,目前来说没有比 CCTV5 更大的媒介可以普适这么多城市群体了。"

除此之外,省级及地方电视台同样拥有广泛的本地受众人群,对于广告主的本地化营销传播具有重要价值。

3. 互联网媒体触达受众、深入互动的效果显著

据 2017 年生态视域下的体育赞助价值评估课题组的调研数据显示(图 3-41),57.1%的被访广告主同意"在体育赛事赞助营销活动中,我更愿意在新媒体上投放广告而不是在传统媒体上"这一观点;28.6%的被访广告主对这一观点持中立态度;另有 14.3%的被访广告主不同意这一观点。可以说互联网媒体正在成为广告主体育赞助营销中触达消费者的主要阵地。首先,部分赞助商权益在目前的媒介技术环境下缺乏足够的活化性,如"电视的互动性较差,对权益活化解决得不好,互联网媒体正好是互动性媒体,可以做很多创新的权益活化,带给赛事方与赞助商更好的回报"[①]。相较而言,互联网媒体在解决广告主与消费者双向的沟通和互动、线上数据监测和统计方面效果显著。其次,在消费者媒介接触呈现碎片化特征的

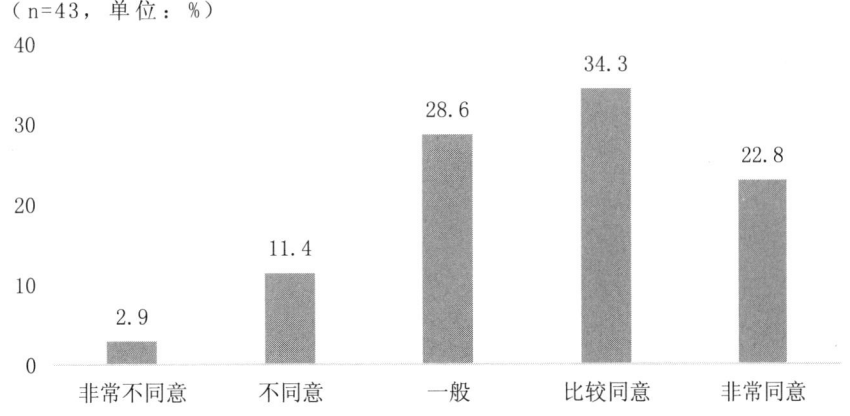

图 3-41　2017 年被访广告主对"在体育赛事赞助营销活动中,我更愿意在新媒体上投放广告而不是在传统媒体上"这一观点的态度

---

① 丁明锐. 直面挑战,与腾讯体育共享体育营销价值成长[EB/OL]. (2017 - 09 - 12)[2018 - 02 - 25]. http://tech.qq.com/a/20170912/092573.htm.

情境下,多种类型的传播渠道能够更广泛、更精准地接触目标受众和消费人群。生态视域下的体育赞助价值评估课题组的调研数据显示(图3-42),2017年被访广告主在体育赛事赞助营销中主要运用的互联网媒体类型为门户网站,占比高达96.4%;第二是社会化媒体,如微博、微信,占比为60.7%;品牌官方网站和体育赛事官网并列第三,占比均为53.6%;搜索引擎和视频网站分别占比为39.3%和32.1%,直播平台占比为25.0%。新浪、搜狐、腾讯、网易等门户网站长期积累了大量深度用户,且品牌的营销策划服务能力相对成熟,因而成为广告主进行互联网媒体投放的首选。而微博、微信这类社交媒体平台在人际互动、多次传播发酵上具备天然优势,广告主能够借势这些社会化媒体,开展个性化、多样化的营销活动,甚至能够利用体育资源将用户直接导入购买平台,完成销售转化。最后,近年来国际优质赛事资源直播、转播权的购买与分发已不是央视的独角戏,乐视、腾讯、PPTV(聚力体育)等互联网媒体纷纷加入优质赛事版权购买的行列,尽管央视在电视端的地位还难以撼动,但是随着受众进一步转向互联网,尤其是移动互联网平台,各大互联网体育媒体开始成为赛事资源提供方的主角。例如,乐视体育一度将中国足球超级联赛、亚足联冠军联赛、美国职业棒球联盟(MLB)、ATP网球赛事以及WTA网球赛事等世界顶级体育赛事收入囊中,在其随后相继失去2017赛季亚足联冠军联赛和中国足球超级联赛的新媒体转播权后,PPTV和今日头条成为赛事IP接盘者,成为体育迷追逐的焦点。[①]

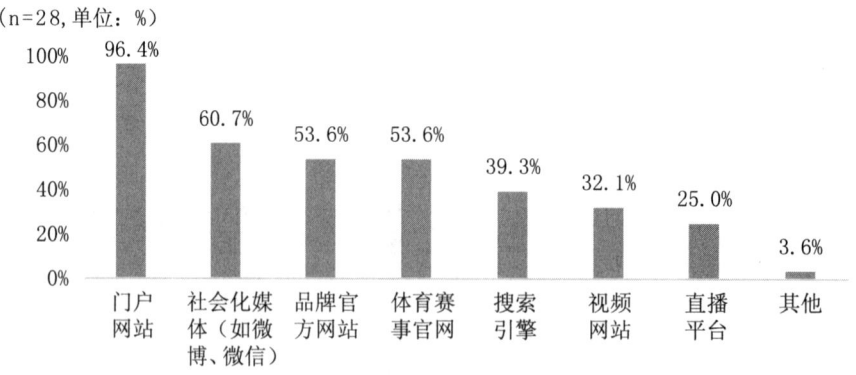

图3-42 2017年被访广告主体育赛事赞助营销中主要运用的互联网媒体类型

---

① 胡琛. 国内互联网霸主疯狂买下赛事版权,赛事借力拓展中国市场版图[EB/OL]. (2017-03-08)[2018-02-23]. https://www.baidu.com/link?url=DKeS11eXp_6sQclxdl2SED-e697VYo3rj6jVUmYK71bNPkINKeYkStPVVpJ3i536&wd=&eqid=f9339e0300018890000000035a9f590d.

(五)广告主体育赞助营销面临三大难点

近年来,随着体育市场的蓬勃发展,国内越来越多广告主开始走上体育赞助营销的道路。体育运动本身具有积极阳光、充满正能量的特质和优势,加之全民健身运动的推广,体育逐渐融入人们的生活,体育爱好者与体育运动受众广泛,因此理论上我国广告主的体育赞助营销已具备成熟的发展条件。但由于我国体育赞助营销市场起步较晚,发展缓慢,目前广告主在体育赞助营销领域依然面临不少困惑与挑战,主要体现在以下三点:

1. 优质资源少:本土赛事多而不精,缺乏超级 IP

近年来,中国企业在国际体育市场上大刀阔斧地收购或引进海外的顶级体育赛事 IP,赞助国际赛事,究其原因是中国本土缺少优质的体育赛事资源。在国内的赛事中,除中超、CBA、中网等极个别赛事具有较高的商业价值外,其余赛事的商业开发程度依然较低。理论上,体育赛事的知名度及影响力越大,企业体育赞助所带来的品牌曝光等效益会越大。当体育市场上缺少优质的赛事资源时,赞助商则会"无从下手",无法顺利开展赞助行为。虽然我国体育赛事市场蓬勃发展,大大小小的赛事层出不穷,但是赛事多而不精。在赛事方难以找到合适的赞助商的同时,广告主也无法与众多"华而不实"的体育资源进行匹配。

某传媒公司品牌业务总监在接受课题组访谈时表示:"从企业主的角度来看,我们希望做赛事求精不求多。现在社会上的项目太多了,很多都是随随便便攒局,而我们希望花的每一分钱都能用在刀刃上。"

2. 广告主赞助权益难以保障:国际规则意识不足、赞助金额上涨、"擦边球"行为难以防范

西方的体育赞助开发较早,具备一套完善的运营体系和规则。相比之下,中国体育赞助营销尚在探索阶段,因此在面临众多体育资源和国际化的背景时,广告主的国际规则意识不足、赞助权益难以保障。一方面,海外赛事方拥有自身对赞助商的评估体系,在对国内品牌了解甚少的情况下,体育赞助的达成显得并没有那么容易。例如拉加代尔体育在促成 ofo 小黄车与多特蒙德足球俱乐部的合作中,更多的挑战是在双方对彼此的认知上——即使 ofo 小黄车这类品牌在国内的知名度较高,

但是国外这些大型的赛事 IP 对国内品牌并不熟识,所以拉加代尔体育需要花费很长时间帮助多特蒙德足球俱乐部认识 ofo 小黄车这个品牌及其品牌价值,包括"共享"的概念。另一方面,国内企业缺乏国际体育赞助营销的规则意识,导致品牌与赛事方沟通不畅。

某国际公关公司副总裁在接受课题组访谈时表示:"中国企业目前只是走出去,但是没有走进去。中国企业现在更多的是要在外国思考如何生存,如何扎根下来,我们认为最终入乡随俗,才能落地生根。"

虽然体育赞助金额在上涨,但是赞助商的数量每年都呈现不断增加的趋势。国际方面,2014 年巴西世界杯与 20 个主要企业签订的赞助协议所产生的收入达到 14 亿美元,较 2010 年世界杯高出 10 个百分点[1];国内方面,中国平安曾以 4 年 6 亿的天价冠名"中超",较此前万达每年 6 500 万元近乎翻番,长安福特成为中国足协中国队主赞助商,每年不低于 5 000 万元,较北京现代溢价明显。[2] 与此同时,2010 年至 2017 年北京马拉松的赞助商由 6 家持续增长至 18 家,覆盖行业从传统的运动行业拓展至地产、金融、餐饮、医疗等众多行业,赞助商的品类和数量都在增加。[3] 这就存在稀释赞助商权益的风险,赛事方难以为每位赞助商提供精准的服务,进一步导致赞助商权益难以实现最大化。同时,新媒体环境下也滋生出更多供"埋伏营销者"游走的"灰色地带"。如 2016 年美国体育运动装备品牌 Under Armour 在里约奥运会开幕前夕,为菲尔普斯拍摄了主题广告"Rule Yourself",整个视频没有提及奥运会一次,却拍出了菲尔普斯准备强势回归、势不可当的力量,网络点击率超过 1 000 万次[4],品牌得到极大的曝光与识别。尽管大型赛事,如 2016 年里约奥运会,都在出台新的营销禁令,但是埋伏营销这种低投入高回报的诱惑仍然使不少企业打出"擦边球"。比如用户、运动明星等可在其社交媒体上分享官方赞助商竞争商品的相关信息。2016 年里约奥运会缄默期开始的前一天,美国长跑选

---

[1] 体育赞助趋势:都在说大数据,数据到底应该怎么用?[EB/OL].(2015 - 04 - 02)[2017 - 11 - 03]. http://industry.sports.cn/news/others/2015/0423/98731.html.
[2] 余伟.200 亿规模的体育营销市场要火了,但机会在哪里?[EB/OL].(2016 - 09 - 27)[2017 - 10 - 31]. https://www.huxiu.com/article/165271/1.html?f = pc - weibo - article.
[3] 韩一奇.透视北马背后赞助商体系 看赛事如何带动产业联动[N/OL].(2017 - 09 - 19)[2017 - 10 - 31]. http://www.sohu.com/a/192786341_505542.
[4] 屈丽丽.奥运营销:与赞助级别"无关"[N/OL].中国经营报,(2016 - 09 - 04)[2018 - 02 - 23]. http://finance.sina.com.cn/roll/2016 - 09 - 03/doc - ifxvqctu6097218.shtml.

手艾玛·科伯恩(Emma Coburn)在社交平台推特上发布信息写道:"从明天开始,我将不能感谢我的赞助商,感谢他为我带来的一切@ New Balance。"①互联网下的埋伏营销往往让赛事方和真正的赞助方防不胜防。

3. 体育赛事价值评估存在困难,赞助效果难以测量和评估

可量化的跟踪与评估,尤其是赛前对赞助资源的评估与衡量,对于投入大量赞助金额的广告主来说意义重大。进行体育赞助营销的广告主需要具备专业的、科学的体育赞助价值分析模型。而在目前的体育赞助市场上,缺少统一、专业的体育赛事价值评估标准模型。生态视域下的体育赞助价值评估课题组的调研数据显示(图3-43),75%的被访广告主表示目前的赛事价值评估碎片化,未形成一套全方位的赛事评估体系。这也反映出市场上缺乏对赛事赞助的效果监测,也会给广告主在进行营销规划时带来困扰。与此同时,81.0%的被访广告主的体育赛事价值评估方式为企业自己评估,反映出目前体育赛事价值评估缺乏一定的专业性。(图3-44)

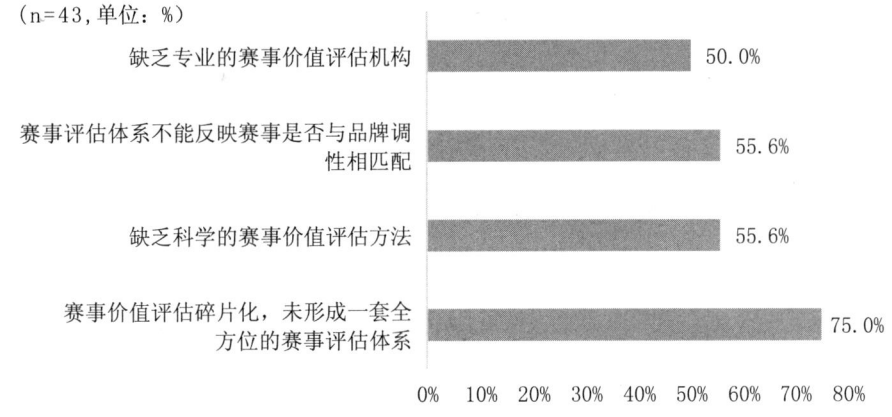

图3-43 2017年被访广告主认为体育赛事价值评估存在的困难和挑战

广告主对于赛事价值评估指标和标准的认知模糊,主要还是以收视率等传统方法为主要的评估指标而进行参考,同时,并非所有的广告主都会对赛事赞助营销进行赛前预测和赛后效果评估。换句话说,广告主的评估意识尚未完全建立。生态视域下的体育赞助价值评估课题组的调研数据显示(图3-45和图3-46),2017年

---

① 屈丽丽.奥运营销:与赞助级别"无关"[N/OL].中国经营报,(2016-09-04)[2018-2-23].http://finance.sina.com.cn/roll/2016-09-03/doc-ifxvqctu6097218.shtml.

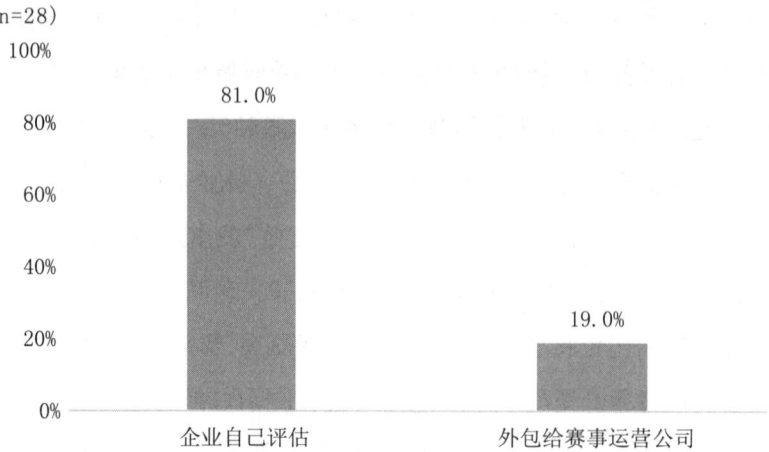

图 3-44　2017 年被访广告主体育赛事价值评估方式

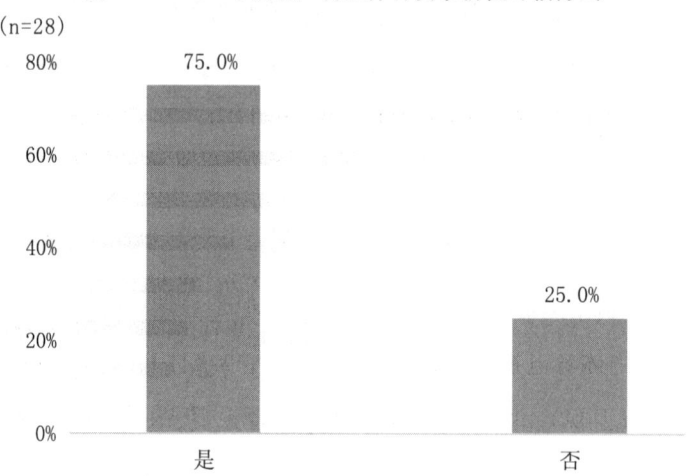

图 3-45　2017 年被访广告主是否进行赛前价值评估

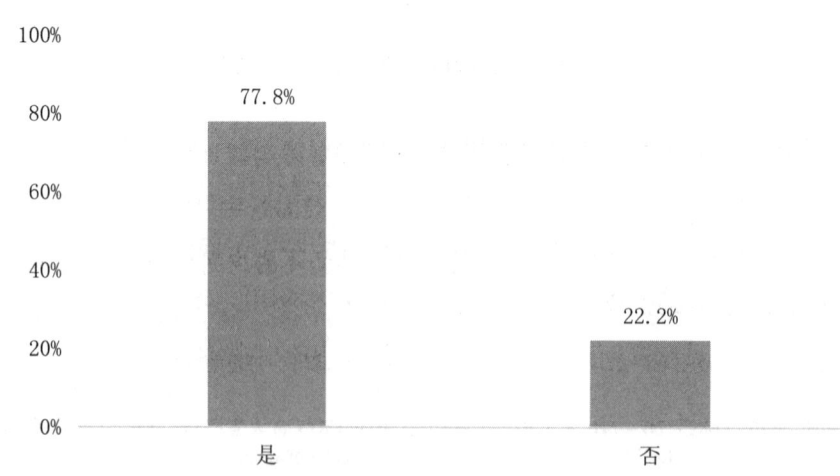

图 3-46　2017 年被访广告主是否进行赛后价值评估

被访广告主中有75.0%的广告主会进行赛前价值评估,77.8%的广告主会进行赛后价值评估,而另有约四分之一的广告主并未进行过赛前或赛后的价值评估。

拉加代尔体育与娱乐大中华区企业合作执行总监李莹在接受课题组访谈时表示:"我和我的团队接触的大多数品牌在评估体育营销的过程中,还是会以他们熟悉的互联网营销、娱乐营销等广告投放的这一套价值评估体系作为参考,并且对体育营销没有太多经验的广告主还是会将体育营销跟娱乐营销进行对比。"

同时,由于体育营销在短时间内难以看出实际产出,使得广告主对赛事价值的评估更具不稳定性。

某体育用品产品企划高级经理在访谈中也表示:"体育营销需要长期、大规模的投入才有可能看得见产出。销售转化在短时间内是很难看出来的,可能需要长期的合作。"

(六) 向未来主动出击,体育赞助营销的多样化、国际化、数字化发展

1. 多样化:广告主赞助赛事类型和对象呈现多样化的特点

生态视域下的体育赞助价值评估课题组的调研数据显示(图3-47),广告主赞助体育赛事类型和赛事对象呈现多样化的特点。

首先,热门赛事项目如篮球、马拉松、足球等最受广告主青睐,而一些小众的非传统赛事同样也有品牌赞助,如滑冰、电竞、棋牌、武术等运动项目。例如,2016年可口可乐旗下品牌雪碧与英雄联盟职业联赛LPL进行合作。[①] 奔驰继2017年冠名赞助LPL总决赛后,在2018年继续与其合作。随着电子竞技等非传统体育项目的日渐成熟,更多企业将会寻求与多样化的赛事进行赞助合作的机会。正如生态视域下的体育赞助价值评估课题组在调研"2017年被访广告主未来看好的体育赛事项目"时的数据显示(图3-48),滑雪、电子竞技、赛车等非传统类赛事正在受到广告主的日益关注,未来赞助空间较大。

---

① 2017年电竞赞助收入或达2.66亿,但电竞赞助商你了解多少?[EB/OL].(2017-02-27)[2018-02-24].http://www.sohu.com/a/127416545_204824.

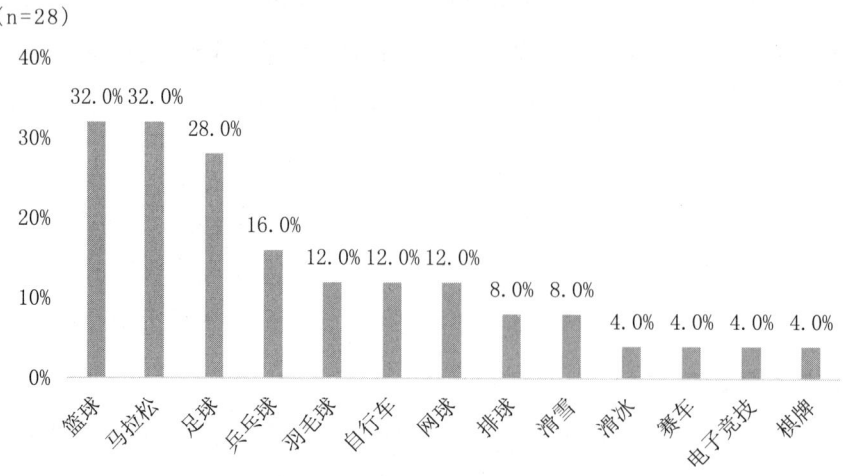

图 3-47　2017 年被访广告主体育赛事赞助营销活动的具体运动项目

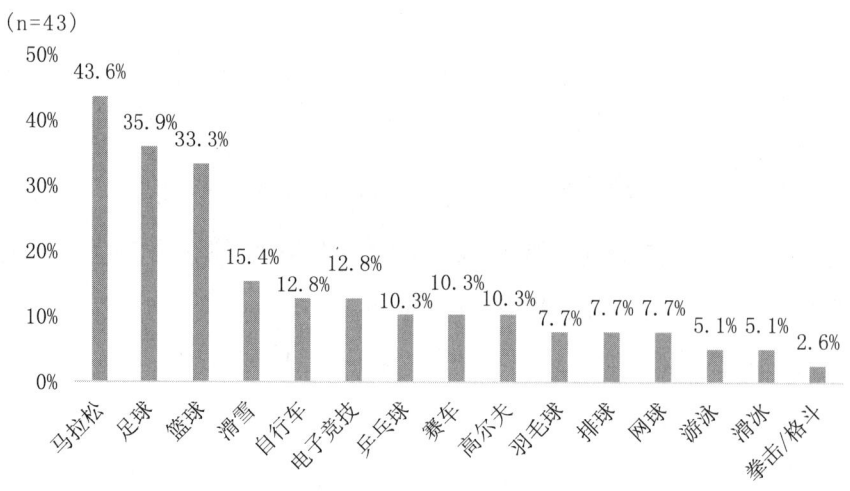

图 3-48　2017 年被访广告主未来看好的体育赛事项目

其次,在被访广告主拥有的体育赛事赞助对象中(图 3-49),广告主选择赞助最多的是单项类体育赛事,第二是综合类体育赛事。运动员、体育团体、体育场馆都有相当一部分广告主投资。事实上,体育赞助资源不仅包括知名度较高的大型赛事,还包括体育明星、俱乐部、体育团队、体育场馆等多种类型的体育资源。目前,广告主倾向于冷静地审视赞助奥运会这类大型综合性体育赛事为自身带来的效益和价值。广告主赞助对象将更加多元化,更注重赞助资源的组合营销效果。据生态视域下的体育赞助价值评估课题组对 2017 年被访广告主对"我认为赞助大型体育赛事,尤其是像奥运会这种,是一件只赚不赔、风险极低的事"这一观点的态度的调研数据显示,仅有27.8%的广告主对这一观点表示同意,30.6%的广告主持中立态度,而有41.6%的广告主不同意此观点(图3-50)。

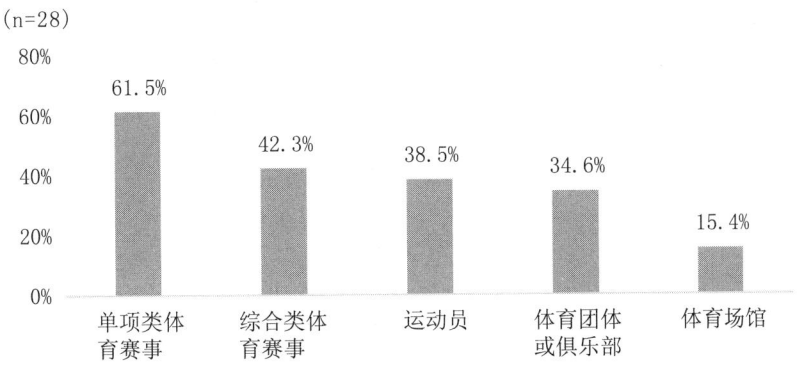

图3-49　2017年被访广告主拥有的体育赛事赞助对象

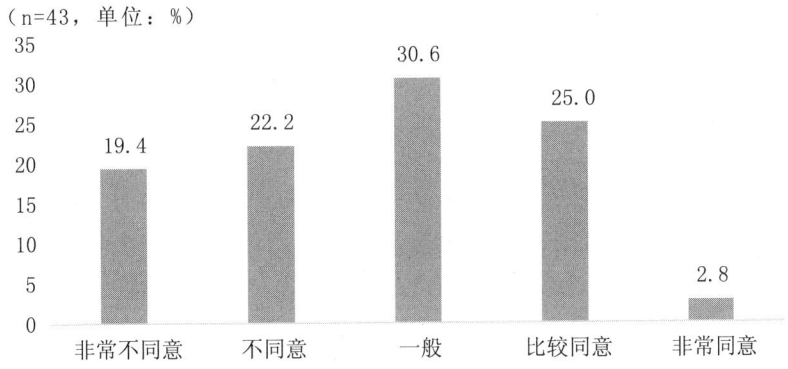

图3-50　2017年被访广告主对"我认为赞助大型体育赛事,尤其是像奥运会这种,是一件只赚不赔、风险极低的事"这一观点的态度

除此之外,广告主自建IP在未来或将成为一种新趋势。生态视域下的体育赞助价值评估课题组调研数据显示(图3-51),55.6%的被访广告主对"广告主自建IP未来将会成为一种趋势"这一观点表示同意,其中有27.8%的广告主表示非常同意,22.2%的广告主不同意此观点。

某体育用品产品企划高级经理在接受课题组访谈时表示:"如果一个广告主去赞助一项赛事,需要一定的周期和时间、一定的营销成本才能将赛事的关注者转化为品牌的消费者。如果企业自己去创建一个赛事,可能从它的有效渠道中找来的这些参与者与其目标消费群体非常接近,很有可能就轻易地转换为品牌的消费者,

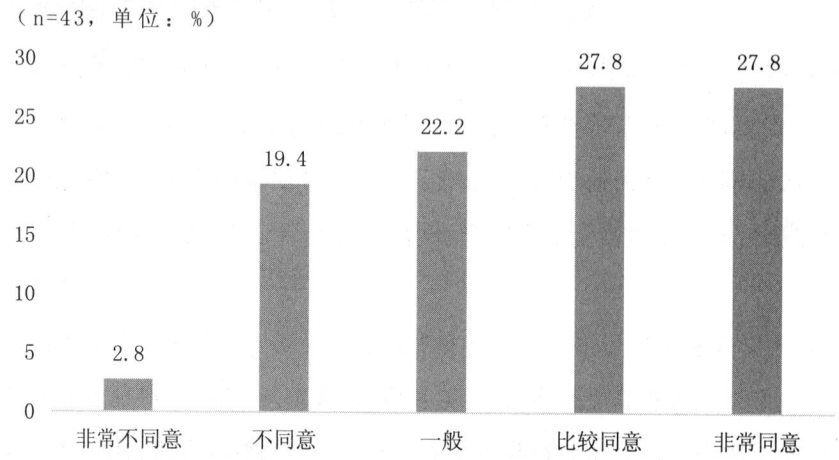

图3-51 2017年被访广告主对"广告主自建IP未来将会成为一种趋势"这一观点的态度

这对于很多广告主来说是很重要的一点。另外,广告主自建IP无论是从会员的维系还是老顾客的福利等方面来讲,都能够很好地起到连接消费者与品牌之间的纽带作用。"

2. 国际化:多家国际体育营销公司入驻中国,助力中国品牌海外拓展

中国体育市场的蓬勃发展吸引了多家海外体育营销公司入驻中国或与国内企业开展业务洽谈。如拉加代尔体育作为法国著名的体育营销公司,事实上在成立中国办公室之前,在中国区的业务就已开展了20多年,直到2016年才成立了中国办事处。在过去的20年中通过一种远程的联系,只在需要的时候才到中国进行招商,也是在这期间,拉加代尔体育看到了中国体育产业的发展与潜力,因而在国内开设分部以配合开展中国业务。

拉加代尔体育与娱乐大中华区企业合作执行总监李莹在接受课题组访谈时表示:"宏观上,拉加代尔中国区是拉加代尔体育集团连通中国和世界的一个桥梁。在我们进入中国之前仅仅通过远程电话连络是非常不高效的,中国品牌没有一个直接和我们沟通、交流、建立信任的机会,也造成了很多延误,包括语言和文化上的差别与误会。建立中国区可以为中国品牌提供全球多样化的资源,让全球资源走入中国。"

近几年,中国涌现出不少企业赞助海外赛事的经典案例。继2016年万达、格力、苏宁等本土品牌争相赞助海外赛事后,康佳、vivo等国内广告主在2017年上半

年也开始相继发力:康佳成为西班牙足球甲级联赛中国区官方合作伙伴;vivo宣布成为2018年俄罗斯世界杯和2022年卡塔尔世界杯的官方赞助商,赞助金额近1亿美金。与此同时,海信继澳洲网球公开赛、2016法国欧洲杯后,也成为2018年俄罗斯世界杯官方赞助商。这也是海信"品牌"国际化战略的延续,目的是加速国际品牌影响,加快国际化进程,提高海信电视全球占有率,获取更大的品牌溢价。① 诸如此类的案例不胜枚举,未来在海外赛场上想必能看到更多熟悉的国内品牌的身影。

3. 数字化:大数据、新科技赋能体育营销升级,激活广告主多样化的赞助形式,提升赞助效益

广告主在未来体育营销中对数字化的理解和使用或将成为决胜的关键,未来技术将帮助其进一步整合资源,优化营销行为,促进传统体育营销模式的优化升级。具体体现在大数据、VR等数字化新科技将助力广告主开发更多的赞助形式和营销场景,实现体育赞助价值的进一步提升。

第一,大数据可以帮助广告主获取更多用户信息、提供更好的用户体验,做到更高效的评估赞助效果。广告主在进行体育营销时,能够利用大数据了解观赛人群与品牌目标受众的契合度,了解观赛人群的人口特征、兴趣特征等人群画像。大数据可以用来指导广告主对广告内容的生产与投放,有的放矢,实现精准定向。例如,2017年今日头条拿到中超的短视频版权后,通过头条的阅读大数据,为其平台的中超人群定位,将人群划分成中超的核心人群、伪球迷等不同层级,并针对不同群体做不同的内容化营销定制,同时还在头条设立中超短视频频道。与此同时,今日头条还孵化了吐槽、搞笑等短视频栏目的定制化合作板块,为其他广告主提供更多的合作模式。② 另外,大数据还能够用来预估赞助效果,用数据科学衡量赞助回报率,帮助企业的决策者进行赞助规划。

第二,新兴的AR/VR、智能穿戴设备也会在未来多种场景下逐渐普及。广告主联合赛事方能够利用这些设备和技术,带给观众身临其境的观赛体验,甚至享受

---

① 凌纪伟.海信近亿美元赞助2018年世界杯加快国际化进程[EB/OL].(2017-04-06)[2018-02-24]. http://finance.jrj.com.cn/tech/2017/04/06134722268416.shtml.
② 马莲红.艾德韦宣帮奢侈品营销体育,今日头条微博用大数据体育营销|体育营销的创新玩法[EB/OL]. (2017-08-12)[2018-02-25].http://www.sohu.com/a/164100208_138481.

和场上运动员同样的比赛氛围,给观赛带来新的乐趣。例如,英特尔在2017年超级碗的整个场地中安装了38个高科技摄像头,使球迷们在电视或是现场大屏幕的回放画面中可以从运动员视角观赛并且360度观看回放。

第三,基于数字化的新场景也将成为品牌体育营销赞助成功与否的重要因素。可口可乐曾在2016年欧洲杯的指定球场内为球迷提供了一款用户在线预定饮料的应用,通过线上线下的连接实现产品销售;新西兰交互软件Dropit曾推出在体育场馆比分牌上进行的60秒竞拍,以创新的营销方式增加品牌与球迷的互动,目前已成功进军北美市场,被多支MLB、NBA以及NFL球队采用。[①] 总之,广告主在进行体育营销时,要善于使新技术、新事物为己所用,探索数据资讯和科技业务,使传统体育营销模式得到优化升级。

三、媒体:体育赞助价值的传播

（一）媒体与体育赛事传播:相辅相成,共生共荣

1. 传统媒体与互联网媒体作用层面不同,融合互补扩充体育赛事传播价值

20世纪,大众媒体与体育赛事的结合,使得体育赛事突破了地域局限,具备了被大范围关注和推广的机会。大众媒体的传播对体育赛事的蓬勃发展提供了重要支持,尤其是电视媒体以丰富生动的展现形式为体育赛事传播注入了新的活力,提升了体育赛事的商业价值。21世纪以来,以互联网为代表的数字媒体崛起,传统媒体遭遇强势分流。但是从体育赛事传播的角度来看,数字媒体进一步拓展了体育赛事的传播范围和社会影响力,具有社交性、互动性和灵活性等特征,吸引了更多受众关注体育运动。

由于传统媒体和互联网媒体的作用有所不同,二者并不能相互替代,在各自的领域和方向发挥着重要作用。电视体育媒体在体育赛事传播中仍然起到举足轻重的作用。

---

① Miku. 2018体育营销:大事 & 大势[EB/OL]. (2018-01-15)[2018-02-24]. http://www.meihua.info/a/70950.

首先,传统电视体育媒体在专业制作能力和转播技术上具有明显优势。电视媒体则具备较强的视听优势,在4K、超高清技术等先进的技术加持下,能给观众带来精彩的视觉体验与赛事氛围,提升赛事的观赏价值。直到今天,互联网媒体平台仍无法超越电视媒体的赛事转播清晰度、流畅度以及镜头的专业切换与选择。从互联网体育媒体公司大量挖掘专业电视人才就可以看出,其在专业的赛事转播与制作水准上仍需依赖电视媒体及电视媒体技术。

某广电资深媒体人在接受课题组访谈时表示:"从目前的情况来看,电视在体育传播中还是扮演着最重要的角色。第一,体育赛事收看的途径依然以电视为主,虽然现在网络上升速度很快;第二,体育媒体中优秀人才仍集中在电视媒体。互联网体育媒体最大的局限性是在直播领域当中的不专业,它必须通过非常优厚的待遇,从传统媒体当中挖一些优秀的人才。网络媒体目前没有自身的人才培养体系,因此只能通过最传统的利用待遇这一方式去挖掘人才。从这个角度说,截至2017年年底这个时间点,电视还是扮演着最重要的角色。"

如在2017年的厦门国际马拉松,厦门广电集团共设置24个直播机位,两个机动的摩托车移动机位和四个固定单机点随时捕捉比赛的精彩瞬间和特色选手的风采。同时还使用了虚拟全景技术,向观众立体地展示马拉松全程线路情况,最大化、专业化地展现了厦门马拉松的风采。电视作为大屏媒体平台能给观众带来更强的视觉呈现效果和视觉冲击力,并且电视大屏在凝聚家庭场景、聚集观众观赛场景上的作用是其他媒体不可复制与替代的。

其次,电视媒体具有权威性背书和"上通下达"的作用,尤其体现在国家媒体平台。赛事得到权威电视媒体的转播是对赛事品质、赛事品牌的背书,且权威媒体能带动更多媒体的跟进报道,这种集群效应可以拓展赛事传播的范围,从而提升赛事的影响力。除此之外,媒体是"上层"与"下层"对话的连接者。

某电视媒体人在接受课题组访谈时表示:"作为国家级电视台,主要是传播国家信息,进行有效信息的更新和引导,而不是要满足所有观众想要的、没有限制的传播。我们不单单通过电视节目,也通过相关的赛事、相关的活动、培训班或者体育相关的实践基地来完善和促进社会传播的责任态度。"

具体表现在以下几方面:一是电视媒体对于体育政策的解读和引导,比如常态化的节目或体育节目等,可以帮助赛事运营方、广告主更好地把握体育市场的方向,促进体育市场在政策指导下良性发展;二是电视媒体通过对政策深入浅出地解读与宣传能更广泛地影响民众,从而宣扬赛事及体育的精神与文化。尤其是在国家推动全民健身这一关键节点上,电视媒体通过宣传或组织开展相关体育休闲与健身活动来鼓励民众关注、参与运动,提升赛事参与度,增强民众身体素质,能产生广泛、深远的影响,起到积极作用。例如旅游卫视与文化和旅游部、国家体育总局都有产业化、政策化的深入合作:文化和旅游部、体育总局分别在旅游卫视成立旅游和体育的国家级电视宣传中心,使之能够通过政府推荐的整体资源,统一打包形成新闻专题节目。此外,旅游卫视以产业化的布局把"体育+旅游"进行双向结合,也是为了全方位地展示国家对体育和旅游政策扶持改革的信心和态度。

然而,互联网媒体以其在赛事传播的及时性、互动性、灵活性等方面的优势对传统体育媒体造成了冲击。生态视域下的体育赞助价值评估课题组调研数据显示(图3-52和图3-53),接近76.9%的被访赛事运营公司认同"体育赛事运营公司的赛事运营优势与互联网媒体的媒体资源优势互补正成为未来趋势"这一观点,有82.3%的被访赛事运营公司认为"互联网媒体在赛事推广活动中地位在上升。尽管传统体育媒体发展式微,但是互联网媒体的传播特质也为传统体育媒体的发展带来了新的机遇,为其与体育赛事的结合提供了新的发展空间。"

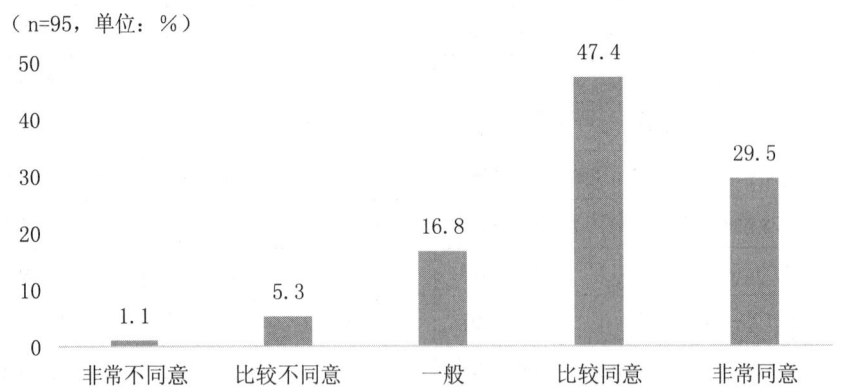

图3-52 2017年被访赛事运营公司对"体育赛事运营公司的赛事运营优势与互联网媒体的媒体资源优势互补正成为未来趋势"观点的态度

某体育杂志编审在接受课题组访谈时表示:"从竞技体育的角度来讲,体育新媒体在扩大赛事影响的同时也提升了自身的知名度和影响力,这是不矛盾的。但是传统媒体也不会因此从中作梗或是产生敌对关系,因为大多传统媒体还是围绕

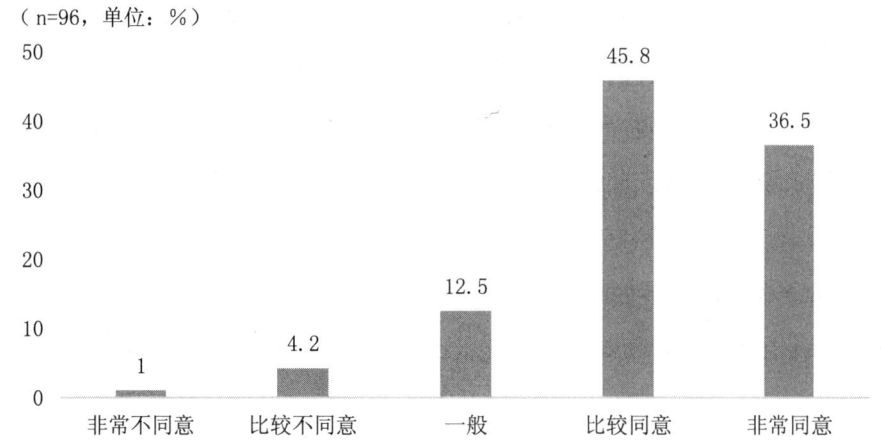

图 3-53　2017 年被访赛事运营公司对"互联网媒体在赛事推广活动中地位在上升"观点的态度

奥运等大型竞技项目,双方各有其优势和劣势,要学会取长补短。"

因此,传统媒体与互联网媒体只有融合互补才能共同推动体育赛事传播的良性发展,进一步提高体育赛事的传播价值。

全媒体资源整合与传播便是当下传统体育媒体和互联网体育媒体融合互补的尝试与表现。目前,一场赛事的媒体价值不再仅依靠单一的电视媒体、广播媒体或纸媒来体现,全媒体传播更为多样化、整合化,即在拥有传统媒体的基础上,加入新媒体传播,使赛事转播在保持原有专业性的同时,进一步发展其多元性、互动性、文化性等方面,以满足不同群体的需求。[①] 以 2016 年武汉马拉松为例,比赛当天,地方媒体即湖北广电集团和武汉广电集团联合央视组成共计 200 余人的直播团队对武汉马拉松进行了全方位的直播。此外,当地的媒体集团还充分利用旗下的客户端、手机 App、微博、微信以及 PC 端等多形态的新媒体平台进行全方位报道,使武汉马拉松的传播热度最大化。除此之外,传统媒体可充分利用体育赛事的持续性特征,在整个赛事期间联手社交媒体打造多元的传播内容,制造更多维的传播话题。如此前央视和新浪微博在 2014 年世界杯合作期间,包括原创节目口播、赛事直播互动、赛事点评团等多种形式,全面覆盖 CCTV5《体坛快讯》等四大新闻类节目以及《我爱世界杯》等主打节目。在 64 场球赛直播期间,央视也围绕赛事及其他

---

① 高东宁,金逸乐.浅谈全媒体时代马拉松赛事转播[J].现代电视技术,2015(5):96–99.

热点话题鼓励网友参与微博互动。央视与新浪微博跨平台、跨屏幕、多终端的全新互动体验为观众和网友打造了一站式观赛平台,提升了赛事的传播度,增强了赛事与受众的互动性,强化了赛事的品牌认知。

传统体育媒体在专业内容生产和权威性传播上占得先机,互联网新媒体也拥有技术先进和渠道广泛的优势。在新的传播环境下,两者是一种相互依存、相互借鉴、共同发展的关系。全媒体资源整合能够利用不同渠道的传播优势触达不同受众群体,实现传播渠道的差异互补,扩充体育赛事的传播价值。但同时要清醒地认识到,媒体只是一种传播工具,好的传播渠道需要体育赛事作为内容资源。因此体育赛事自身也要不断修炼内功,打造赛事亮点,维护自身版权,为传统媒体和新媒体提供足够的素材,最大化地助力各媒体传播特性的释放,提升赛事的传播价值和品牌价值。

2. 体育赛事为媒体提供内容资源和广告收益,但赛事传播价值需双方联合打造

体育赛事资源带给体育媒体的众多利益包括收视率、发行量、点击率、知名度、平台影响力的提高,有着举足轻重的影响。首先,体育赛事资源是体育媒体的生存根基。一个高质量、强观赏性的赛事播放会吸引大量的观众,使体育赛事在得到大范围曝光与推广的同时,媒体因收视率或点击率、发行量的提高而吸引更多的广告客户。尤其是专业性强的体育杂志或报纸,在目前大部分传统媒体开始自负盈亏的情况下,某种体育项目在国际或国内的发展状况可以直接影响相应垂直类体育媒体的发行量。反过来,媒体宣传及推广的积极性也会随着体育项目的发展而提高。其次,体育赛事为媒体提供可报道的新闻内容,从各大互联网媒体平台竞相争夺赛事媒体版权可以看出,只有拥有优质的赛事内容才能吸引目标用户,提升平台流量。与此同时,媒体对赛事的包装与报道能够提升媒体自身的价值。正是观众对赛事观赏性需求的不断提高,鞭策着各大媒体不断提升自身直播或转播水平,更新硬件等基础设施,并对节目的编排和栏目设置不断调整、与时俱进。

然而,赛事的传播价值需要媒体和赛事方共同打造。对于赛事方来说,一方面,为实现更好的转播效果,赛事方需要积极配合媒体推出赛事亮点,共同策划推广。以 2017 年第五届 CCTV 贺岁杯暨 IBF 世界拳王争霸赛为例,这是央视首次与国际专项体育组织 IBF 进行合作,为了在威尼斯人金光综艺馆充分展示中国文化

元素,总导演与主创团队对现场布置、灯光及LED大屏幕画面的设计等反复推敲。此外,组委会专门邀请欧洲一流的拳击主持人格雷格·史蒂芬(Greg Stephen)作为嘉宾主持与央视美女主持童可欣联袂搭档,进一步提升CCTV拳击贺岁杯的"国际范儿"和国际影响力。在IBF及央视高水准制作团队的共同努力和推动下,两天比赛收视份额达到5.75,观看直播人数超3亿,①成为体育媒体与赛事组织方联手打造赛事的成功案例。另一方面,赛事方也要充分考虑电视转播和观众的需求,积极配合电视转播镜头等技术层面的需求。以NBA为例,NBA比赛用的篮板都是透明的篮板,这便于架设更多的摄像头,拍摄更好的素材,转播方遥控篮板上的机位可以对赛场内发生的事情一览无余,导演可以随时把球迷最感兴趣的镜头及时传送给观众,在现场看球的球迷也可以从现场的大屏幕中看到各种特写镜头。② 而目前国内的赛事很少能做到像NBA这样将媒体的传播诉求纳入赛事的组织运营中,国内媒体在体育传播和赞助产业链中的作用都是相对较弱的。生态视域下的体育赞助价值评估课题组的调研数据显示(图3-54和图3-55):一方面,2017年被访赛事运营公司认为媒体是体育赞助产业链的主导力量的比例最低,仅为3.2%,而被访媒体中有31.3%的媒体认为广告主是体育赛事赞助产业链的主导力量,仅有

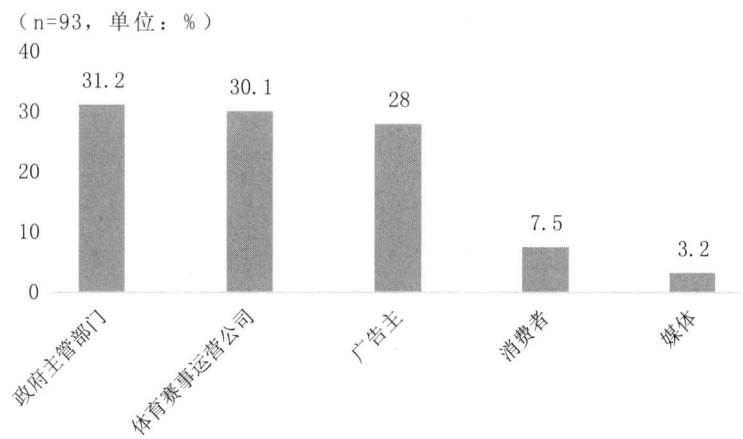

图3-54　2017年被访赛事运营公司眼中的体育赞助产业链主导力量

---

① 杜文杰,张素."贺岁杯"拳击赛收视逾3亿 IBF筹谋中国"拳击+"[EB/OL].(2017-02-14)[2017-11-20]. http://sports.ifeng.com/a/20170214/50692364_0.shtml.
② 弓慧敏.电视体育赛事传播研究兼论北京奥运会的电视传播策略[D].广州:暨南大学,2006.

12.5%的媒体认为媒体本身是体育赛事赞助产业链中的主导力量;另一方面,有56.3%的被访媒体对"只有在体育媒体的帮助下,赛事IP才能真正实现其价值"这一观点表示同意(图3-56)。由此看来,虽然媒体在体育赛事赞助产业链中并非占据主导地位,但是媒体对体育赛事赞助的传播力和价值提升作用依然凸显,需进一步巩固和加强。

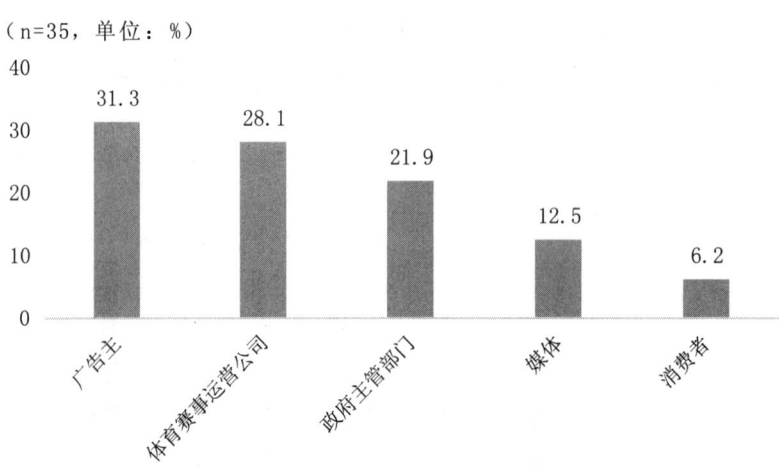

图3-55　2017年被访媒体认为体育赛事赞助产业链的主导力量的情况

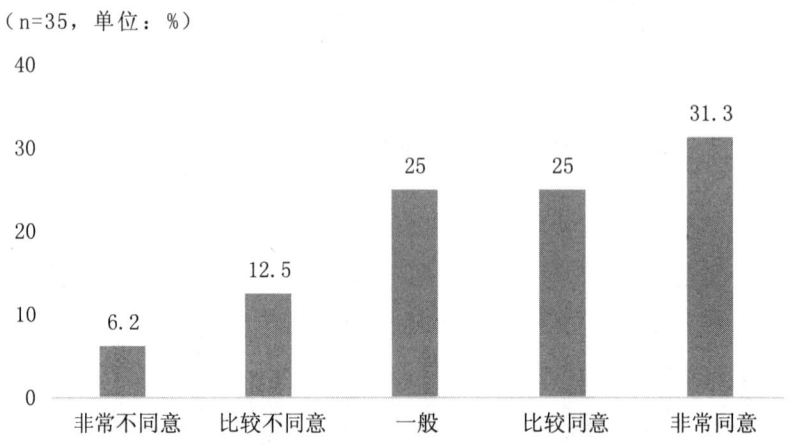

图3-56　2017年被访媒体对"只有在体育媒体的帮助下,赛事IP才能真正实现其价值"这一观点的态度

(二)体育媒体整体格局:央视体育仍处强势地位,互联网体育媒体势头猛劲

整体上看,中国体育媒体市场格局中传统体育媒体整体竞争力下降,互联网体育媒体发展势头猛进。生态视域下的体育赞助价值评估课题组的调研数据显示

(图3-57和图3-58),2017年有62.6%的被访媒体对"传统媒体在企业体育赛事赞助活动中的地位在下降"表示同意。与此同时,有68.8%的被访媒体对"新媒体在企业体育赛事赞助活动中的地位在上升"表示同意。

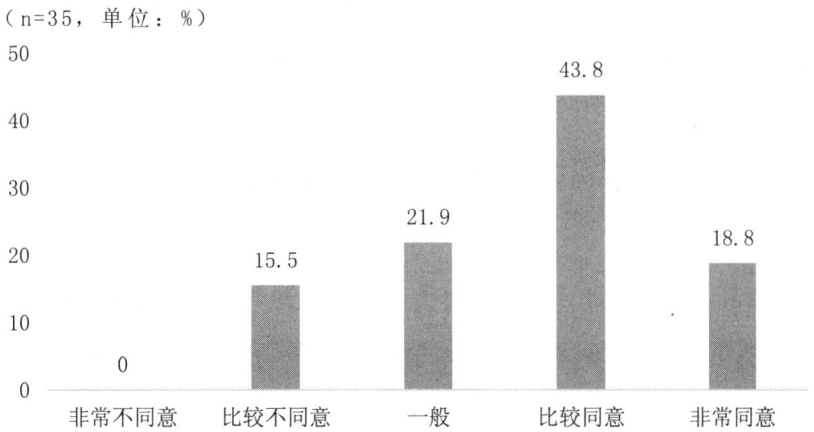

图3-57 2017年被访媒体对"传统媒体在企业体育赛事赞助活动中的地位在下降"观点的态度

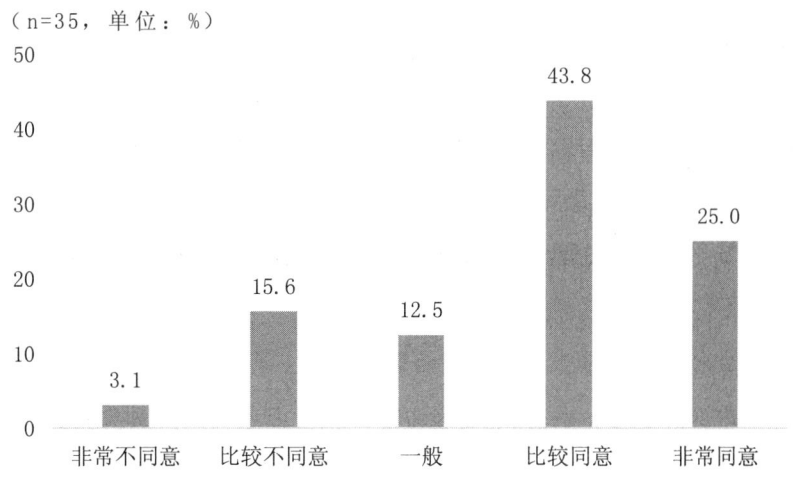

图3-58 2017年被访媒体对"传统媒体在企业体育赛事赞助活动中的地位在上升"观点的态度

具体来看,在体育媒体市场中,央视与互联网体育媒体平台本应是"两分天下",但实则尚处无序状态,各势力暗流涌动。

某体育报社记者在接受课题组访谈时表示:"中国体育的赛事传媒还是一个无

序的状态。在传统媒体逐渐褪去光环的时候,要看新媒体有没有优化服务,依靠技术提升、结合体育规律,结成大框架的模式和体系。"

央视体育虽处强势地位,但在新媒体的崛起和分流之下,整体竞争力被明显削弱,而地方体育台立足地域特色和优势试图占据市场中的一席之地;报刊体育媒体生存空间进一步缩减,依托自身掌握的体育资源多寡,在夹缝中寻求突围;广播体育媒体体量小,聚焦大众体育和休闲体育以扩充发展空间;互联网体育媒体的行业领军者尚未形成,但随着各方资本日趋冷静,赛事媒体版权市场从过热到降温,互联网体育媒体发展态势也随之进入新局面。

1. 央视体育品牌价值依然凸显,地方体育台以自身地域特色和优势立足

随着国内体育市场和体育传媒业的发展,中国体育电视及体育栏目也在不断地变化革新。鼎盛时期,我国各类体育频道总计超过了100家。几经沉浮后,不少体育频道都在消失或转型。根据国家广播电视总局统计(表3-3),截至2017年9月底,地级以上的体育电视频道数量达到26家。

表3-3 全国地级以上体育频道统计

序号	所属省区市	所属机构	频道名称
1	中央	中央电视台	5 体育频道
2	中央	中央电视台	21 体育赛事频道
3	安徽省	合肥市广播电视台	7 文体博览频道
4	北京市	北京广播电视台	6 体育频道
5	福建省	福建电视台	8 体育频道
6	甘肃省	兰州市电视台	3 综艺体育频道
7	广东省	广东广播电视台	4 体育频道
8	广东省深圳市	深圳市电视台	5 体育健康频道
9	贵州省	贵州广播电视台	5 体育旅游频道
10	河南省	郑州市电视台	3 文体频道
11	黑龙江省	黑龙江广播电视台	3 文体频道
12	湖北省	武汉市广播电视台	5 文体频道
13	江苏省	江苏电视台	6 体育休闲频道

续表

序号	所属省区市	所属机构	频道名称
14	辽宁省	辽宁广播电视台	8 体育频道（江沈合作）
15	辽宁省大连市	大连市广播电视台	4 文体频道
16	内蒙古自治区	内蒙古广播电视台	3 文体娱乐频道
17	宁夏回族自治区	银川市电视台	3 文体频道
18	上海市	上海广播电视台	5 五星体育频道
19	山东省	山东电视台	6 体育频道
20	山东省青岛市	青岛市电视台	5 体育休闲频道
21	山西省太原市	太原市广播电视台	5 文体频道
22	陕西省	陕西广播电视台	7 体育休闲频道
23	天津市	天津广播电视台	6 体育频道
24	新疆维吾尔自治区	新疆电视台	10 汉语体育健康频道
25	云南省昆明市	昆明市广播电视台	4 文体娱乐频道
26	浙江省宁波市	宁波市电视台	3 都市文体频道

注：频道前数字为在总局备案的频道序号

尽管体育电视媒体在全国范围内数量不少，但是长期以来中央电视台体育频道一直占据着国内体育电视市场的主导地位。省市级体育媒体中，上海电视台体育频道（包括东方卫视）、北京体育频道、广东体育频道、山东电视台体育频道和辽宁体育频道等都有着各自的优势和特点。资深体育媒体人马国力认为，中国体育媒体格局的变化是我国体育市场发展最为重要的条件。他预计在2020年左右，中国会出现几个全国范围的体育赛事电视媒体平台。[①] 但从目前来看，央视在体育电视媒体中的霸主地位仍难以撼动。

中央电视台于1995年成立了体育频道，依托政策、资源、人才、资金等诸多优势，央视体育不仅在我国体育电视媒体中长期处于绝对领先地位，在整个体育媒体中也居强势地位。尤其在2000年原国家广播电影电视总局颁布了《关于加强体育比赛电视报道和转播管理工作的通知》，规定"重大的国际体育比赛，包括奥运会、亚运会和世界杯足球赛（包括预选赛）在我国境内的电视转播权统一由中央电视

---

① 曾静平.商业体育电视论[M].西安：陕西师范大学出版社,2016:36-38.

台负责谈判与购买","国内重大体育赛事包括全运会、城市运动会和少数民族运动会的电视转播,由中央电视台负责谈判和购买电视转播权,其他各电视台不得直接购买。"这两条"只此一家"的规定为央视打造了得天独厚的版权优势,极大地巩固了其市场地位。尽管央视体育受到2014年发布的《关于加快发展体育产业促进体育消费的若干意见》提出的"放宽赛事转播权限制"政策、互联网体育媒体平台崛起的冲击、专业人才不断流失等影响,市场份额受到了一定蚕食,但是这并不意味着央视的式微。综合来看,央视体育综合影响力强,品牌价值依然凸显。据CTR"2016年体育媒体综合影响力研究"结果显示,CCTV5是受众观看体育赛事和体育节目的首选平台(图3-59),且受众对其频道忠诚度、好感度、满意度达到九成,可见央视体育的影响力与品牌力。①

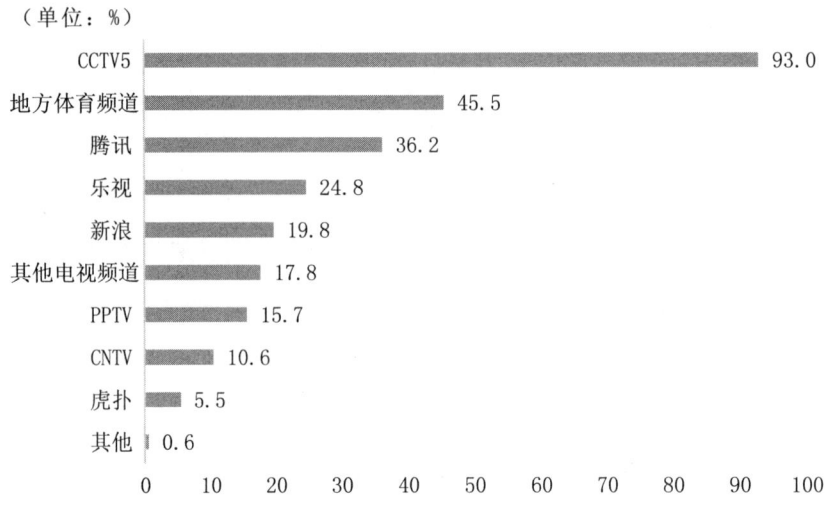

数据来源:CTR"2016年体育媒体综合影响力研究"

图3-59 观众观看体育赛事或节目的平台

经历20余年在体育媒体领域的深耕,央视体育具有独特的优势。首先,其代表中国传播形象的"国"字号优势,是任何媒体无法比拟的②,天生的品牌优势深受国外赛事资源的青睐,使央视不仅在国内体育媒体中一枝独秀,在国际舞台上也扮

---

① 体育媒体综合影响力研究报告(一)[EB/OL].(2016-09-30)[2017-12-05].http://www.sohu.com/a/115362071_498697.
② 王一鸣,刘旭.央视体育:国家大台CCTV的体育版图[EB/OL].(2016-06-23)[2017-12-07]. http://www.jzwcom.com/jzw/98/14102.html.

演着重要角色；其次，凭借其在体育媒体领域20多年的深耕经历，央视具备业界优秀的人才储备、团队经验、大型赛事电视节目制作和报道的专业能力等，这是任何新媒体平台都无法比拟的。在2016年里约奥运会上，央视从国内派出396人的报道团队，加几十名驻外记者，用大兵团的方式进行24小时不间断直播，①这依靠的就是央视体育的雄厚实力。最重要的是，央视仍然手握奥运会、世界杯、亚运会三大核心赛事资源以及中超、CBA等国内外大型赛事的电视媒体转播权，同时，还拥有众多自有民间赛事IP，如武林大会、中华龙舟赛、谁是球王民间争霸赛等。在中央电视台2018年世界杯全媒体广告资源发布会上，央视表示世界杯全媒体绝不分销。在此之前，央视已经买断了2018年和2022年两届国际足联世界杯在中国大陆地区的全媒体版权。顶级赛事资源的垄断将会为央视带来十分可观的广告收益。

尽管央视在电视体育媒体中一家独大，但是在互联网体育媒体崛起的冲击下，其整体竞争力被明显削弱。未来如何在数字媒体平台上进一步发力，是央视亟待突破的难题。原因在于：第一，一直以来，全国性的覆盖范围、专业的制作水准和团队建构、国家级的平台都使得央视体育身居高位，但在媒体融合进入深水期的境况下，对数字媒体平台的掌控力也成为评估央视体育媒体竞争力的关键因素；第二，受众对央视的固有印象依然停留在电视媒体平台，而随着电视观众的老龄化趋势，年轻受众进一步转移至移动互联网平台，央视在互联网领域的影响力也是未来评估央视在体育媒体市场中所占地位的重要指标；第三，作为传统主流媒体的行业领先者，央视的变革是引领整体电视体育媒体向前发展、加快转型、寻求增量空间的重要力量。

某互联网体育媒体公司商业副总经理在接受课题组访谈时也表示："从媒体的角度来讲，CCTV5是一家最大的传统体育媒体，因为它占有的大型赛事资源比较多，所以收入是有一定保证的。但是这种增长不会大爆发。第一个原因是整个体育营销的'盘子'没有增大，第二个原因是新媒体在跟它分流。"

---

① 新媒体冲击下的改变里约奥运会背后的中国体育媒体战争[EB/OL].(2016-08-07)[2017-12-10]. http://www.ocn.com.cn/shangye/201608/fekmg07164752.shtml.

以京、沪、穗三地为代表的地方电视台体育频道(指北京电视台体育频道、上海电视台五星体育频道、广东体育频道),倚仗区域经济、地方文化和网络覆盖"三座大山"的先天优势得以生存。① 2014 年,国务院正式出台《关于加快发展体育产业促进消费的若干意见》(国发〔2014〕46 号),明确提出要"放宽赛事转播权限制"。这一政策的出台,对其他体育电视媒体是个巨大的利好:市场的开放促使大大小小的赛事涌现,各地方电视台能够转播的赛事资源增多,以京沪穗为代表的地方电视台以本地资源为依托,都具备一定的竞争力。

综合来看,北京电视台体育频道、上海五星体育频道、广东体育频道这三家体育频道都拥有自身所在地的中超、CBA 等职业联赛的媒体版权资源以及其他热门赛事如英超、意甲、F1 等部分转播权。具体来看,京、沪、穗三家体育频道各具优势和特点——北京电视台体育频道以首都资源为依托,以权威性报道体育新闻为主要内容,以时效性、独特性和重大性为频道特点。例如《天天体育》《体坛资讯》等资讯类体育新闻节目是目前北京电视台体育频道的王牌节目。上海五星体育频道则依托 SMG 的传媒资源优势和上海国际化大都市的地域资源,拥有专业的赛事制作团队,是国内仅有的几家获得国际奥委会资格认定的体育赛事电视公用信号制作机构之一,综合实力强劲,"其市场份额可以达到 15.66%,中超数据是 7.2%"②。于 2011 年推出的自有赛事 IP《弈棋耍大牌》,为上海五星体育频道带来了丰厚的回报,也助长了其市场竞争力。广东电视台体育频道是华南地区最大的体育专业频道,区域竞争实力强。由于地理位置的特殊性,广东电视台体育频道采用普通话和粤语两种语言,其发展依赖于体育赛事在广东地区的独家版权③,并结合该省民众的喜好,打造如《首发欧罗巴》《舞动欧罗巴》等特色栏目,推出如广东五人制足球赛、广东省铁臂王擂台赛、2017 年广东省龙舟锦标赛等极具本土特色的赛事。

北京电视台体育频道、上海五星体育频道、广东电视台体育频道以其独有的区域资源优势成为国内体育电视媒体继央视之后的第二集团。其他省市级体育电视

---

① 阴志科,黄河.体育转播权——体育和电视的双赢[J/OL].现代广告,2004(8):25-27[2017-12-07]. https://wenku.baidu.com/view/4d346992daef5ef7ba0d3ccd.html.
② 蒲垚磊.天价体育版权时代,传统电视媒体该如何"突围"[EB/OL].(2017-11-16)[2017-12-10]. http://www.thepaper.cn/newsDetail_forward_1856718.
③ 杨洋.新媒体环境下广东体育频道发展创新研究[D].广州:广州体育学院,2017.

媒体相对竞争力较弱,但也各具特色,通过合力前行谋求共同发展。

一方面,是充分挖掘当地群众的体育故事,积极调动当地群众的体育参与性,打造精品体育栏目,如江苏体育休闲频道推出的《爱乒才会赢》,深入到江苏的13个城市,选拔民间乒乓最强者;陕西电视台体育休闲频道推出的《夺宝秦兵》,以陕西城市居民热衷的"三人挖坑"牌类游戏为节目内容,与陕西观众深入沟通互动。同时,地方体育电视媒体以"体育+休闲""体育+健康""体育+娱乐"等为切入口,推出系列栏目,如旅游卫视推出的《健跑中国》,将健康观念、运动知识、旅游体验相结合,为追求健康的观众朋友打造交流平台;北京体育台则推出《欢乐二打一》这类大众流行的棋牌竞技节目。

央视体育某前资深媒体人在接受课题组访谈时表示:"在目前的大环境下,地方台想要借势而上,就要做当地老百姓喜欢的节目,一定要量身定做,像现在北京台的《斗地主》节目的收视率就特别好。"

另一方面,是打造联播平台。这也成为地方台赛事资源分享和运作的一种有益尝试。例如北京电视台体育频道、上海五星体育和广东电视台体育频道等全国20家地方电视台组成了"英超电视联播网",获得2017—2018赛季英超联赛每周2场的电视转播权益;2008年正式开播的中国电视体育联播平台(CSPN)是中国唯一由众多省级体育频道实现同步播出的跨省区域的联播平台,覆盖辽宁、山东、湖北、新疆、江西、内蒙古等6省(自治区),相较于困难的地方体育频道来说,其成立不论是在资源还是经费方面都是进行赛事开发和制作的有益尝试,通过实现联播共同承担欧洲足球联赛,尤其是对英超的转播,使各自的资源能得到充分利用。①

但总的来说,目前顶级资源依然稀缺,普通赛事选择余地多但精品难做。一方面,地方体育媒体需多依靠当地赛事和报道资源,有浓厚的地域属性;另一方面,又要扎根于大众娱乐和休闲体育活动,特别是在当前国家大力提倡全民健身的背景下,地方体育媒体应放宽思路,结合本地资源和大众流行,方能以特色实现突围。

---

① 王德辉,张梦娇,李大威.我国体育电视资源的垄断对体育传播的影响分析[J].当代体育科技,2017(3):160-162.

2. 报刊体育媒体生存空间进一步缩减,转型压力大

近年来报纸媒体的广告市场生存空间持续遭受挤压,不论是经营还是转型都面临巨大的压力。CTR 数据显示,2017 年前三季度报纸广告刊例花费同比下降 31.9%,较 2016 年同期跌幅回升 8.1 个百分点,杂志广告刊例花费降幅 21.2%,较 2016 年同期跌幅回升 8.7 个百分点。① 体育报刊同样受到报纸媒体市场形势普遍低迷的影响。

某报业集团媒体记者在接受课题组访谈时表示:"报纸在报道体育方面的话语权应该是越来越弱了,有了电视直播、网络直播,人们很少盯着报纸看了。"

从内容来看,报刊体育媒体中包含垂直专业类体育报刊和综合类体育报刊,前者以单一项目或几类赛事项目为主要报道对象,如《球迷》报、《篮球》杂志、《冰雪》杂志;后者则以全面性、综合性为主要特征,如《中国体育报》《体坛周报》。报刊体育媒体内部的发展特征其实不尽相同,一类如体制内的中国体育报业总社发展向好,因其主要面向机关单位、军队、教育部门等对象发行,加之拥有丰厚的独家资源和几十年在体育产业的深耕经验及人才,所以受大环境影响相对较小。例如《中国体育报》在 2014—2016 年三年间发行量连续增长 12%,每年的经营收入都呈增长状态,涨幅在 20% 左右,预计 2018 年还将持续增长。而另一类如垂直类的专业体育报刊大多面向市场发行,发行量受赛事项目的发展和比赛成绩影响较大,经营状况较不稳定。除此之外,综合性报纸的体育版块也在挤压着专业体育报刊的生存空间。我国各地综合性报纸一般把体育内容划为文娱与体育版块,或将体育新闻设置为独立版块。综合类报纸覆盖面广、看点多,尤其是各地都市报在当地都占有一定的市场份额,而且可以依靠本地赛事等便利的资源条件。随着未来几年东亚地区国际大赛的增多,可以预见各家报纸都将会大力增加体育报道内容,竞争也会进一步加剧。

目前,报刊体育媒体也在探索自身的转型之路。一方面,依靠自身的独家资源和深度报道优势,巩固市场地位。

---

① CTR 媒介智讯最新发布,2017 年前三季度中国广告市场涨幅扩大至 1.5% [EB/OL]. (2017 - 11 - 02) [2017 - 12 - 10]. http://www.sohu.com/a/202292716_99925596.

某体育报社记者在接受课题组访谈时表示:"与一些互联网媒体相比,我们的报道更加专业、深入。比如我们和国家体育总局有着密切的合作关系,可以说独家资讯和深度观察是我们的特长。因此,我们的优势在于内容,这些内容在搜狐、新浪等网站上的曝光量是很大的。"

另一方面,报刊体育媒体积极举办赛事活动,探索新媒体、直播等技术,经营业务多元化,以扩大影响、增加收入。但目前这类收入并不十分可观,占比相对较小,且由于大多报刊体育媒体在新媒体平台上的技术受限,自身新媒体品牌尚未树立,多生态、多渠道的衍生方式正在探索之中,报刊体育媒体转型依然面临较大压力。

某报业集团记者在谈及目前媒体经营中的困难和挑战时表示:"所有的报刊、电视台都在转型,但是在转型过程中都面临一个很重要的问题,就是没有技术,要进行媒体融合,大多数都不具备技术能力。虽然现在纸媒的新媒体平台发展了,但是没有像样的技术条件,向用户推送消息的时候仍然是很盲目的,没有根据和标准,无法将订户激活为真正的用户。"

3. 广播体育媒体体量小,聚焦大众体育和休闲体育以扩充发展空间

我国广播体育媒体体量小,全国范围内仅有北京体育广播、大连电台体育广播、五星体育广播、南京电台体育广播、山东体育休闲广播等几家专业的体育广播台,且相比于交通广播电台、音乐广播电台等其他类别的广播台,体育广播台的听众人群相对较窄,广告收益容量整体不大。但是广播体育媒体近年来也逐渐通过自办、开展线下赛事和活动、聚焦大众体育和休闲体育来扩大听众市场和广告容量。在全民健身运动的蓬勃发展、大众休闲娱乐活动增多的市场环境下,广播体育媒体也有了扩大影响的基础。此外,运动员走进社区等线下互动也正在成为广播体育媒体的常态化运作活动。

某电台体育广播总监在接受课题组访谈时表示:"当你做的活动和老百姓的活动密切相关时,大家会很关注。如果做体育节目每天都是篮球、排球之类的赛事,那不见得一定要听广播,上网看新闻就全都知道了;一定要接地气,跟大家生活相关才有存在的意义。我们过去更偏重竞技体育这块,现在发现在这种大局面下只做竞技体育会把自己做窄,同时也不符合国家现在的要求,所以要开放思路做全民

健身、体育产业、大众体育产业。这样做下去的话,路是会越走越宽的。"

4. 赛事媒体版权市场从过热到降温,互联网体育媒体发展态势进入新局面

(1) 互联网体育媒体发展概况

任何事物在历史长河中的发展都是由横纵交织的各项因素所促成的,互联网体育媒体也是如此。首先从横向来看,推动互联网体育媒体发展的力量主要源于三点。第一,互联网技术激活体育媒体发展新形态。新媒体的出现不仅给新闻传播领域带来了发展和变革,也给体育产业带来了新的契机。可以说,互联网与体育的结合最早就是从体育网站开始的,尔后随着技术的进一步升级,移动设备等智能硬件飞速普及,4G 网络运营环境同时得到改善,移动化传播开始成为媒体发展的趋势,体育直播、自媒体平台兴起并迅速发展。互联网和移动互联网成为体育媒体的主要竞争战场。第二,移动媒体下用户对社交和互动的需求持续上升。新媒体给受众提供了一个全新的环境,使受众接触和使用信息的行为方式发生了改变。截至 2017 年 12 月,我国网民规模达 7.72 亿,普及率达到 55.8%,全年共计新增网民 4 074 万人。中国手机网民规模达 7.53 亿,网民中使用手机上网人群的占比由 2016 年的 95.1% 提升至 97.5%,使用电视上网的网民比例也提高 3.2 个百分点。[①] 同时在体育传媒领域,2016 年 3 月主流互联网体育平台的月度覆盖人数达 1.36 亿人,互联网体育传媒平台用户规模和黏性都呈上升趋势,近 85% 的用户通过新媒体获取体育赛事信息,52.8% 的用户选择线上观赛。[②] 以 2016 年里约奥运会为例,有超过三分之一的观众从社交平台上获取奥运会资讯。在奥运会期间,移动体育媒体平台的用户流量涨幅明显,尤其是社交媒体成为用户赛事分享和互动的第一平台。[③] 第三,国家政策和资本为互联网体育媒体的转型和发展带来了机会。我国的体育赛事转播管理体制,导致媒体版权市场长期得不到有价值的开发和利用。从 2014 年媒介融合上升至国家发展战略的高度,网络媒体的地位显著提高。同年 10 月,国务院正式对外发布《关于加快发展体育产业促进体育消费的若干意见》(国发

[①] 第 41 次中国互联网络发展状况统计报告[R/OL].(2018 – 01 – 31)[2018 – 01 – 25].http://www.cnnic.cn/hlwfzyj/hlwxzbg/hlwtjbg/201803/t20180305_70249.htm.

[②] 2016 年中国互联网体育用户洞察报告[R/OL].(2016 – 06 – 07)[2017 – 12 – 15].http://report.iresearch.cn/report/201606/2597.shtml.

[③] 2016 年巴西里约奥运会全数据报告 - 中国体育新价值报告[R/OL].(2016 – 08 – 22)[2017 – 12 – 15].http://www.199it.com/archives/509393.html.

〔2014〕46号)加快体育产业的发展,将体育产业上升为国家战略的高度,并明确"放宽赛事转播权限制",这一重要举措给体育新媒体带来了新的生机,进一步瓦解了体育赛事媒体版权的垄断,具有雄厚资本实力的互联网公司开始相继购买赛事的转播权,体育产业迎来了历史性的改变。2016年《体育产业发展"十三五"规划》更是明确将体育传媒业作为八大重点行业之一。国家的一系列举措,使资本方敏锐地捕捉到了体育产业在国家政策扶持下的蓬勃朝气,大量资本涌入体育产业,使赛事IP的媒体版权费用一直居高不下、互联网巨头纷纷布局体育生态链,同时也给更多的体育自媒体人带来了发展新机。

从纵向时间轴来看,20世纪90年代末期随着我国互联网的发展,新浪、搜狐、网易等一批门户网站的诞生带动了网络体育媒体的发展。2002年12月,新浪与耐克进行战略合作,力图打造网上第一体育社区;随后诸如虎扑这类体育类垂直社区平台异军突起。但总的来说,21世纪初期,我国互联网体育媒体只是作为用户获取体育资讯的平台,以图文为主要的体育报道形式。直到2006年上海文广集团以3000万元购买了仅有4分钟集锦的第18届德国世界杯足球赛新媒体转播权,我国体育赛事新媒体转播权才有了第一次市场开发。2007年央视国际网络电视有限公司就奥运会新媒体转播权和国际奥委会签署协议,标志着新媒体正式介入体育赛事转播市场中。[1] 随后,新浪体育从2007年2月开始,接连获得了中国的英超、意甲以及NBA的转播权并借此开始多平台直播的推广;2008年伴随网络视频突显,新浪在北京奥运会上推出了"视频+博客"的全新报道方式。2010年随着智能手机市场的迅猛发展和通信技术的升级,互联网体育媒体进入移动化探索时期。咕咚、懂球帝等体育运动社交平台相继发布,2013年新浪体育直播平台上线并于第二年发布了新浪体育App;体育自媒体也随着微信公众平台的推出逐渐形成了一定的市场规模,一批批专业的传媒人和体育人走向移动社交媒体平台。2015年至今,互联网体育媒体迎来发展的爆发期,以传统电视和报纸体育媒体为主导的局面向以央视体育和互联网体育媒体"两分天下"的局面发展。乐视体育携资本力量"搅局"赛事媒体版权市场;新浪体育、腾讯体育、虎扑体育等网络媒体平台朝着综合性的体育媒体、营销和服务平台转型;体育自媒体发展的同时,全民健身背景

---

[1] 张玉超.我国体育赛事新媒体转播权市场开发的回顾与展望[J].体育科学,2017,37(4):20-28.

下,社交类运动 App 也不断涌现。

政策与资本带来的积极影响显而易见,在带动整个体育产业腾飞的同时,体育新媒体的市场价值随之提升,未来上升空间依然很大。据相关数据显示,预测到 2020 年体育新媒体市场规模将超过 510 亿元,未来五年复合增速约为 45%。①

(2)互联网体育媒体的竞争格局

随着 2014—2017 年以乐视体育为代表的互联网体育媒体公司展开赛事媒体版权争夺战,高价版权难以消化带来的诸多负面效应接连显现。至 2018 年,赛事媒体版权市场趋于冷静,互联网体育媒体市场格局也随之进入新局面,主要赛事媒体版权逐渐向苏宁、腾讯等几家巨头集中(表 3-4)。

表 3-4　2017 年主要赛事媒体版权购买情况

媒体	赛事	金额	权益	期限
央视	世界杯		全媒体版权	5 年(2018—2022)
苏宁体育	中超	13.5 亿元人民币	新媒体版权	2017 赛季
直播 TV	CBA		新媒体版权	3 年
苏宁体育	排超		新媒体版权	2017—2018、2018—2019 赛季
阿里体育	排超		新媒体版权	2017—2018 赛季
今日头条	排超		新媒体版权	2017—2018 赛季
企鹅直播	排超		新媒体版权	2017—2018 赛季
暴风体育	排超		新媒体版权	2017—2018 赛季
腾讯体育	NFL		新媒体版权	3 年
爱奇艺	ATP		新媒体版权	3 年(2017—2020 赛季)
腾讯体育	温网		新媒体版权	2017 赛季
苏宁体育	德甲	2.5 亿美元	新媒体版权	5 年(2018—2023 赛季)
体奥动力	亚足联		全媒体版权	3 年(2017—2020 赛季)
阿里体育	亚冬会		新媒体版权	2017 年

数据来源:生态视域下的体育赞助价值评估课题组根据网络公开资料整理

---

① 中国未来几年体育新媒体市场规模预测分析[EB/OL].(2016-08-22)[2017-12-25].http://www.chyxx.com/industry/201608/440228.html.

体育门户网站转型加速，向综合性的体育媒体和营销平台发展。其中，以新浪体育、腾讯体育为代表的互联网体育媒体平台逐渐向体育产业公司演变；以搜狐体育、网易体育为代表的互联网体育媒体依然以媒体平台为根基，深耕媒体产品的多样性和专业性。这类从体育门户起家的互联网体育媒体起步早、发展时期长，积累了大量平台用户，目前依然占据互联网体育媒体市场的半壁江山。据2016年数据显示，49.6%的互联网体育用户最常使用门户网站体育频道和体育网站来获取体育资讯和比赛，因其平台体量大、信息全面、包括视频图文等丰富多样的传播形式，占据绝对传媒优势。①

以PP体育、企鹅直播等为代表的网络体育视频和直播平台以构筑赛事媒体版权资源为发展和竞争的核心。一方面，优质的赛事资源是体育视频平台的核心竞争力，不论是曾经的乐视，还是如今的PP体育，都是围绕体育赛事版权资源去推动内容的垂直化、精细化运营，甚至是实现对体育赛事播出平台的垄断。另一方面，体育直播也跟随着移动直播的浪潮迅速发展。章鱼TV成立于2015年4月、致力于做中国最大的原创体育直播平台，上线后在几个月时间里已经获得IDG、晨星的两轮上千万美元融资。② 而企鹅直播也是腾讯2016年推出的定位于体育赛事垂直领域的网络直播平台，背靠腾讯体育，拥有NBA等优质赛事内容资源。

以懂球帝为代表的垂直类体育社交媒体和一些专业的体育自媒体正在加快发展。基于自身专业化和垂直化的定位，这类体育媒体以聚集拥有共同爱好的用户社群为核心，能够有力地增强用户黏性，创造更多的体育社群文化。诸如做篮球体育论坛起家的虎扑体育，从早年间就聚集了大量垂直类体育用户；2013年成立的专注足球领域的移动体育媒体和社区平台懂球帝，在内容运营上主要围绕球迷达人的UGC、挖掘优质内容及产出者、保证深度版块的产出、维护社区氛围、侧重移动产品的体验等进行开发与运营。此外，体育自媒体也随着移动互联网和社交媒体的发展而涌现，多以表达和分享个人观点、行业资讯为主，并以其鲜明风格和独到见解获取粉丝关注。体育自媒体人既有草根体育爱好者，也有来自传统媒体和体育行业的精英人士。

---

① 2016年中国互联网体育用户洞察报告[R/OL]. (2016-06-07)[2017-12-25]. http://report.iresearch.cn/report/201606/2597.shtml.
② 韩琮林. 章鱼TV获亿元融资[N/OL]. (2015-09-29)[2017-12-26]. http://finance.jrj.com.cn/2015/09/29013819877469.shtml.

前身源自微信公众号平台的懒熊体育,如今已发展成为综合的体育产业服务平台。

除此之外,以阿里巴巴、京东为代表的互联网科技公司和苏宁、万达等资本巨头正在逐步渗入体育传媒产业。2016年10月,阿里体育与央视体育达成战略合作,这将使阿里体育能够借助央视在更多优质的赛事 IP 上进行开发、包装、推广和传播,在媒体的内容生产和传播上有更大优势。① 而从苏宁体育领投懂球帝可以看出,借助懂球帝的用户流量,苏宁体育能够更好地整合和导入自身旗下的赛事资源和产品,进一步布局移动媒体业务。

(三)体育媒体盈利模式:体育内容为基础,广告为主要收入来源,多维变现为发展方向

1. 整体上:体育媒体经营稳中向好,以内容为基础,广告为主要收入

从整体上来看,2017年我国体育媒体经营态势稳中向好。生态视域下的体育赞助价值评估课题组调研数据显示(图3-60),2017年被访媒体预期收入情况中,预计持平的媒体占绝大多数,比重达到71%,预期收入增长的媒体占比为16.1%,而预计收入下降的媒体略少于前者,占比为12.9%。

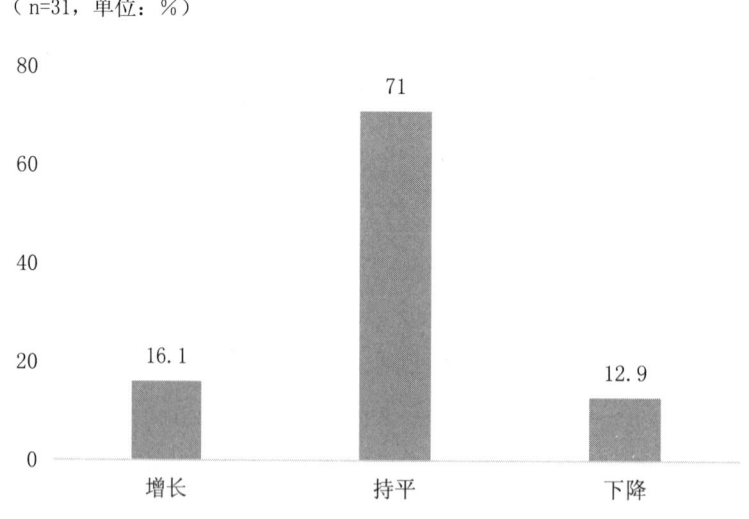

图3-60　2017年被访媒体预期收入

---

① 聂品.央视海量内容入驻阿里体育开拓媒体融合新模式[EB/OL].(2016-10-31)[2017-12-25].http://finance.sina.com.cn/stock/t/2016-10-31/doc-ifxxfysn8269422.shtml.

从各媒体形式营收状况来看,移动体育媒体势头猛劲,传统媒体平稳发展。生态视域下的体育赞助价值评估课题组调研数据显示(图3-61),在2017年被访媒体各媒体形式的营收情况中,布局移动端和广播的媒体盈利情况较好,盈利的比重达到50%和60%。而布局其他媒体形式的情况大都以持平为主。同时,生态视域下的体育赞助价值评估课题组在对广告主的调研数据中发现(图3-62),2017年被访广告主在移动互联网上进行体育赛事赞助营销广告投放费用的分配占比最高,为33.4%;其次是传统互联网如门户网站,传统媒体所占比重则相对靠后。

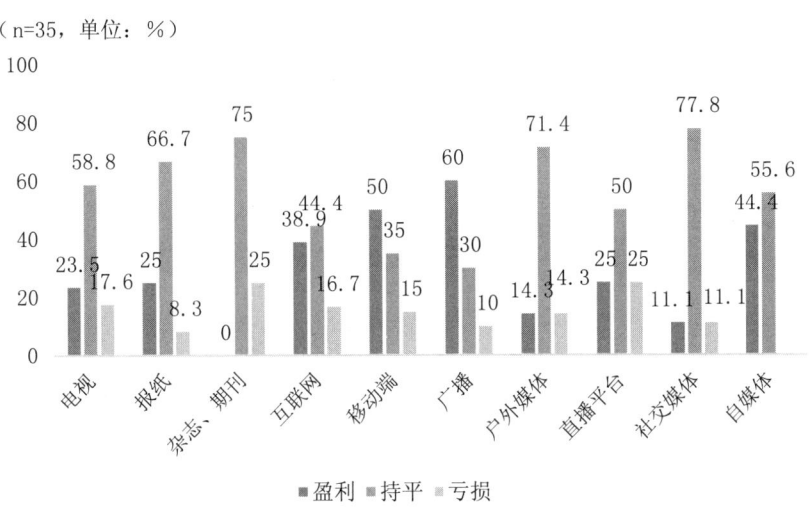

图3-61　2017年被访媒体各媒体形式的营收

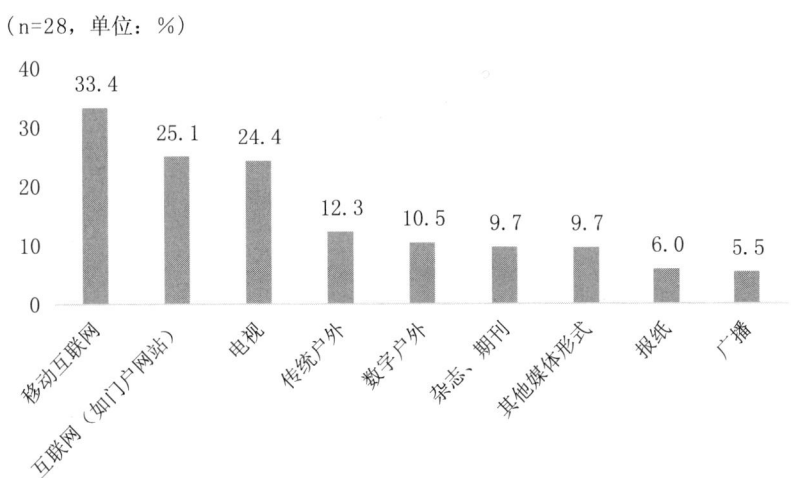

图3-62　2017年被访广告主在不同媒体上体育赛事赞助营销广告投放费用分配

目前我国体育媒体的盈利模式依然是通过体育资讯等内容为基础的报道吸引受众,广告为主要收入来源。生态视域下的体育赞助价值评估课题组调研数据显示(图3-63),2017年被访媒体收入来源构成中,广告收入仍然是媒体收入的主要来源,占比达到31.7%;与合作方分成收入、发行收入、财政拨款跟随其后,分别占比18.8%、14.4%和12.9%。占比最少的当属版权收入和衍生品销售收入,二者分别为3.5%和2.3%。从具体收入来源情况同期对比来看(图3-64),2017年被访媒体中的绝大多数媒体预计明年收入与今年同期相比各项收入持平,与合作方

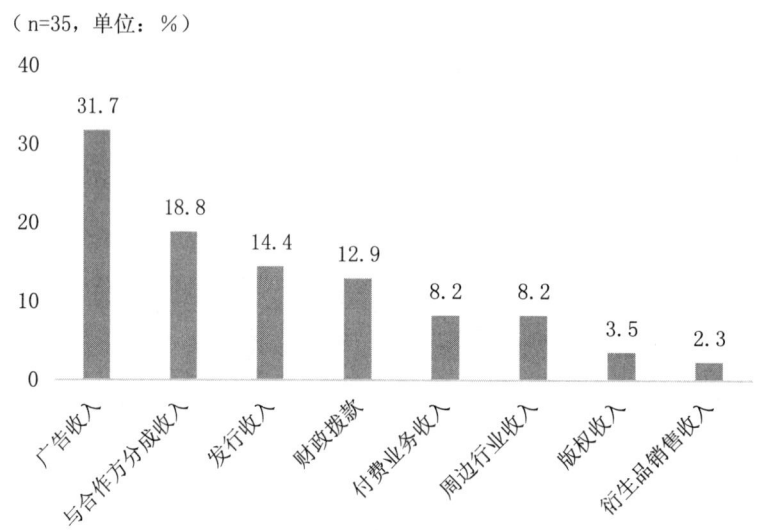

图3-63　2017年被访媒体收入来源构成

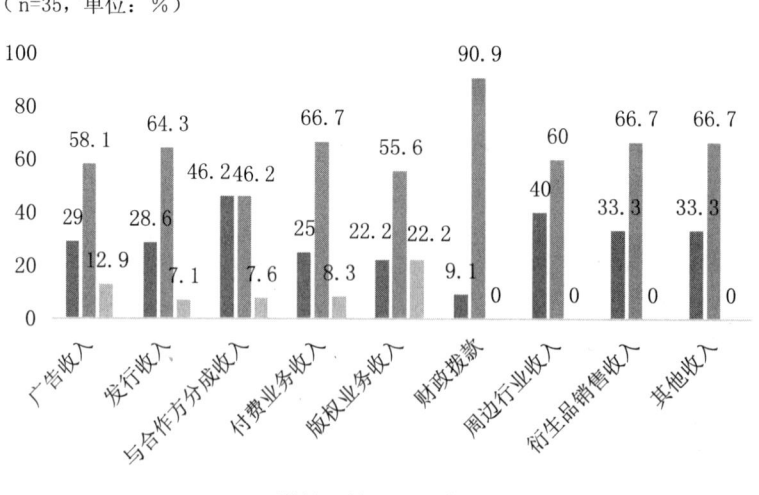

图3-64　2017年被访媒体预计2018年收入与2017年同期收入对比

分成收入、周边行业收入、衍生品销售收入等增长的比重较大,分别占比为46.2%、40%和33.3%,而版权业务收入和广告收入下降的比例较高,分别占比为22.2%和12.9%。

2.体育媒体持续生存法则:多维变现为方向

面临尚未完全稳定且竞争激烈的市场态势时,探索多维变现的盈利模式成为各体育媒体持续生存的法则。

首先,报刊、电视媒体等传统类体育媒体在受到互联网体育媒体的分流和冲击下,生存空间进一步缩减。

某报业集团记者在接受课题组访谈时表示:"就我们报纸的收入来说,最主要的部分还是广告收入。广告中,房地产、通讯、医疗占比比较大,今年房地产的比例下降。房地产广告的投入一直是很高的,房地产广告量的下降也在很大程度上影响了报纸的收入。"

一些传统体育媒体会尝试通过组织和运营体育赛事活动等方式来获得额外的收益,但带来的流量源和收益相对较小,可以说赛事活动带来的声量大于所产生的收益。除此之外,传统体育媒体基于独家资源、深度报道优势与新媒体平台进行合作分成,也成为目前普遍运用的盈利模式之一。

其次,对于互联网体育媒体来说,近年来在高价赛事媒体版权的争夺和动荡的市场环境下,互联网体育媒体对于版权的运营尚未达到理想的盈利水平,商业变现模式还处于探索之中。短期内,国内互联网体育媒体平台很难实现收支平衡甚至盈利。

聚力体育首席内容官娄一晨在禹唐体育的专访中曾表示:"以天价拿下这些版权资源后,如何消化是大家关注的重点。但截至目前,业内也还没有找出一个特别好的、有持续发展力的路径与模式。大家仍处于'摸着石头过河'的状态。"①

例如以虎扑体育、腾讯体育、新浪体育等为代表的互联网体育媒体都在尝试多维度变现方式,围绕赛事IP开发一系列活动,包括拓展电商业务、会员付费、线下赛事运营、组织线下活动等。

---

① 专访娄一晨:互联网体育媒体平台盈利不易[EB/OL].(2016-12-14)[2017-12-26].http://www.sohu.com/a/121568638_115533.

具体来说,目前互联网体育媒体的多维变现来源主要由三部分构成。第一部分是品牌广告、信息流广告等广告收入,这是互联网媒体公司的主要收入来源,即以优质赛事内容吸引观赛用户流量,并借助"论坛""圈子"等线上虚拟社区进行用户留存,通过资讯和社区带来的用户流量植入商业广告以实现内容变现。

第二部分是赛事媒体版权的会员付费收入或版权分销。培养用户付费观赛的习惯,实现多样、灵活付费是互联网体育媒体平台一直以来都在积极推动的举措。例如,新英体育在英超联赛的媒体版权开发上采取单场、单月、单支球队购买等比较灵活的销售模式,逐步培养球迷的付费意识。① 目前腾讯体育在 NBA 直播上也在尝试多元化收费方式,如提供更多的比赛、提供多视角的观看服务、提供 1 080P 的超清画质等。会员付费虽是目前多数媒体平台变现的首要选择,但据有关数据显示,59.1% 的用户只愿意为精彩或关键赛事付费,只有 40.9% 的用户愿意为整个赛季的赛事付费。中国拥有 5 亿体育人口红利,愿意付费收看的人口却远远不足。② 我国体育赛事付费尚处于发展初期,用户付费意识薄弱,这部分收益占比非常小,远不足以覆盖购买版权的成本。所以,新英体育也曾先后向新浪体育、腾讯体育和乐视体育出售非独家直播版权,以在短时间内减小版权运营的压力和风险。可见,共享赛事新媒体版权也是当前媒体版权市场降温的一种相对折中的策略,且对于在商业运营、品牌建设等方面不太成熟的赛事 IP 来说,通过互联网体育媒体共享赛事新媒体版权,可以在多平台增加曝光率。例如,处于品牌重塑阶段的 WCBA 为了增加联赛的曝光率,宣布组建"WCBA 联赛官方直播平台合作联盟"。③ 生态视域下的体育赞助价值评估课题组调研数据显示(图 3-65),62.5% 的被访媒体对"媒体之间合作购买体育赛事转播版权将成为一种趋势"表示同意,仅有 6.2% 对此持不同意的态度。

第三部分是体育线上电商、体育游戏发行和运营、原创视频内容等增值服务。在互联网体育媒体打造的虚拟社区中,用户对正版球衣、球鞋、球队或明星的周边有一定需求。基于此,电商业务也成为许多体育媒体平台探索多元化的盈利方式

---

① 张玉超. 我国体育赛事新媒体转播权市场开发的回顾与展望[J]. 体育科学,2017,37(4):20-28.
② 2016 年中国互联网体育用户洞察报告[R/OL]. (2016-06-07)[2017-12-26]. http://report.iresearch.cn/report/201606/2597.shtml.
③ 钱瑜,刘之爽. 国内赛事版权市场遇冷:分析称有些版权已经到了天价[N/OL]. (2017-11-15)[2018-01-10]. http://finance.sina.com.cn/chanjing/cyxw/2017-11-14/doc-ifynrsrf4528682.shtml.

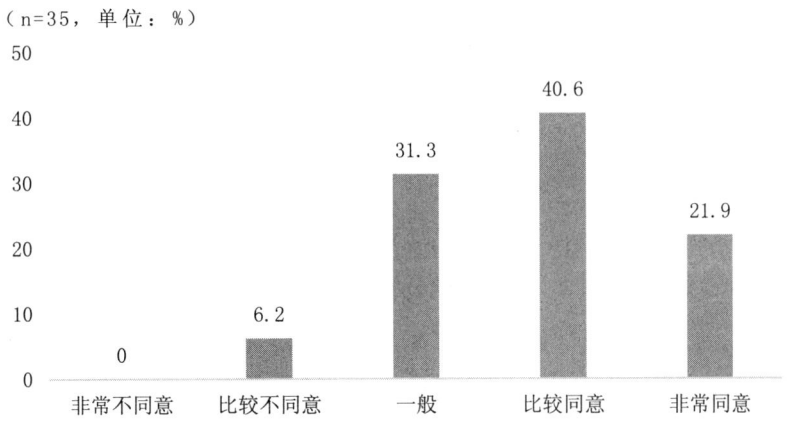

图 3-65　2017 年被访媒体对"媒体之间合作购买体育赛事转播版权将成为一种趋势"这一观点的态度

之一。此外,近年来一些互联网体育媒体的自建 IP 赛事运营也有一部分收入,主要来自赞助收益或赛事推广,但盈利部分可能相对较少。以虎扑体育和新浪体育为例,前者在发展过程中尝试过很多商业变现的方式,目前营收上仍以广告收入为主,增值服务次之。虎扑体育的收入来源主要为在线广告、赛事运营、游戏和电商,其中在线广告占据50%以上的市场份额,而虎扑在近年来通过论坛发展的线下活动为虎扑的在线广告增强了议价能力。① 此外,虎扑体育还发展了电商导购平台——"识货",逐渐成为最大的运动消费导购入口。而新浪体育通过原创资讯内容、线下赛事合作和自建赛事 IP 吸引用户流量,从而为自身商业广告、体育彩票、体育游戏寻找变现途径。

(四)赛事媒体版权之争与突围:内容资源构筑核心竞争力

1. 赛事媒体版权竞争缺乏理性,与赛事传播价值良性运转产生矛盾

《关于加快发展体育产业促进消费的若干意见》(国发〔2014〕46 号)等一系列助推体育产业发展政策的出台吸引各方参与,在体育产业处于"风口期"的状态下,头部赛事媒体版权的稀缺性引发各家媒体"版权圈地",尤其体现在以版权为内容生产根基的体育视频平台间的竞争。互联网体育媒体对体育赛事版权的争夺主要在于:第

---

① 虎扑十年,又一个理想主义慢公司的爱与痛[EB/OL]. (2014-09-26)[2018-01-12]. http://tech.163.com/14/0926/08/A72ACQP5000915BF.html.

一,优质的体育内容成为体育媒体为其机体输送营养的"血液",互联网体育媒体的内容运营也是如此,优质且具有排他性的赛事媒体版权成为互联网体育媒体构建竞争优势的法宝,形成"媒体版权+自制内容"的媒体内容版图。目前最受国内欢迎的赛事如中超、英超、西甲、NBA、CBA 等,拥有其中二至三项的互联网体育媒体得以在行业内获取稳定受众,从而树立相对牢固的根基并形成市场竞争壁垒。第二,互联网体育媒体对优质赛事版权的争夺,背后是对市场需求、观看流量及入口的争夺。随着互联网的普及,我国受众观看体育赛事的主要平台正在从电视端转移至互联网和移动互联网。数据显示,中国的互联网体育用户从 2012 年的 0.8 亿发展至 2016 年的 4.1 亿,[①]互联网体育用户规模的扩大意味着市场需求的提升。

尤其是 2015 年以来,在乐视体育激进的版权策略冲击和大量资本涌入下,两年间赛事媒体版权市场掀起了一股划分势力的浪潮。一方面,这股浪潮在一定程度上对央视"垄断"优质赛事媒体版权的局面有所突破,有利于赛事媒体版权在充分市场竞争下的价值提升。在体育赛事转播权放开之前,央视主导了国内外优质赛事媒体版权的购买与分销,由此导致了央视的"一家独大",国内赛事的媒体版权价格难以提升,远低于体育产业成熟国家的水平。但另一方面,互联网体育媒体对赛事媒体版权的激烈争夺,不利于赛事传播价值的良性运作。

第一,短短一两年间,体育媒体对优质内容资源的争夺使赛事媒体版权已飙到"天价",高价版权背离体育市场造血能力,体育媒体盈利不易,不善经营者易遭淘汰。2015 年初,腾讯以 5 亿元拿下 NBA 在中国未来 5 个赛季的网络独家直播版权,还拥有 NBA 30 支球队所有比赛播放权以及其他网络平台播放 NBA 的授权,[②]这使 NBA 的新媒体版权在短短几年内上涨 10 倍;而 2015 年体奥动力以 80 亿元买下 2016—2020 年 5 个赛季全媒体版权,近一年时间中超版权上涨超过 20 倍。

北京大学中国体育产业研究中心秘书长郭斌公开表示:"版权在这两年呈现泡沫式增长,一些版权已经到了天价的程度,但是这些版权价格实际上是虚高,变现能力非常弱。在这种情况下,原来那种垄断式的版权模式对垄断方没有太多利益

---

① 2016 年中国在线体育市场报告[R/OL]. (2017-03-16)[2018-01-12]. http://www.chinaz.com/news/2017/0316/674103.shtml.
② 互联网体育创业投资发展白皮书[R/OL]. (2016-05-30)[2018-01-15]. http://www.sohu.com/a/78328200_334205.

可循。"①

虽然高价的赛事新媒体版权迫使互联网体育媒体找寻更好的盈利模式,可以推动整个行业与市场的多样化创新与发展,但"天价"版权其实是整个体育媒体市场的反常态表现,更多的互联网体育媒体则是在重压之下前行:购入高价赛事媒体版权的互联网体育媒体利用会员付费等方式进行变现,但在目前国内付费观赛意识还比较薄弱的前提下,会员付费不仅成功率低,还可能缩窄赛事传播的范围。同时,由于成本压力过大,互联网体育媒体方的制作和播出能力还未达到符合用户心理期待的水准,在这种情况下赛事的传播质量容易受用户诟病,不利于赛事传播价值的提升。

第二,媒体对顶级赛事资源与普通小型赛事资源、国外赛事与国内赛事的主动关注度差距甚远。顶级赛事资源天生具有它的稀缺性和独家性,互联网体育媒体的介入使得体育赛事市场上中小型赛事资源更不容易受到媒体的广泛关注和注资。国外赛事与国内赛事的差距同样如此,西方体育产业发达、赛事观赏性和竞技性强、体育明星众多等优势吸引了更多的关注度。生态视域下的体育赞助价值评估课题组调研数据显示(图3-66),2017年有超过一半(56.3%)的被访媒体对"相比国内赛事,体育媒体更看好国外赛事IP的媒体价值"表示同意,有12.4%对此持不同意的态度。

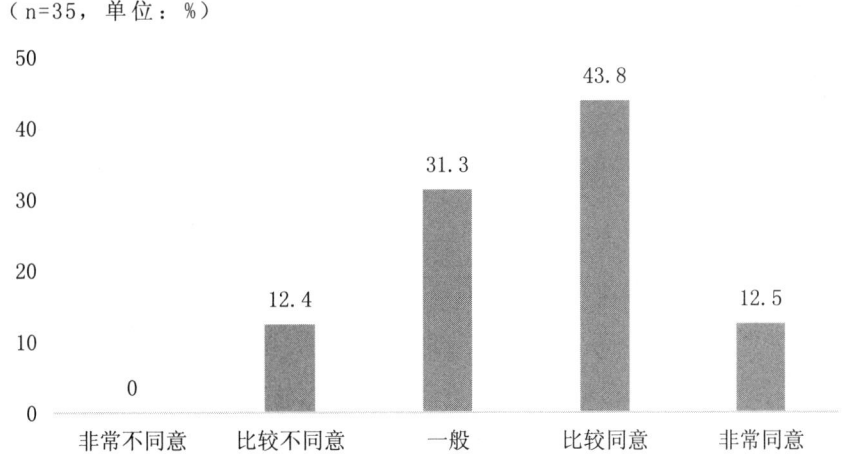

图3-66 2017年被访媒体对"相比国内赛事,体育媒体更看好国外赛事IP的媒体价值"观点的态度

---

① 钱瑜,刘之爽.国内赛事版权市场遇冷:分析称有些版权已经到了天价[EB/OL].(2017-11-15)[2018-01-15].http://finance.sina.com.cn/chanjing/cyxw/2017-11-14/doc-ifynrsrf4528682.shtml.

第三,互联网体育媒体的版权圈地形成"信息孤岛",赛事资源无法在各平台顺畅流动,赛事媒体版权的稀缺性与媒体平台间曝光的互补性形成矛盾,不利于赛事资源的良好传播和商业价值的提升。例如,央视对一些赛事的"退出"于互联网体育媒体而言并非是一件好事,原因之一在于体育赛事的媒体价值基于受众对赛事本身的关注,也就是"受众关注度越高,赛事的媒体价值越高"。央视作为我国影响力最大、覆盖范围最广的电视媒体,它对某项赛事的"放弃"意味着大体量受众的缺失,导致赛事缺少曝光机会而面临商业价值的提升不足。原因之二为互联网体育媒体打造的虚拟社区会形成"信息茧房"。这一效应下虚拟体育社区中的用户群呈现群体内同质、群际异质的特性,尽管有助于社群用户黏性的提升,但是也造成新用户的融入壁垒。以聚力体育为例,原 PPTV 聚力获得 2015 年至 2020 年西甲联赛中国地区独家全媒体版权,然而央视的退出和缺少足够的曝光平台,西甲联赛在中国的关注度一度下滑。2015 年 11 月原 PPTV 聚力果断调整策略,联合北京卫视和华录百纳将西甲联赛放到全国观众都可收看的媒体平台上;2016—2017 年赛季聚力更是扩大了与卫视频道和地方体育频道的合作,随着广东卫视、重庆卫视、青海卫视、广东体育、五星体育的加盟,中国球迷在共计 4 个小时以上的时间里在这些电视频道上免费观看西甲赛事,除此之外,还有移动端、PC 端、OTT 端等观赛渠道的保障,使球迷有了西甲联赛更多的观赛平台。[①] 在赛事媒体版权稀缺的基础上,互联网体育媒体还需突破自身平台局限,与电视、广播等媒体合作扩大赛事影响力。

2. 构筑体育媒体的核心竞争力:内容运作是关键

体育媒体核心竞争力的构筑具体体现为两个方面:一是内容是什么,高价媒体版权体现的便是体育媒体对稀缺优质内容的争夺;二是如何深耕和运作内容。媒体在拥有版权内容的前提下如何做好内容的再生产和分发,如何转变思维方式,增强内容吸引力,对体育和赛事做好自身的解读等都是构筑体育媒体核心竞争力的关键。随着社交媒体和信息的大爆炸,资讯信息的数量呈现指数增长,高速增长的资讯信息背后则是内容的同质化现象越来越明显。如何避免内容的同质化,做出

---

① 专访娄一晨:互联网体育媒体平台盈利不易,对英超势在必得[EB/OL]. (2016 - 12 - 14)[2018 - 01 - 20]. www.jiemian.com/article/1015201.html.

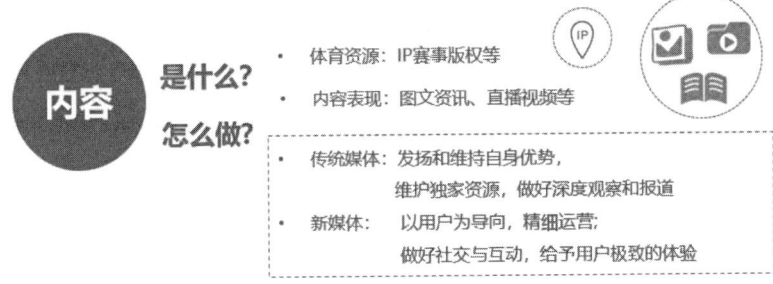

图 3-67 体育媒体以内容为核心竞争力的构筑

高质量的资讯信息,是体育媒体,尤其是体育资讯平台在行业中突围的关键。与此同时,随着大量新媒体平台和移动直播的涌现,以及传统媒体流失专业人才、互联网体育媒体平台人才质量参差不齐、团队建设不足等因素,导致各媒体普遍在体育内容构建上缺乏专业性和创新性。例如解说混乱、内容冗余、吸引力弱化等现象频出。正是以上种种因素让体育媒体愈发重视对内容的解构和再生产。生态视域下的体育赞助价值评估课题组调研数据显示(图 3-68),2017 年有 71.8% 的被访媒体对"体育媒体在进行赛事解读时越来越重视有自己的态度和创新性的观点"表示同意,仅有 9.4% 对此持不同意的态度。

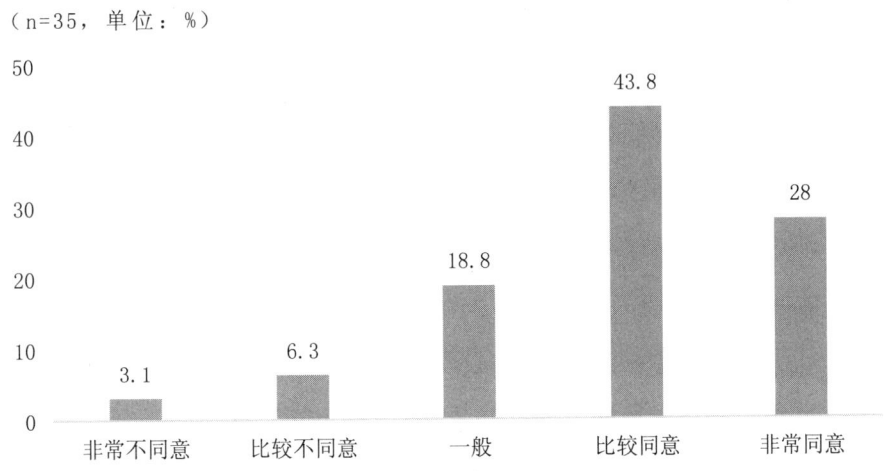

图 3-68 2017 年被访媒体对"体育媒体在进行赛事解读时越来越重视有自己的态度和创新性的观点"态度

从整体来看,当下及未来我国体育媒体运作的方向都是提高内容的核心竞争力,做好中国体育内容,将体育内容故事化、主题化、精品化。生态视域下的体育赞助价值评估课题组调研数据显示(图3-69),2017年被访媒体在体育板块上的内容创新情况中,20.7%的媒体在赛事资讯方面做出创新,占比最高;紧随其后的是赛事转播和赛事分析与评论内容上的创新,分别占比为15.5%和12.1%;另有29.3%的媒体表示未做出任何创新。

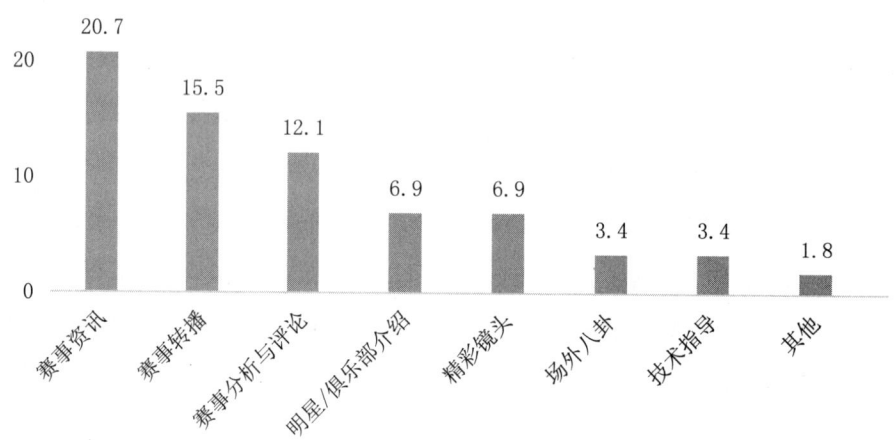

图3-69　2017年被访媒体在体育板块上的内容创新情况分布

具体来看,传统体育媒体要保持和发扬自身优势,例如维护独家资源,立足于深度观察和报道,发人深思。

央视体育某前资深媒体人在接受课题组访谈时表示:"内容为王,必须提高体育电视节目质量。如果没有优质服务就没有观众。现在,当我们打开电视,整体节目多,但是精编的节目少,电视的播出时间没变,就是24小时。即使体育放开了,又有多少顶级资源呢?观众需要的不是多而是精彩。"

在当前赛事资源放开的市场环境中,赛事虽多但精品难做。尤其是对于体育电视媒体来说,观众的注意力在移动化、碎片化的情境下更难捕捉,精彩的体育内容才是抓取观众眼球的关键。互联网体育媒体则要以用户为导向,精细运营,提升内容质量,同时做好社交与互动,给予用户极致的体验。因为在移动社交化的媒体环境中,受众已不再满足媒体带来的简单资讯内容,而是需要更多个性化的定制内容和满足社交需求的互动内容。

某互联网体育媒体公司商业副总经理在接受课题组访谈时表示:"我认为未来互联网体育媒体的核心竞争力首先是内容本身,即有没有吸引受众的内容,比如图文报道、赛程的报道、幕后的报道、直播视频、点播视频等。直播和点播,能够很清楚地给你带来流量,但它不是决定因素,这是体育媒体的一个基础。其次是互联网的'玩法'。尤其是移动端,它不仅是一个获取资讯的平台,更多的时候是用来进行社交的平台,满足用户社交和互动的需求。"

互联网体育媒体的内容同质化问题较为突出。导致内容同质化有两条可能路径,一是资讯类内容的产出;二是播出版权的分销。对于资讯内容的同质化,可以采取以下对策:

第一,优质 PGC + 社区 UGC 为平台赋能。首先,优质的 PGC 内容是体育资讯平台吸引大量用户的基础。优质的 PGC 内容一方面来源于平台自身员工的采编能力;另一方面可以借助一些优质的自媒体。如懂球帝已经吸引了一些足球俱乐部,将其作为官方发布信息的平台。这些自媒体生产的内容是一手的权威资料,避免了与其他平台的同质化。其次,通过社区和圈子文化,带动用户产生更多的 UGC 内容,则是平台吸引更多用户并留住用户的关键。社区中用户的良好互动和产生优质 UGC 内容,是保持平台健康发展的关键一环。[1]

第二,将短视频、直播等内容形式融入体育资讯,使内容更具吸引力。单一图文形式的资讯信息已经难以满足用户的需求,用户对于一场足球比赛中的进球环节或篮球比赛中的关键进球有浓厚的兴趣,这一需求只能通过动态图或短视频集锦来满足。赛事的直播内容在资讯平台中对用户的吸引力十分巨大,通过与赛事版权方或转播方的一些合作,在资讯平台中推出赛事直播,让用户随时随地能够看到精彩赛事,这对吸引新用户和留存旧用户有重要的作用。但是,对于多方共享一个版权,弱势平台存在用户分流和商业价值降低的风险。这需要各版权拥有方在平台的打造、内容播出质量、娱乐性和社交性等各方面都更为重视。

---

[1] 2016 中国体育资讯市场专题研究报告[R/OL].(2016 - 11 - 26)[2018 - 02 - 08]. http://www.useit.com.cn/thread - 13995 - 1 - 1.html.

(五)体育媒体未来发展长路漫漫,变革尽显其中

1. 体育媒体"借势"向上下游延伸,从单纯的"传播者"向"参与者"转变

目前的体育媒体已经不仅仅只具备媒体传播的属性,垂直化精耕细作和业务多元化已成为体育媒体的发展趋势。生态视域下的体育赞助价值评估课题组调研数据显示(图3-70),2017年有68.8%的被访媒体对"体育媒体越来越注重对赛事的全方位开发,而不止单纯对赛事进行传播"这一观点表示同意,另有9.3%对此持不同意的态度。

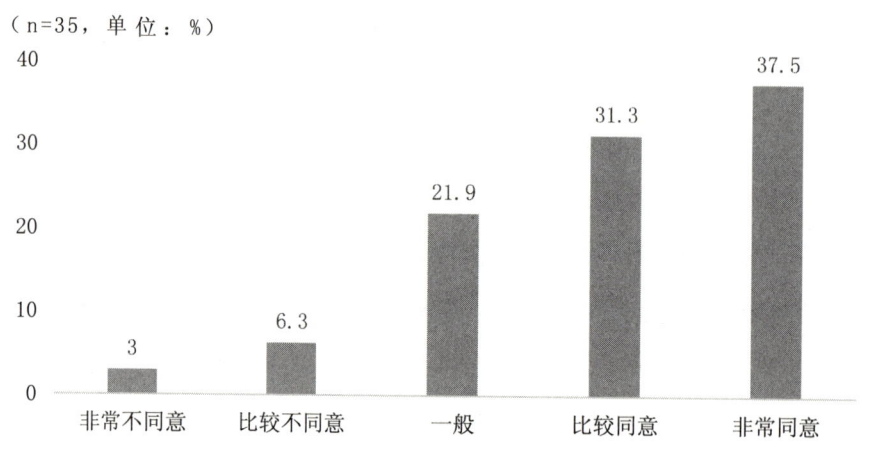

图3-70　2017年被访媒体对"体育媒体越来越注重对赛事的全方位开发,而不止单纯对赛事进行传播"这一观点的态度

在市场竞争白热化和政策、技术等各方面条件利好的态势下,体育媒体转型发展是大势所趋。

首先,顶级赛事资源由于其稀缺性而愈发昂贵,体育媒体购买赛事媒体版权如果使用"广撒网"的策略则会面临成本和变现的双重压力和双重风险;因此深耕某一体育赛事或是体育项目,开发赛事IP的长尾价值成为目前大部分体育媒体的选择。例如,腾讯在购入NBA新媒体版权之后开始深耕篮球领域,爱奇艺在网球项目上的发力越加明显,PP体育更是将足球赛事视为核心竞争力。与此同时,收入不抵高价版权费用、内容日趋同质化等因素使体育媒体需要寻找新的资金支持。

某互联网体育媒体公司商业副总经理在接受课题组访谈时表示:"其实(体育

媒体发展)多元化是现在的一个趋势。例如虎扑这类体育类垂直社区平台,它有盈利的需求,这就意味首先它可以向用户收费;第二是广告变现,在广告变现的基础上或多或少会往体育营销方面走。因为传统的广告已经满足不了客户,可能会有更多营销的方式。再往下走你会发现广告越来越不好卖了,就会想是不是自己也可以做个比赛。"

其次,广告客户需求日益提高,愈发注重媒体为广告主的策划服务能力。生态视域下的体育赞助价值评估课题组调研数据显示(图3-71),有71.9%的被访媒体对"体育媒体的策划服务能力日益受到广告主的重视"表示同意。从央视对2018年世界杯全媒体广告资源进行"创新、聚焦、整合"的整体设计理念可以看出,体育媒体的策划服务能力不仅体现了媒体自身的资源整合能力、综合实力,同时也是其行业地位和竞争力的体现。央视基于其顶级体育赛事传播平台的地位,结合国家品牌计划这一独特优势,能为世界杯和广告主释放巨大的传播价值。同时,全媒体资源使央视能满足广告主整合化、立体化的营销传播需求。最后,大量资本介入赋予了体育媒体探索新商业运作模式的可能性。在我国政策大力支持体育产业的发展后,各方资本聚焦于体育产业的全方面,与"互联网+"结合紧密的体育传媒业成为资本青睐的对象。在大量资本的注入和运作下,以互联网体育媒体为核心的体育媒体开始积极布局、探索更多元的业务范围。

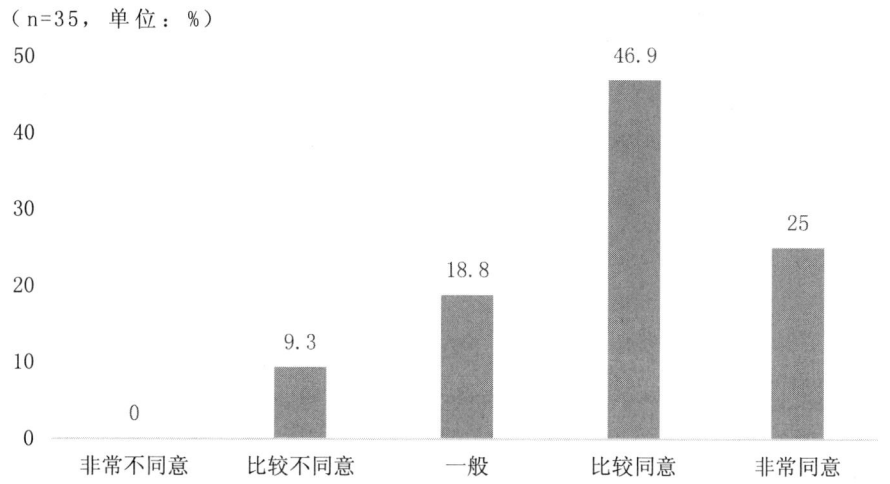

图3-71　2017年被访媒体对"体育媒体的策划服务能力日益受到广告主的重视"这一观点的态度

体育媒体向"参与者"转变,可以将自身品牌和传播优势扩张到其他业务层面,对赛事IP进行有效的深度挖掘,将体育赛事内容和产品引向用户,打通各环节的商业价值。

某体育报社记者在接受课题组访谈时表示:"体育媒体应该以参与者的身份去参与赛事,而不仅限于赛事的报道。例如,美国的ESPN等传媒集团都是朝这个方向发展,用媒体的资源去推动赛事的发展。"

体育媒体向"参与者"转变的表现之一便是介入赛事运营。生态视域下的体育赞助价值评估课题组调研数据显示(图3-72),被访媒体中有80.6%的媒体没有自建赛事IP,而拥有赛事自建IP的媒体仅占19.4%。但在2017年被访媒体未来一年是否计划打造自建赛事IP情况中(图3-73),29.0%的媒体表示有此意向,表明媒体正在逐步扩展经营业务,进一步参与到体育赛事的运营层面。

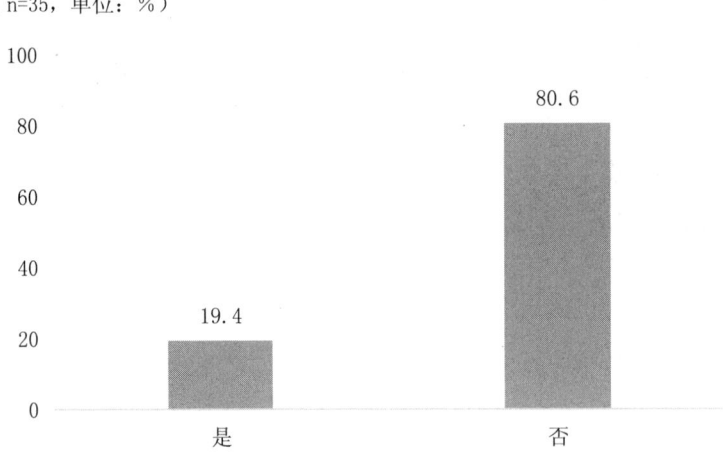

图3-72　2017年被访媒体是否拥有自建体育赛事IP的情况分布

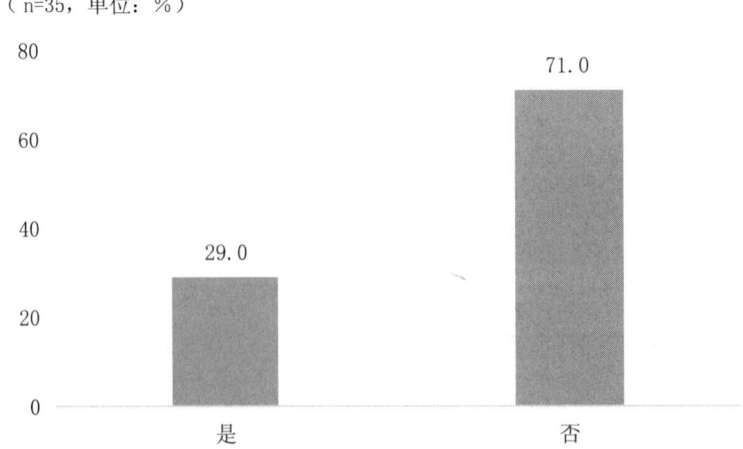

图3-73　2017年被访媒体未来一年是否计划打造自建赛事IP的情况分布

具体来看,大多传统体育媒体并没有完全介入赛事运营。

某体育杂志主编在接受课题组访谈时表示:"我们暂时还没有完全介入(赛事运营),但是会针对传播方面去做一些我们擅长的工作。然后再慢慢地扩展到整个产业链当中一些更多、更全面的环节,承担作为一个公关公司或传媒公司的责任。甚至更理想一点的状况,就是我们自己会开发一个完全自有的一个赛事IP,这都是非常有可能的。"

虽然媒体举办活动这种盈利方式,能够增加收入,但是这种收入占比并不大,更多是为了扩大传统媒体自身影响,是面对生存空间愈加缩减形势下的一种探索和尝试。

某体育广电媒体人在接受课题组访谈时表示:"有意识地拓展新的赛事、新的业务,这是一件好事,是一件多方共赢的事情。"

某报社记者在接受课题组访谈时表示:"现在的情况是,通过拉广告来增加营收的困难在逐渐加大,但通过组织活动来吸引广告主赞助活动的形式占现在媒体营收的一定比例。赞助、冠名活动更容易些,并且举办这些活动其实还是为了给媒体带来新的流量源,增加收入。这样的活动其实应该多做一些,可以扩大媒体的知名度,延长被淡忘的时间。"

从互联网体育媒体的角度来讲,体育新媒体在各种因素的推动下已经成为赛事IP的介入者、参与者,成为集传媒公司、运营公司、营销公司多重角色于一身的综合体。互联网体育媒体平台拥有赛事视频、资讯点评、用户社区等资源优势,且作为媒体,更懂得受众的需求、更懂得赞助商的诉求,以及如何体现广告价值和赛事的传播价值,从而成为赛事IP的主要开发者和运营平台。近几年来诸如新浪体育、腾讯体育都开发了自主赛事IP的组织和运营,由此利用自身媒体资源的优势,对赛事IP进行有效的深度挖掘,将体育赛事内容和产品聚焦并引导用户;更好地将体育产业各环节的商业价值打通。例如,新浪体育的自主赛事IP——3×3篮球黄金联赛,是按照产品化的思维打造的,以NBA的规格和标准制作高水平的赛事内容;同时利用自身媒体资源进行图文和视频的报道,并向全网输送。最重要的是新浪体育将微博平台作为线上推广的主要阵地,为其带来更多的流量,从而扩大新浪体育的媒体平台影响力。腾讯在转播NBA赛事的同时,基于体育与娱乐的结合,深挖自有赛事IP的传播价值;同时基于自身各项业务(微信、QQ、直播平台、支付、游戏等)的优势打通整个平台,将赛事 IP 的传播价值发挥到最大化。

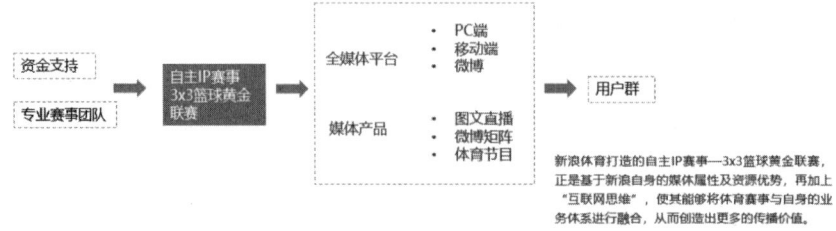

图 3-74　新浪体育 3X3 篮球黄金联赛运营策略

2. 技术赋能的智媒时代已然来临

目前,体育媒体对新科技的应用尚处在尝试和探索阶段。生态视域下的体育赞助价值评估课题组调研数据显示(图 3-75),2017 年被访媒体进行赛事转播时使用无人设备比重高达 29%;其次是 VR 技术和实时跟踪摄影技术,二者均占比为 16.4%;另有 21.8% 的媒体表示还未采用新科技进行赛事转播。

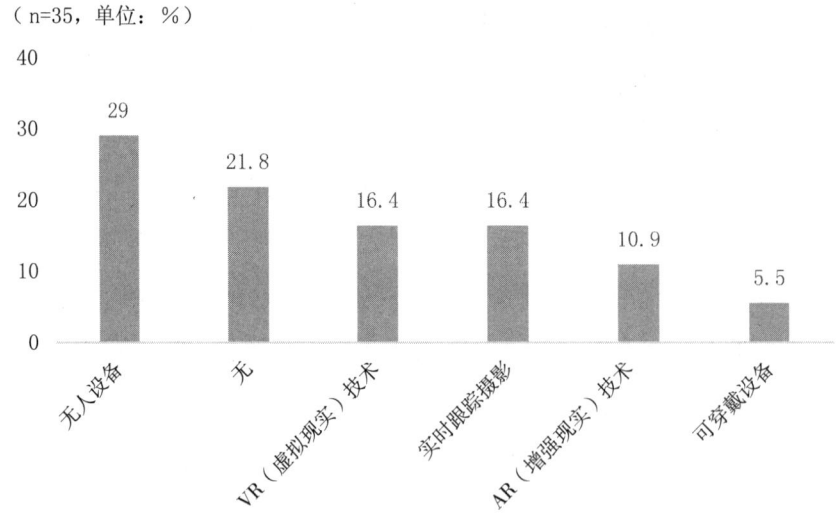

图 3-75　2017 年被访媒体进行赛事转播时应用新科技情况

可以预见,越来越多的科技元素正在为媒体所用。科技不断更迭体育媒体形态和传播方式,互联网媒体时代相比之前任何的时代都具有丰富的技术元素。大数据技术、流媒体技术以及近年逐渐兴起的 AI、VR、AR 技术等都在不同层面上促进了体育媒体的发展,尤其是互联网体育媒体在未来将呈现出对技术越来越强的依赖性。

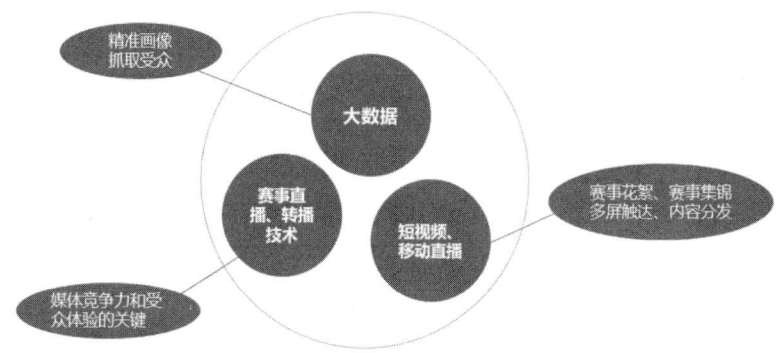

图 3-76 科技元素助力体育媒体传播

第一,大数据技术正在渗透体育传媒业的方方面面:赛事数据、教练员数据、运动员数据、观众数据、用户数据、比分数据等。据相关数据表明(图 3-77),2021 年全球体育数据市场规模将达到 6.17 亿美元,复合年均增长率达 37.9%。移动媒体碎片化、全时段、全场景覆盖的传播特点为互联网体育媒体积累了庞大的用户群体,这些都为积累海量体育数据奠定了基础。体育数据的日益丰富配合大数据处理能力的提升,使得赛场上的一切都尽可能地被量化,或将使媒体发掘出更多深度分析性的报道。受众由此可以从数据分析中看到比赛中更多的细节,从而也更乐于相信由数据得出的相对客观的比赛事实。生态视域下的体育赞助价值评估课题组调研数据显示(图 3-78),2017 年有 75% 的被访媒体对"大数据/云计算等技术的学习与运用将成为体育媒体实现定制化、个性化的重要竞争力"这一观点表示同意,仅有 6.2% 持不同意态度。

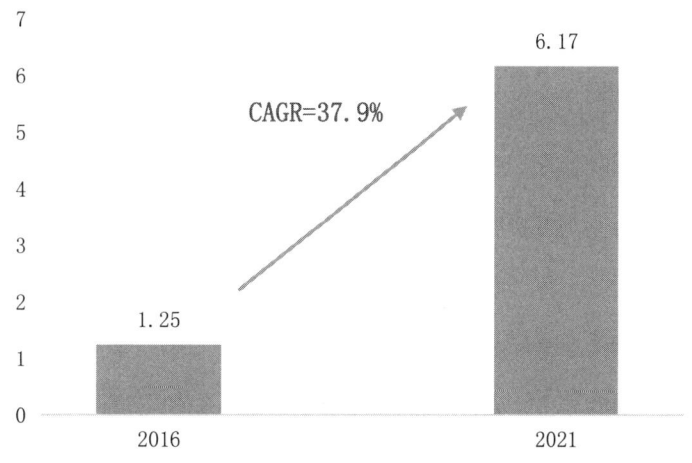

数据来源:marketsandmarkets,36 氪研究院

图 3-77 全球体育数据分析市场规模预测(单位:亿美元)

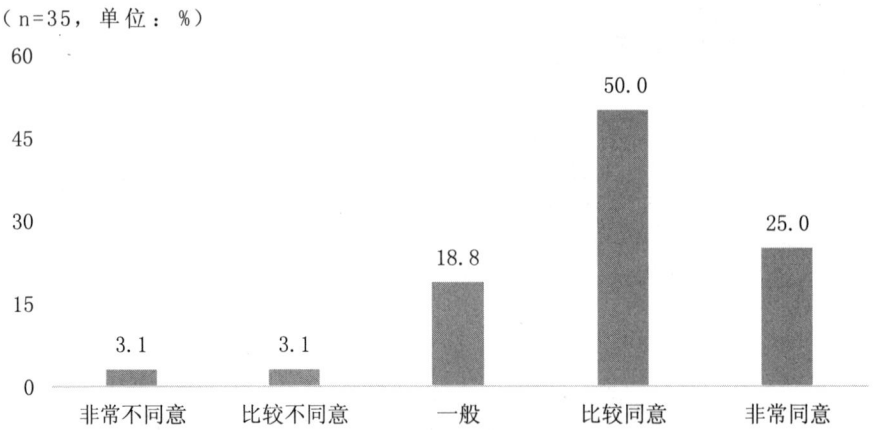

图 3-78　2017 年被访媒体对"大数据/云计算等技术的学习与运用将成为体育媒体实现定制化、个性化的重要竞争力"这一观点的态度

第二,直播、短视频等移动互联网传播方式在多屏触达、全场景、全时段覆盖的媒体环境下更加契合用户的需求和信息接收习惯,有利于扩大体育赛事内容的分发和传播空间,未来市场发展潜力大。生态视域下的体育赞助价值评估课题组调研数据显示(图3-79),2017 年68.8%的被访媒体对"移动端视频直播是未来体育赛事传播的主要途径"表示同意。以腾讯旗下企鹅直播为例,其与腾讯体育共享包括 NBA、FIBA、欧冠、德甲、NFL、NCAA、UFC 等超过 20 项的顶级赛事版权,在

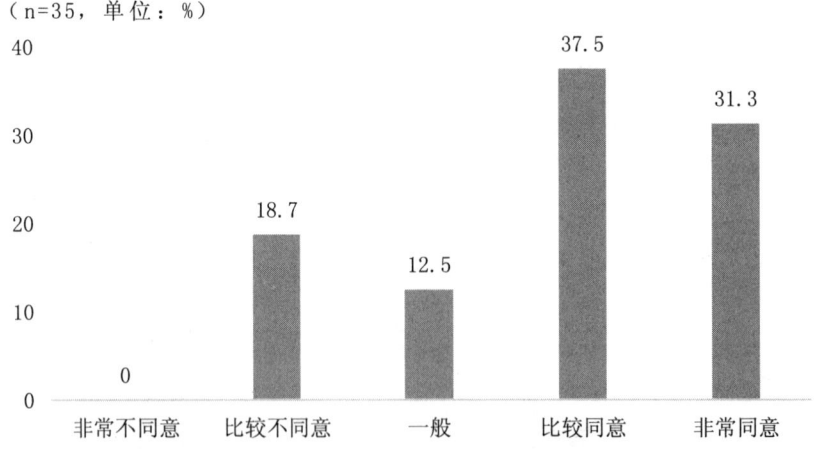

图 3-79　2017 年被访媒体对"移动端视频直播是未来体育赛事传播的主要途径"这一观点的态度

2017年NBA赛季中有超过1.5亿人次通过企鹅直播观看了NBA比赛。新浪体育的代表性自有赛事IP是3×3黄金联赛,在2016年的联赛期间在斗鱼、PPTV、秒拍、网易、土豆、优酷、爱奇艺全程直播,决赛在央视进行了长达80分钟的直播;2017年全程直播的平台增长至10家,同时每站增加美女"网红"直播,单站最高总观看人数在1 000万人以上。① 除此之外,东方体育、体坛+、央视影音等传统媒体的移动客户端当中也都内置了相应的互联网体育直播入口,丰富自身媒体业务的同时进一步提升了用户体验。

体育运动本身的动态性和竞技性特点决定了视频是其最佳的传播形式。在互联网体育媒体中,视频传播将逐渐挤占图文传播,其中以各种赛事集锦为主的短视频传播将占据更大份额。赛事视频集锦将满足时间紧张的球迷的观看需求,腾讯体育、乐视体育等平台都有由各大比赛的精彩片段剪辑而成的海量视频集锦。短视频广告也将成为移动互联网时代又一重要的广告变现方式。除此之外,即使是一些深度的分析性报道也将更多地通过体育评论性视频节目来体现,更加契合用户的信息接收习惯。相关数据显示,有95.5%的用户有重复观看赛事内容的意愿,且有55%的用户反复观看的主要赛事内容为赛事集锦。② 在未来,伴随着通信技术的发展以及5G时代的到来,体育内容消费的移动化与视频化趋势将愈加明显,体育直播、短视频将成为互联网体育传播中十分重要的手段。

第三,体育媒体对新科技的使用在不断尝试中提升和进步。首先,流媒体技术与负载均衡技术为互联网用户流畅观看直播、转播、在线视频提供了技术支撑,增强了视频播放的品质。在体育赛事直播的观看过程中,运动员的每一个动作,尤其是进球等关键性节点动作是体育用户能否获得良好观赛体验的关键。其次,流媒体技术和负载均衡技术的发展将大大提升互联网体育媒体的平台服务质量,提高网络的灵活性和可用性,为用户带来了优质、稳定的观赛体验。以腾讯体育为例,在技术革新和平台经年累月的发展过程中,腾讯的视频播放技术和用户体验已经具备较为完善的能力,NBA赛季2015—2016年的直播用户达到1亿人。腾讯体育

---

① 柳芳华.3×3黄金联赛火爆——新浪体育的互联网自主IP赛事养成记[EB/OL].(2017 - 08 - 23)[2018 - 03 - 05].http://www.techsir.com/a/201708/42312.html.
② 2016年中国互联网体育用户洞察报告[R/OL].(2016 - 06 - 07)[2018 - 02 - 13].http://report.iresearch.cn/report/201606/2597.shtml.

运营总经理赵国臣曾说,在接近三千平方米的演播厅、每一场比赛都做 3D 和 VR 技术的分析。很多电视台只有在世界杯、奥运会这样的大型赛事中才会启用这些技术,而腾讯体育现在任何一场比赛直播都可以把它常规化。① 此外,大型体育赛事对直播转播的技术及制作要求非常高,这是体育赛事传播力的重要体现;同时也是体育电视媒体所拥有的强力竞争优势。相比之下,互联网体育媒体面对愈加增多的体育用户和观赛用户,做好网络赛事直播和平台服务成为挑战,也是未来将要不断探索、解决的难题。生态视域下的体育赞助价值评估课题组调研数据显示(图 3-80),2017 年有 71.9% 的被访媒体对"直播/转播技术的革新将成为体育媒体的重点发展目标"表示同意。

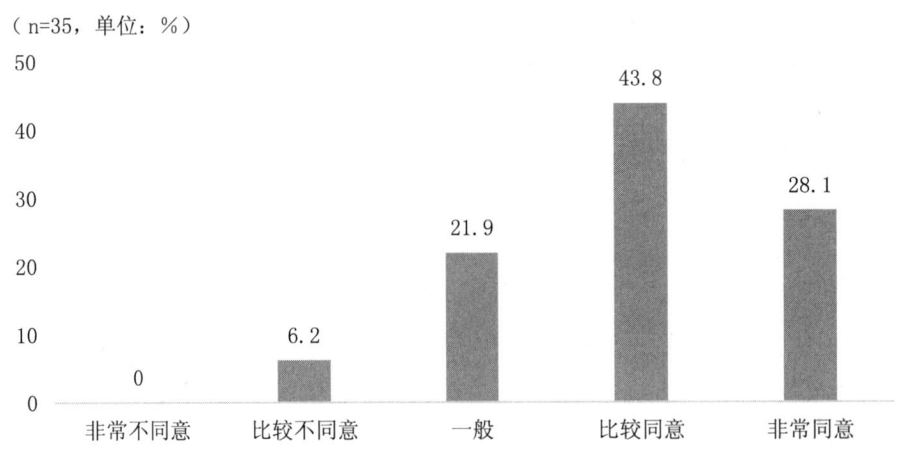

图 3-80 2017 年被访媒体对"直播/转播技术的革新将成为体育媒体的重点发展目标"观点的态度

在未来,人工智能在体育转播中的应用也将从试水阶段向全面市场化迈进。例如百度与阿里不约而同地在篮球、足球赛事中小范围试水 AI 解说。② 伴随着智能终端设备越来越多,智能厨电、智能家居、无人驾驶汽车等多渠道的智能终端屏幕,都可以成为体育资讯、赛事、视频的传播渠道;多屏化的传播将为用户打造全场景、全时段覆盖的体育观赏环境,促进"全民体育"的发展。多个智能终端的传播还将为体育媒

---

① 赵国臣.腾讯怎么玩体育:坚持媒体定位[N/OL].(2016-01-10)[2018-02-10]. http://money.163.com/16/0110/12/BCVHR9FV00253B0H.html.
② 2018 体育营销:大事 & 大势[EB/OL].(2018-01-15)[2018-02-10]. http://www.meihua.info/a/70950.

体的传播提供源源不断的底层数据。一键同步功能可以把用户在不同终端的观看痕迹记录下来,大数据分析系统将会为用户提供专属推荐和服务。如微信账号或QQ账号可以一键登录腾讯体育各智能终端,腾讯数据采集平台会将用户在各类应用当中的数据抓取、分析、整合、应用,为用户提供独一无二的专属体验。

3. 跨媒体、全媒体资源整合,社交媒体对赛事的传播价值凸显

平台流媒体化、数字化、用户使用渠道碎片化等特征,跨媒体需要整合资源,打造全媒体平台,形成各种形式媒体资源互补;才能扩充体育赛事传播价值。有关调查显示,收看电视体育节目时,75.6%的观众会同时使用手机、平板、PC等终端设备;18—34岁的年轻观众同时使用多个屏幕的比例更高,达到九成。电视与手机、平板的多屏互动,以社交媒体的使用最具代表性,包括与朋友聊天、聊比赛、吐槽、评论、参与节目互动等多种方式。①

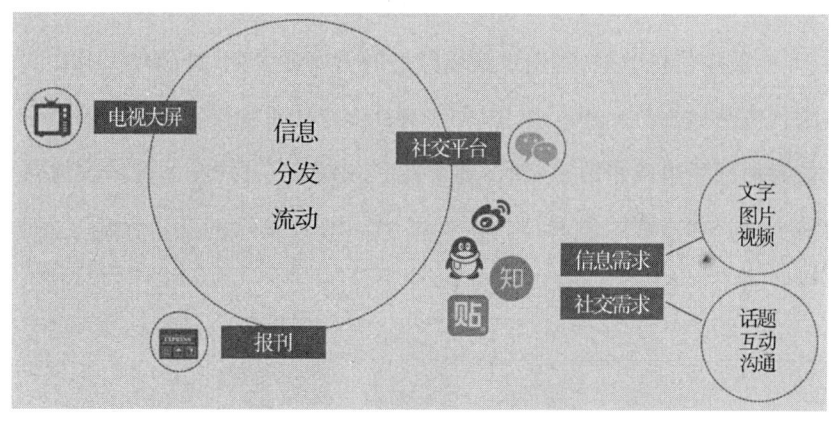

图 3-81　跨媒体、全媒体资源整合进行赛事传播

对于进入媒体融合深水期阶段的传统体育媒体来说,以体育电视媒体为核心,要发挥其大屏优势;同时在以广告为主要收入的盈利模式下需加强融合,创新体育营销策略和策划服务能力。目前,我国OTT电视用户规模逐年增加,将逐渐承接传统电视的娱乐功能,成为新的家庭式娱乐中心。相关数据显示,2016年我国OTT用户规模已达到1.4亿,2011—2016年的年复合增长率达90.4%;而有线电视的

---

① 体育媒体综合影响力研究报告(一)[R/OL].(2016-09-30)[2018-02-15]. http://www.sohu.com/a/115362071_498697.

用户规模增速首次出现负增长,为 −6.7%①。OTT 电视大屏、高清、曲面等特点也将进一步提升用户收看体育赛事时的体验。此外,媒体融合发展到现在,早已不仅仅是传播平台上的联动,而是深入业务与经营中的深层开发和运营。例如 2017 年 11 月 13 日,新浪体育与上海五星体育频道达成战略合作。近年来上海五星体育频道依托自身优势,大力开发自主赛事 IP 资源,打造了如《弈棋耍大牌》等自有 IP;新浪体育也开始向体育产业公司转型,目前已开发了包括 3×3 黄金联赛、5×5 足金联赛等多个自主赛事 IP。新浪体育此次与上海五星体育频道的跨平台合作也是强强联手,未来可以用不同的方式在多个平台面向不同的受众发声。利用互联网体育媒体平台和广电体育媒体的特色优势实现双方的多维度互补,共同发力自主赛事 IP 的资源、经营和平台开发。

对于互联网体育媒体来说,在移动互联网环境下体育用户的核心需求包括信息需求和社交需求两个方面。首先,通过信息的分发流动使各媒体平台间资源相互流通,才能破除信息壁垒,使用户获取信息的价值最大化、全面化。其次,目前社交媒体的价值凸显。各大赛事 IP、广告主对社交媒体更为关注,生态视域下的体育赞助价值评估课题组调研数据显示(图3-82),2017 年,71.9% 的被访媒体对"社交媒体将成为体育赛事推广的下一个争夺点"这一观点表示同意。在线下资源有限

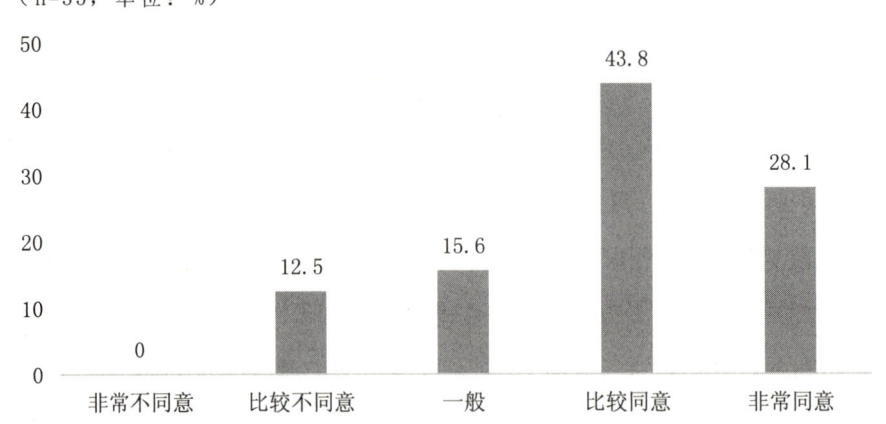

图 3-82 2017 年被访媒体对"社交媒体将成为体育赛事推广的下一个争夺点"这一观点的态度

---

① 2017 年中国 OTT 广告市场研究报告[R].(2017 − 09 − 12)[2018 − 02 − 15]. https://baijiahao.baidu.com/s? id = 15782961940/7208884&wfr = spider& − for = pc.

的情况下，线上利用社交媒体平台凝聚用户打造话题互动，从而打通和连接体育赛事内容，是吸引流量、扩大赛事和品牌影响力的重要途径。

某互联网体育媒体公司商业副总经理在接受课题组访谈时表示："广告主诉求主要是线上的诉求。至于线下能够通过这个赛事影响多少受众和消费者，能够跟产品和服务发生关联，其重要性可能只是线上的10%甚至是1%。所以广告主更看重的是线上层面。"

诸如国外许多体育赛事与facebook、Twitter等社交媒体达成直播合作。根据统计，通过Twitter收看2017NFL的累计观众达到了350万。而在此之前，Twitter与温网的转播合作早已成熟，并且Facebook Live也拿到了NBA季前赛、墨西哥足球联赛的转播权。2016年YouTube联手BT Sport，涉水欧冠直播以外，YouTube TV还会聚拢包括福克斯、NBC、ESPN等多达40家电视台的资源，其中多达13家体育电视台。根据大致的统计，YouTube TV上的13家体育电视台，囊括了美国80%的体育赛事转播。[①] 在国内，腾讯打通其微信、QQ等平台，将赛事传播流通价值最大化；新浪体育也借助同一集团的新浪微博的媒体资源传播自办赛事，为其带来更多流量与用户。

未来互联网体育媒体传播的社交性、互动性将进一步增强。首先，虎扑体育等垂直类体育媒体平台都具有分类详尽的体育社区，用户在其中发表自己对于赛事的看法、评价；与具有相同体育兴趣爱好的网友讨论，社交分享还会加速体育视频、赛事新闻、相关广告产品的传播。尤其在一些体育KOL和自媒体大V的带动下，进一步增强了体育媒体的社交传播属性，增强了体育运动与用户的互动。其次，互联网体育社交媒体逐渐成为体育运动产品消费转化的入口。

某体育用品品牌商品企划高级经理在接受课题组访谈，在谈到关于营销传播投放的媒体平台时表示："我们结合专业化的定位和产品，非常重视垂直类、社交类的媒体平台。比如今年在做篮球赛事推广的时候，比较重视三个媒体平台：一是新浪微博，因为新浪微博在去年与NBA达成了一个在短视频方面的战略意向，消费者在微博上对NBA短视频的探讨和分享会非常激烈，这样会聚集一些爱好篮球但

---

① YouTube放大招，一口气聚合13大体育电视频道[EB/OL].(2017-03-06)[2018-02-15]. http://www.sohu.com/a/128028521_116132.

又没有那么多时间去观看一场完整的比赛的消费者;二是虎扑,因为它也是篮球类的垂直平台,我们也会在上面有一些相关的内容;三是腾讯,自从腾讯拿下了NBA在中国的新媒体版权之后,也成为目前国内网络社交平台上观看NBA最重要的一个渠道,所以我们也会有针对性地与他们进行一些合作和推广。"

除此之外,社交类的健身运动App也是体育媒体的重要形式之一,keep、咕咚、健康猫等互联网体育健身平台与社交、电商相结合,一些社交媒体当中的意见领袖在社交类运动App中发布关于体育运动或赛事片段的状态信息,有利于将健身人群向赛事观看人群转化,同时还能将对体育赛事感兴趣的人群向参与体育运动的人群转化。因此,对于体育媒体和广告主来说,可以利用社交媒体将赛事观众向消费者转化这一优势,增加参与者购买体育用品的可能性。

四、消费者:体育赞助价值生产源动力

数据显示,中国积极参与体育活动的人口目前高达4.34亿,所占比例由2007年前的28.2%提升至34%[1]。在相关政策红利催动下,这一数字或将继续提升。[2] 生态视域下的体育赞助价值评估调研数据显示(图3-83),有接近50%的被访消费

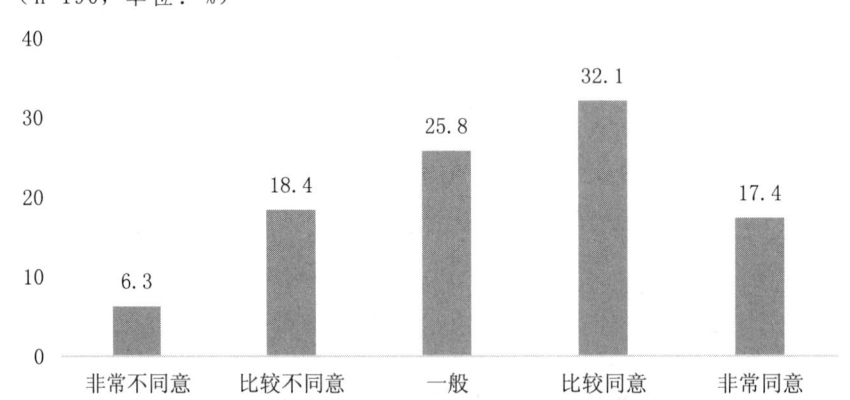

图3-83　2017年被访消费者对"除了观看体育赛事之外,我越来越乐于亲身体验一些参与类赛事(如马拉松、广场舞等)"这一观点的态度

---

[1] 国新办就《全民健身计划(2016—2020年)》情况举行发布会[EB/OL]. (2017 – 05 – 26)[2016 – 06 – 23]. http://www.gov.cn/xinwen/2016 – 06/23/content_50x4658.htm.
[2] 中国开赛:崛起中的中国体育健身产业[R/OL]. (2017 – 05 – 26)[2018 – 02 – 10]. http://www.sohu.com/a/143851585_355061.

者认同"除了观看体育赛事之外,我越来越乐于亲身体验一些参与类赛事(如马拉松、广场舞等)"这一观点,我国消费者的体育运动意识正在逐渐提升。此外,目前在这4.34亿的体育人口中,18-35岁的年轻人占比61%,女性占比48%。[①] 可见中国的体育消费者也越来越年轻化,性别比例也越来越均衡。体育消费者的内容偏好和内容消费也将随着体育人口的增多和结构的改变而发生着相应的变化。

(一)体育内容偏好:综合类体育赛事最受关注,消费者内容偏好呈现专业性和娱乐性、竞技性和参与性并举的特征

总体来看,我国消费者最关注以奥运会为代表的综合性体育赛事。生态视域下的体育赞助价值评估课题组调研数据显示(图3-84),2017年被访消费者更关注的赛事类型中,综合类体育赛事最受关注,占比为69%;其次是单项类体育赛事,占比为20.3%;再次是大众参与类赛事,占比为9.6%。

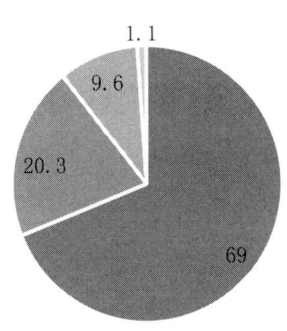

(n=190,单位:%)

■ 综合类体育赛事(如奥运会\亚运会) ■ 单项类体育赛事(如英超)
■ 大众参与类赛事(如马拉松) ■ 其他

图3-84 2017年被访消费者更关注的赛事类型

具体来看,消费者对体育内容的偏好呈现专业性和娱乐性、竞技性和参与性并举的特征:

---

① 汽车+体育大融合畅想汽车体育营销白皮书[R/OL].(2017-11-28)[2018-02-10]. https://e.tencent.com/html/insights/report/sportsauto.html.

1. 体育项目关注以球类为主,电子竞技关注度上升

总体来说,消费者更为偏好专业竞技类的球类项目。据艾瑞咨询《2016年中国互联网体育用户洞察报告》显示(图3-85),篮球、足球、羽毛球、乒乓球四大球类项目在互联网体育用户关注度排名前五的赛事项目中占据四席,其中篮球和足球都以68%的关注度并列第一。生态视域下的体育赞助价值评估课题组调研数据显示(图3-86),被访消费者经常关注的赛事类别中,篮球、乒乓球、游泳、羽毛球、足球分列前五。可以看出,2016—2017年间消费者关注度排名前五的赛事项目没有明显变化,球类运动依然是消费者关注的主要赛事项目。

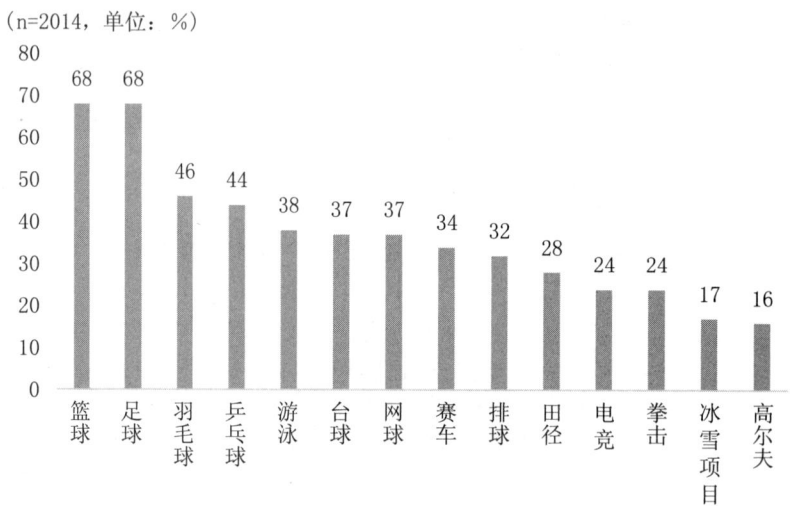

数据来源:艾瑞咨询《2016年中国互联网体育用户洞察报告》

图3-85 2016年互联网体育用户经常观看的体育赛事

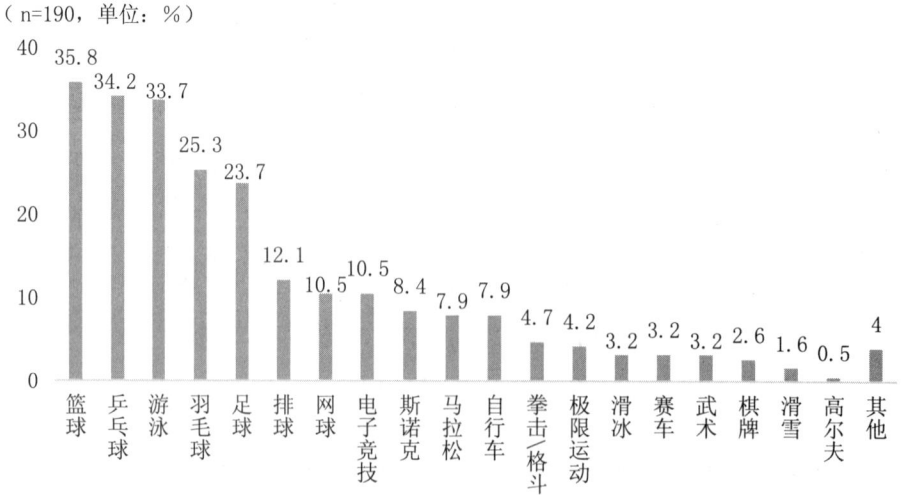

图3-86 2017年被访消费者经常关注的赛事项目

但是另一方面能够观察到,2017年消费者对电子竞技这类娱乐性的项目和马拉松、自行车等大众参与性的项目关注度上升。首先,生态视域下的体育赞助价值评估课题组关于"消费者经常关注的赛事项目"中的调研数据显示(图3-86),电子竞技排名第八,位列前十。可见近年来随着玩家数量的提升,各类电子竞技赛事的火热开展以及电子竞技接连被纳入正式的体育项目、高校教育,消费者对电子竞技的关注度也在不断上升。其次,在国民消费水平不断提升、国家大力推广全民健身运动的作用下,消费者对待体育运动的态度逐渐从"观赏"向"参与"转变。马拉松等大众参与型赛事的较高关注度正是体现了这一变化,在2017年被访消费者经常关注的赛事项目中,马拉松和自行车的关注度为7.9%,排名第十。相比赛车、滑雪等专业竞技类赛事排名较为靠前。

2. 赛事信息关注以赛事资讯和赛事转播占主导地位,体育娱乐内容成为大众流行

生态视域下的体育赞助价值评估课题组调研数据显示(图3-87),赛事资讯和赛事转播在2017年被访消费者关注的赛事信息分布情况中占主导地位,分别占比61.6%和59.5%。首先,用户一直以来对体育资讯的关注度较高。据2016年相关数据显示(图3-88),体育资讯是资讯类应用活跃用户环比增长率最高的,增长率达到54.6%。在移动互联网快速发展的同时,消费者碎片化阅读信息的方式成为获取赛事新闻最主要、最直接的选择和途径。同样,赛事转播作为体育赛事价值的重要呈现方式,是自电视与赛事结合以来,观赏体育赛事最主要的途径,自然具有较高的关注度。

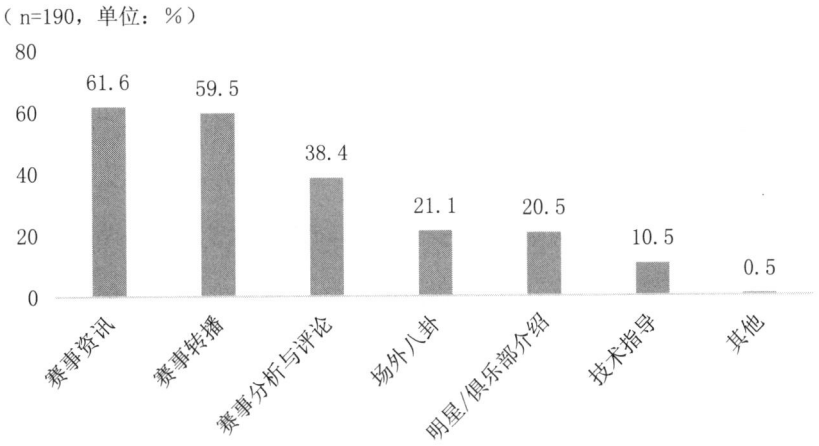

图3-87 2017年被访消费者关注的赛事信息

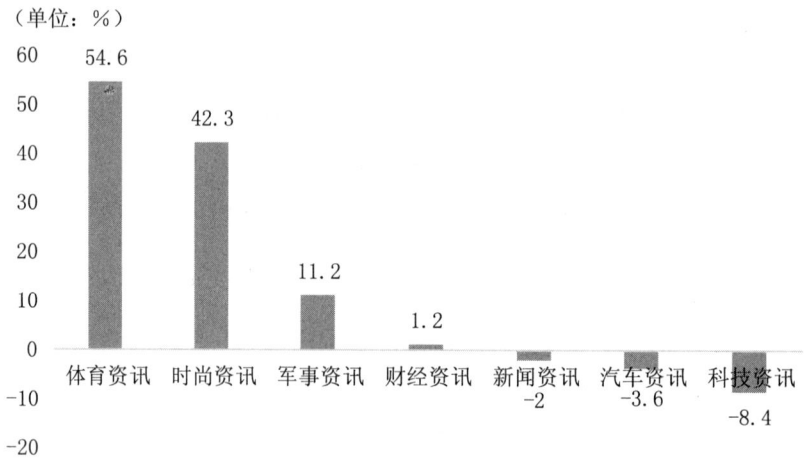

数据来源:易观智库《中国体育资讯市场专题报告(2016年)》

图3-88　2016年7月资讯类应用活跃用户环比增长率

不容忽视的是,体育娱乐成为近年来备受大众欢迎的消费内容之一。2017年被访消费者关注的赛事信息中(图3-88),场外八卦的关注度为21.1%,超过对明星/俱乐部的介绍以及技术指导等的关注。据生态视域下的体育赞助价值评估课题组关于2017年被访媒体使用体育赛事转播权方式的调研数据显示(如图3-89),体育+娱乐的方式占比最高,达到32.1%,其次是体育+社交,占到21.4%。首先,体育类娱乐八卦内容正在成为大众普遍关注和讨论的内容,这尤其体现在社交媒体平台上。网民对体育明星的娱乐八卦关注度甚至超过体育赛事,林丹、张继

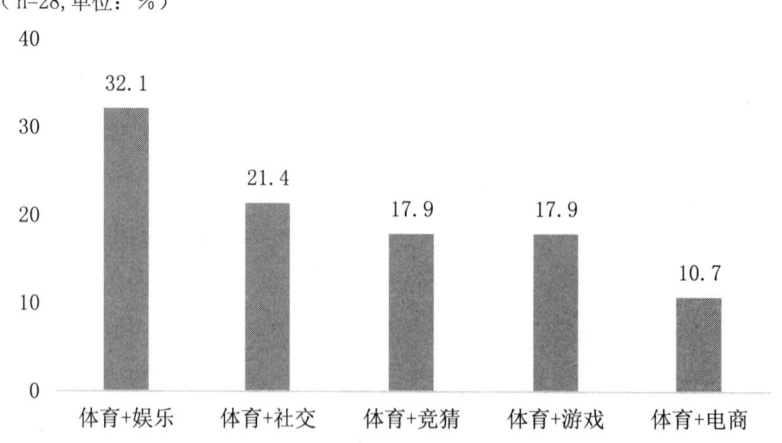

图3-89　2017年被访媒体使用体育赛事转播权的方式分布

科、马龙、宁泽涛等具有较高人气的运动员在微博等社交媒体上的关注量和讨论量从未减少。而体育和娱乐的跨界组合，也让这些体育明星通过吸引非体育用户和消费者的关注，从而有利于将后者转化为体育消费人群。其次，由体育明星或娱乐明星参与的体育类综艺娱乐节目正在吸引着广泛的关注人群，成为各方媒体、资本争相开发的内容。一方面，《女神欧洲杯》《绿茵继承者》《非凡搭档》等体育+娱乐节目在不断推出，以体育项目为基础融合娱乐的元素，例如腾讯会邀请吴亦凡等娱乐明星参与NBA相关节目进行互动；另一方面，各人气运动员也在不断参加一些纯娱乐综艺和真人秀节目，通过这些节目来包装、推广自身或体育赛事。例如，2018年初刘国梁、冯潇霆、林丹等人录制脱口秀节目《吐槽大会》，让观众看到了与赛场上不一样的体育人，同时也吸引了一批体育粉丝。随着体育娱乐内容成为大众流行之一，未来体育泛娱乐领域或将迸发出更大的价值。

(二) 体育消费者内容接触形式：碎片式消化、随时式观看、全感官体验

随着信息传播媒介的迭代，消费者参与和分享体育内容的方式也在发生着变化，对体育内容的接触形式愈发多元：从收看电视赛事直播、视频网站赛事直播，到如今能让消费者随时随地观看赛事的移动直播；从收看全程赛事，到如今消费者仅通过短视频、视频集锦这种碎片式地消化体育内容就能收获赛事的焦点与精彩部分。与此同时，消费者对赛事观看体验的追求却未曾改变。随着科技进步，更好的感官体验成为体育消费者的普遍追求和期待，如具有更强视觉效果刺激及强烈代入感的大屏观赛，突破二维平面感官体验、更具浸入感和立体感官体验的AR、VR观赛等。

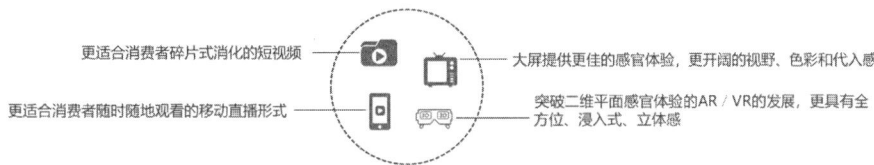

图 3-90　碎片式、随时式、全感官的消费者内容接触形式

1. 短视频观赛,碎片式消化

2017年以来,以体育为代表的垂直类短视频内容正在成为平台争夺流量和入口的对象。体育 IP 找到了在移动互联网时代里、新的内容生产形式和分发渠道,经由合作方平台(如微博、今日头条等)以及通过与合作方平台有战略关系的短视频平台(如秒拍、头条视频等),形成立体化的传播网络。[①] 例如2017年3月,今日头条成为"中超短视频合作伙伴",将在实时短视频、赛后集锦、周边节目等方面展开全面合作。新浪微博也宣布其推出 NBA 赛事实时短视频、比赛集锦等。截至2017年6月,体育类视频在微博平台上的受关注程度持续走高。数据显示,2017年上半年微博体育类视频播放量超过330亿次。以精彩赛事和花絮为代表的短视频内容深受广大微博体育用户的关注与青睐。[②]

在消费者内容消费诉求和形式愈发多元的情境下,体育赛事与短视频结合相得益彰。首先,优质的体育赛事内容具有竞技性强、观赏性高等特点,为短视频提供了优质的内容资源,深受消费者青睐。例如,世界摔跤联盟 WWE 赛事短视频进驻今日头条后,头条号"@WWE 中国"上线1个多月就有超过3400万次的短视频播放量,单个视频最高播放量达117万次。[③] 其次,短视频具有传播范围广、能重复观看的特点,能将长时段的体育赛事中最具有竞技性、观赏性或娱乐性的精彩内容以短小精悍的形式呈现出来;能够将在长时间观看赛事直播、转播而易产生疲惫状态的观众解脱出来;符合当下移动端的体育资讯用户对内容消费更为碎片化、个性化的诉求。相关数据显示(图3-91),赛事集锦以55%的最高比例成为2016年体育用户重复观看的主要赛事内容。

2. 移动直播观赛,随时性享受

随着直播技术的不断完善和移动网络、4G 甚至 5G 的发展,体育赛事作为视频直播的优质内容,其载体也不再仅限于电视端这类传统媒体。在线直播平台兴起,

---

[①] 2017年第1季度中国短视频市场季度盘点分析[EB/OL].(2017-05-21)[2018-02-12].http://www.useit.com.cn/thread-15377-1-1.html.
[②] 微博竞技体育用户洞察报告[EB/OL].(2017-12-12)[2018-02-12].http://www.199it.com/archives/672026.html.
[③] 中超揭幕在即,入局的今日头条聊了聊体育跟短视频[EB/OL].(2017-03-03)[2018-02-12].http://www.sohu.com/a/127753627_235063.

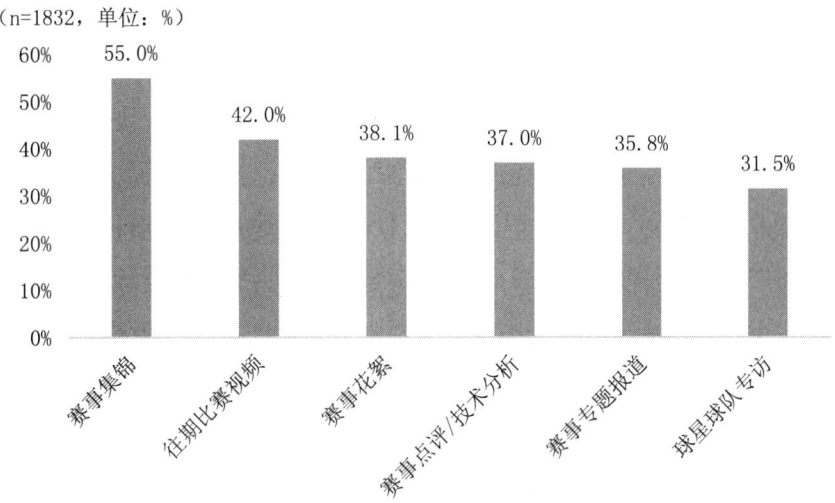

数据来源：艾瑞咨询《2016年中国互联网体育用户洞察报告》

图3-91　2016年用户重复观看的主要赛事内容

以企鹅直播、暴风直播、章鱼TV等为代表的体育直播平台相继成立，与此同时CCTV5、新浪体育、虎扑体育、PP体育也早已布局移动端直播入口。移动端的体育赛事直播正逐渐成为消费者观看体育赛事的重要途径。据CNNIC调查研究数据显示（图3-92），2016年各类网络直播使用率中，体育直播的占比排在第一位，体育网络直播发展势头强劲。除此之外，艾瑞咨询《2016中国移动直播用户洞察报告》数据也显示（图3-93），在2016年未看过视频直播的群体未来可能关注的直播类型中，体育赛事直播排在第一位，表现了未来用户或将进一步向体育直播转移。

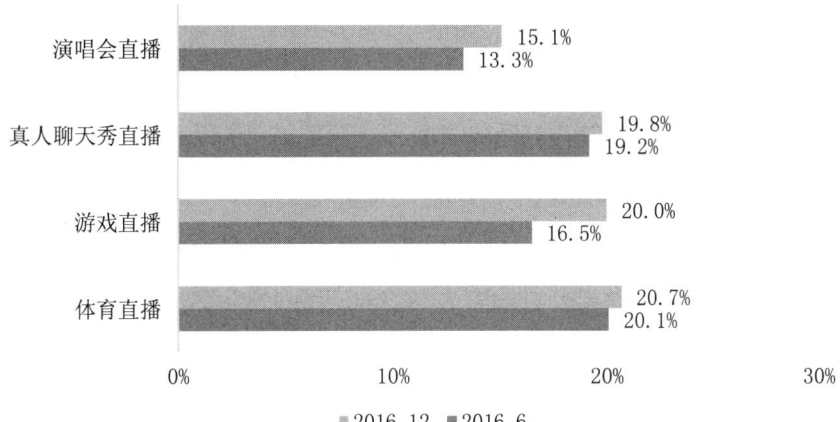

数据来源：CNNIC第39次《中国互联网络发展状况统计报告》

图3-92　2016年各类网络直播使用率

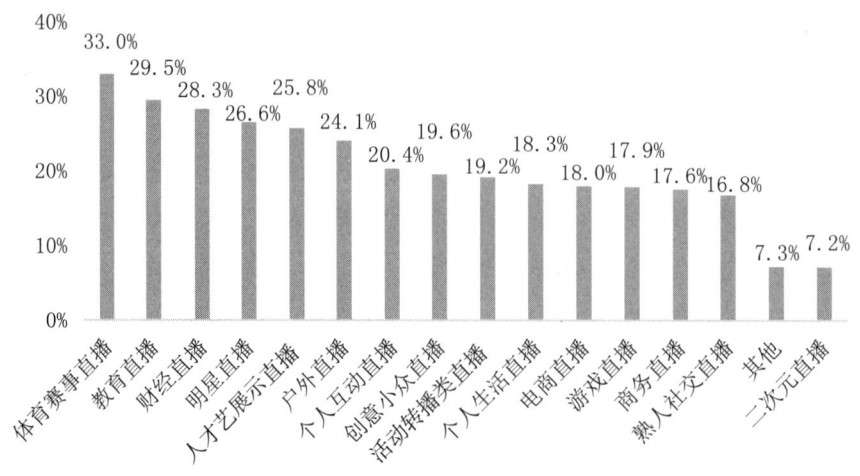

数据来源:艾瑞咨询《2016年中国移动直播用户洞察报告》

图 3-93　2016 年中国未观看过视频直播群体未来可能关注的直播类型

与 PC 端在线直播相比,消费者在移动端上观赛更为便利。一方面,由于体育赛事直播的局限性和固定性,消费者只能被动地跟随赛事的时间而没有自主选择权,但移动直播恰恰能使消费者挣脱需在固定场景和固定播出时间观看赛事的限制,如消费者在上下班的途中等非传统观赛场景中就能实现对体育赛事的观看;另一方面,移动直播赋予了消费者在比赛现场仅通过一个手机就进行直播的能力,增强了消费者体育赛事的社交和互动属性,增加了赛事传播的广泛度。同时,移动直播的低门槛性也为其多元化、草根化的表达和解说模式提供了发育土壤,让消费者在观赛时能有更多元化的体验与娱乐享受。据相关数据显示,2017 年中国移动直播行业用户规模达到 1.9 亿人,整体市场规模达超 100 亿元,达到 157.93 亿元,增长率达到 280%。①

3. 大屏观赛,全感官体验

在消费者观赛渠道多元化的当下,观看体验仍是消费者选择体育平台时关注的主要因素之一(图 3-94)。一方面与赛事本身的内容有关,如赛事的精彩程度、明星运动员的精彩呈现等;另一方面,观赛体验与赛事的转播水平、平台的播出能力有关,如转播设备的优劣、转播角度的好坏、观看的流畅度和清晰度等。除此之

---

① 2017 中国移动直播行业分析:市场规模或超 100 亿元[EB/OL].(2017 - 08 - 21)[2018 - 02 - 13]. http://www.askci.com/news/chanye/20170818/163058105734.shtml.

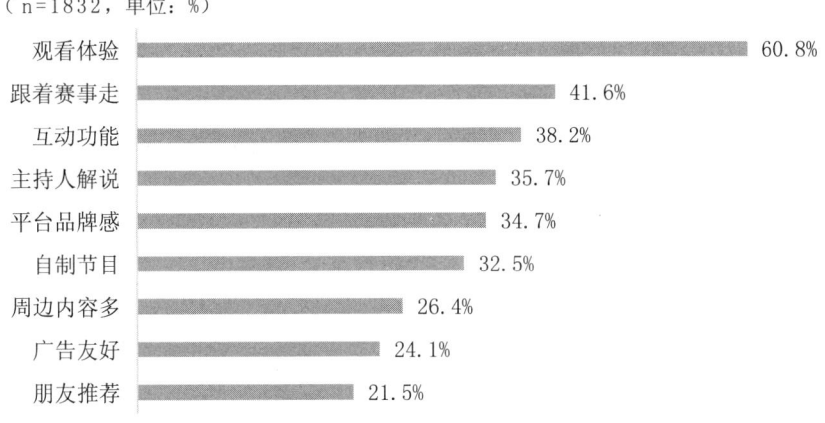

数据来源:艾瑞咨询《2016年中国互联网体育用户洞察报告》

图 3-94　2016 年用户选择体育平台时的主要关注因素

外,屏幕呈现对观赛体验也会产生重要的影响,如屏幕大小、分辨率等。

相较而言,电视大屏更具有观赛优势。首先,电视大屏能为消费者带来更开阔的视野,可降低消费者在使用小屏观赛时容易产生的视觉疲劳感而提升观看体验。其次,电视大屏相较于电脑、手机具有更高的分辨率、更高的色彩饱和度,4K、8K 等技术的应用也进一步提高了电视大屏的清晰度,为消费者带来了更强的视觉冲击力,创造了更好的感官体验。最后,电视大屏还具有"氛围优势",可以将家人或球迷聚在一起,共同感受体育赛事的魅力,即电视大屏的共享性使消费者更有代入感,冲击力也会更强。据尼尔森《2018 中国家庭大屏产业生态发展白皮书》数据显示,截至 2017 年年中,家庭大屏整体规模已近 5 亿,周触达率达到 77.4%,高于 PC+移动端视频等其他终端类型视频媒体,排名第一位,是消费者视频观看最主要的接触渠道和方式。① 基于此,各商家相继开发出电视大屏类体育观赛平台,为消费者提供更好的服务和产品品质。例如,2017 年 PPTV 推出的百寸激光电视、海信为 2018 年世界杯打造的定制电视等,都是为了满足市场上消费者对体育观赛日益提高的需求。

此外,突破二维平面感官体验的 AR/VR,更具有全方位、浸入式、立体感,正

---

① 2018 中国家庭大屏产业生态发展白皮书[R/OL].(2017-10-26)[2018-02-13]. http://www. 3mbang.com/p-208175.html.

在成为消费者更为期待体验的新媒体观赛技术。从2016年艾瑞咨询的数据来看(图3-95),用户期待体验的新媒体观赛技术如360度全景观赛、赛事数据实时呈现、VR/AR虚拟观赛等,以360度全景观赛占比例最高。然而,生态视域下的体育赞助价值评估课题组调研数据显示(图3-96),2017年被访消费者中有80%的人未使用过新科技观赛,还存在11.6%的消费者并不清楚新科技观赛这一情况。这表明,虽然消费者对新科技观赛表现得更为期待,但是受限于目前国内技术的发展和普及,360度全景观赛、AR/VR等全感官体验技术在国内的应用尚处于探索和完善阶段。

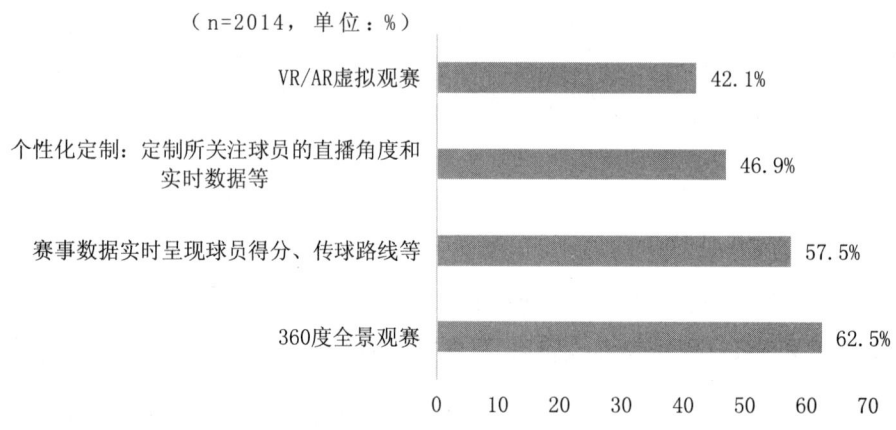

数据来源:艾瑞咨询《2016年中国互联网体育用户洞察报告》

图3-95　2016年用户期待体验的新媒体观赛技术

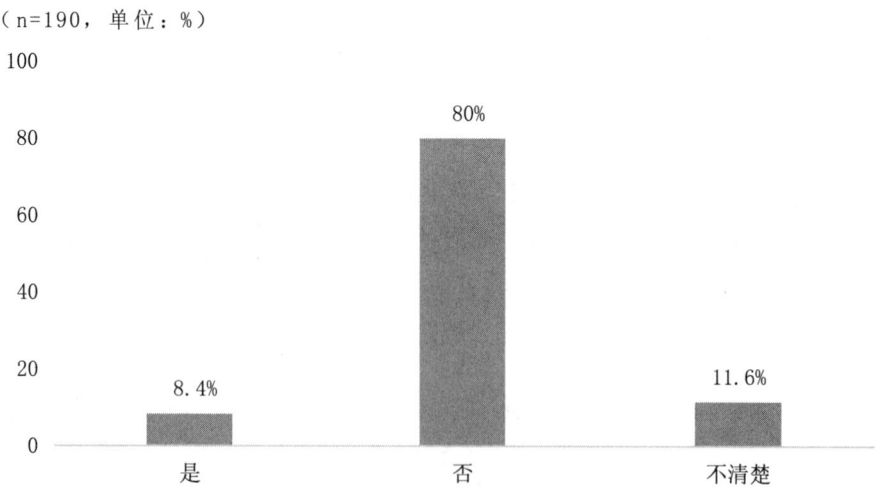

图3-96　2017年被访消费者是否使用新科技观赛情况

(三)内容的触达:基于媒体触达和体育偏好触达两大路径

消费者对体育内容的触达主要基于两大路径:第一,通过电视、互联网、报纸、广播、户外等大众媒体接触体育内容,往往具有被动性、大众性;第二,源于消费者自身的兴趣、习惯和价值观去接触体育内容,往往具有主动性、精准性。

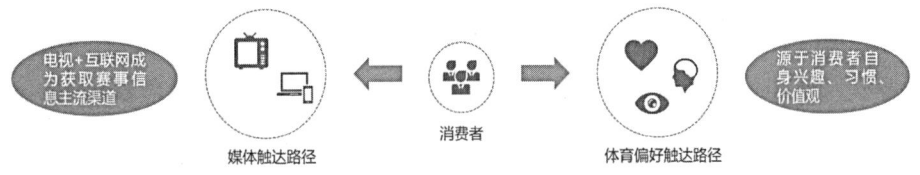

图 3-97 消费者两大内容触达路径

1. 媒体触达路径:电视 + 互联网成为获取赛事信息主流渠道

生态视域下的体育赞助价值评估课题组调研数据显示(图 3-98),2017 年被访消费者获取赛事信息的渠道分布情况中,电视端占比最高,达到 75.8%;移动端和传统互联网端分居二三位,分别占比 60% 和 52.6%;而占比最低的三种渠道均为传统媒体,分别是广播、杂志期刊和报纸。可见电视 + 互联网已经成为消费者获取赛事信息的两大主流渠道。

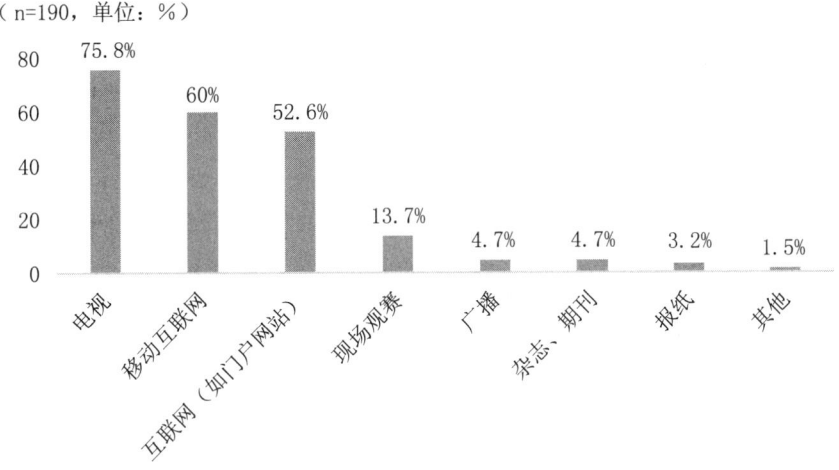

图 3-98 2018 被访消费者获取赛事信息的渠道

电视和互联网虽然都作为消费者赛事内容触达的主要渠道,但是发挥着不同的作用和功能。首先,年轻人更倾向于使用 PC 端和移动互联网,视频消费向移动端集中的趋势更加明显。相关数据显示,目前95%的视频用户会使用手机收看网络视频节目。[①] 其次,在碎片化的媒介环境中,用户注意力并不集中,跨屏行为成为用户在同一场景和时段中使用媒介的主要表现。德国统计公司 Statista 的研究表明,91%的年轻人会一边看电视,一边使用第二屏幕。[②] 同时,尼尔森发布的《2018 中国家庭大屏产业生态发展白皮书》指出,66.2%的受访者表示他们在使用 DTV 数字电视时曾产生跨屏行为,且大部分用户的跨屏行为与收看内容相关性强,例如搜索、关注、讨论、购买与内容有关的信息和产品。[③] 但移动端社交互动的特征,能与电视和 PC 端的特征优势互补,这无论对于体育赛事方还是广告主来说都是未来进行营销推广的有益启示。

2. 体育偏好触达路径:源于消费者自身兴趣、习惯、价值观

从另一个角度来看,目前媒介环境的复杂性和冗余性使消费者真正想要触达的信息被淹没,消费者往往通过搜索与自身兴趣爱好相关的体育内容,再根据自身的媒介接触习惯去选择相应的媒体来观看赛事或相关体育节目。体育明星效应就是这一现象的典型例子。如不少体育明星的粉丝最早被该运动员的风采吸引,进而关注该体育赛事及其运动项目,成为泛体育迷。又如麦当劳和新浪体育对"新浪3×3 黄金联赛"进行的营销推广活动,选择了二次元作为沟通点,推出根据赛场上真人真事改编的漫画《霸篮少年》,以吸引运动员的粉丝群体和众多二次元迷。新浪体育在篮球黄金联赛期间,还打造了一组"找回兄弟"的海报,用基于故事、情感的内容来联系潜在的体育用户,使其跟赛事产生关联,进而吸引更多的体育迷及潜在的受众群体观看或参与赛事。这给予当下内容平台和广告主更多的营销启示:即在体育赛事与消费者沟通路径的搭建上,可以基于消费者的生活方式、兴趣爱好、价值观等,能够较为有效和精准地触达目标消费群体。

---

① 郭鑫.〈2017 年中国网络视听发展研究报告〉发布:网络视频用户 5.65 亿占网民总数的 75% [EB/OL]. (2017 - 11 - 29)[2018 - 02 - 18]. www.nbd.com.cn/articles/2017 - 11 - 29/1166505.html.
② 面对电视转播的颓势,NBA 又要玩出新花样?[EB/OL]. (2017 - 01 - 11)[2018 - 02 - 18]. www.jiemian.com/article/1067353.html.
③ 祝媛莉. 2017 中国家庭大屏产业迭代[EB/OL]. (2017 - 10 - 19)[2018 - 02 - 18]. http://www.hq88.com/magazine/article/201711/264892.shtml.

某互联网媒体公司内容部高级经理在接受课题组采访时表示:"体育垂直类的项目和我们平台的品质是相契合的,因为我们的用户不是广泛的社会体育人群,而是相对高端的体育人群,所以体育赛事和内容的选择与媒体平台的整体品质是有非常大的关联的。"

(四)体育消费尚处发力期,未来消费态势可观

1.体育消费力积聚,但消费意识还未觉醒

中国经济发展的稳中向好,对体育经济的发展前景构成重要支撑。根据国际经验,当人均GDP接近8 000美元时,将会迎来消费结构升级。消费结构升级也将为体育产业的发展奠定需求基础。而随着体育供给侧结构性改革的深入进行以及"健康中国"战略的逐步实施,我国体育需求正加速从低水平、单一化向多层次、多元化扩展,体育消费方式也逐步从实物型消费向参与型和观赏型消费扩展。因此,尽管目前与欧美等发达国家相比,国内人均体育消费绝对值较低,人均体育消费习惯还未培养起来(图3-99),但是我国未来将有足够的支撑能力与提升空间,体育消费能力正逐步积聚,潜力巨大。

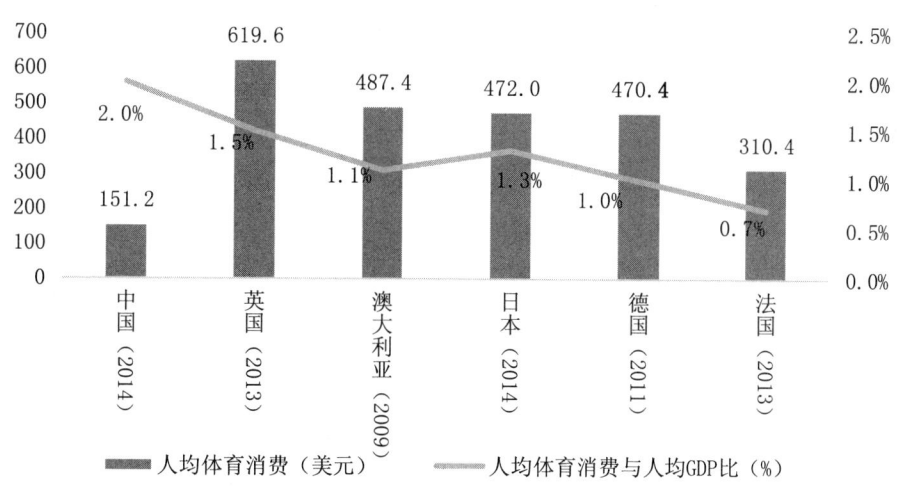

图3-99 中国与发达国家人均体育消费习惯对比

数据来源:36氪研究院2016年《体育分析行业研究报告》

相关数据显示,我国互联网体育用品消费额呈逐年上升的趋势,2016年达到近2 000亿元,增长率达100%,两年内消费额增长了一倍,且2016年较2014年人均消费增长43%。① 具体表现为:首先,年轻的新一代消费者将是体育消费的重要力量。据京东大数据平台预计,到2020年,"80后"和"90后"群体,将会占中国城市人口的30%,他们的事业家庭基本进入稳定阶段,实际财富支配能力更强,对锻炼身体和品质生活有迫切的需求。此外,如今的"80后"消费者,乐于保持并发展各类体育爱好,将成为未来体育消费的重要力量。② 其次,从地域来看,中西部新兴市场体育消费水平正在快速提高。以往体育消费的主力集中于东部沿海等经济发达的省份,而随着消费水平提高、电商渠道下沉、线上消费快速攀升,中西部市场线上体育用品消费迅速增加。以体育用品消费增长最快的贵州省为例,其社会零售品的消费增速不仅升至全国中上游,移动端的消费渗透率也是全国最高,这表明,渠道下沉给体育用户带来了更多元的购物选择使得线上消费快速增长。③

然而,尽管我国体育消费力正在不断积聚,但是国民体育消费意识却较为薄弱,体育消费结构有待优化。一方面,生态视域下的体育赞助价值评估课题组的调研数据显示(图3-100),2017年被访消费者每月赛事及周边消费金额主要集中在0—199元,消费力尚显不足、消费意识还未觉醒。虽然我国消费者的经济状况与过去相比已经发生了较大变化,人们的生活水平基本实现小康,但是经济收入的增加并不能直接带来体育消费市场的繁荣。长期以来,我国消费者已经适应了免费观赛、免费参与体育项目的习惯,并未培养起付费参与服务型体育项目的习惯。另一方面,我国体育消费结构的不合理也折射出消费者正确的体育消费观念尚未完全树立,体育消费主要集中在体育用品、器材和装备等方面。根据《经济学人》发布的《中国开赛——崛起中的中国体育健身产业》(图3-101),国内体育健身市场规模近1.5万亿元,其中体育用品、器材和装备的消费额占了近70%,运动健身场馆等服务性消费所占比重较小。

---

① 2017互联网体育消费报告[R/OL].(2017 - 09 - 07)[2018 - 02 - 19]. http://sports.sohu.com/20170908/n510496339.shtml.
② 2016中国体育消费生态报告[R/OL].(2016 - 08 - 03)[2018 - 02 - 19]. http://www.useit.com.cn/thread - 13121 - 1 - 1.html.
③ 国内体育消费未来的八大变化趋势[EB/OL].(2016 - 11 - 26)[2018 - 02 - 20]. http://www.sohu.com/a/119965875_499982.

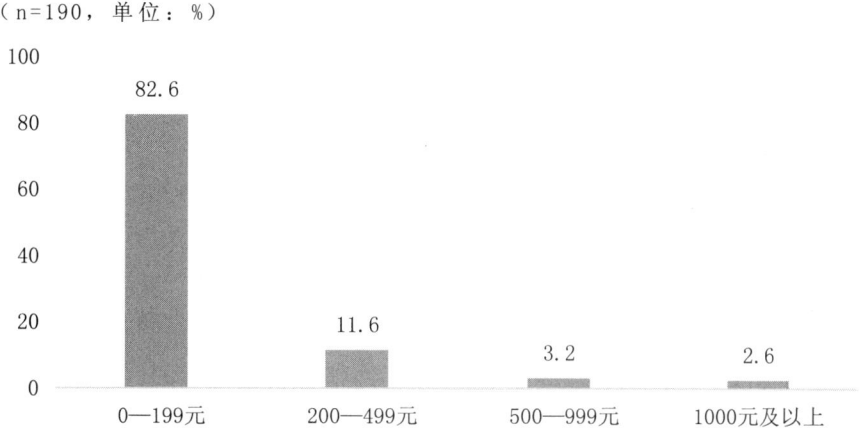

图 3-100　2017 年被访消费者每月赛事及周边消费金额分布情况

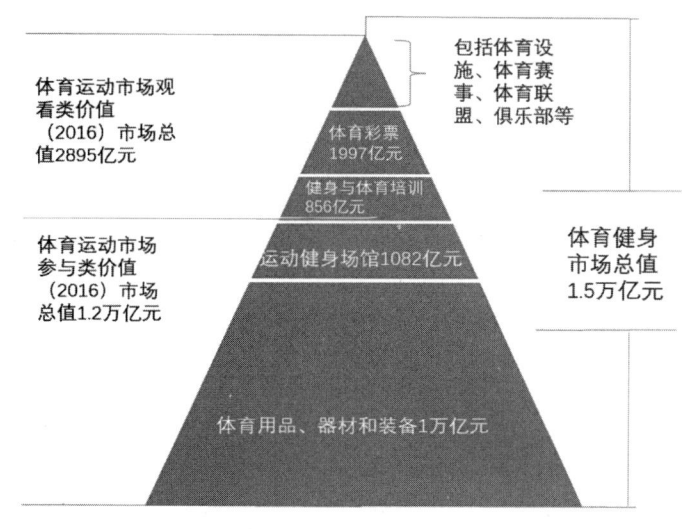

图 3-101　国内体育运动消费市场构成

数据来源:《经济学人》发布《中国开赛——崛起中的中国体育健身产业》

某资深体育媒体人在接受课题组访谈时表示:"我国群众对奥林匹克的热情是最高的,对体育运动的参与度是很高的,但是从体育消费来看,我国的体育消费还主要集中在体育用品、器材和装备上。"

2.未来消费态势可观:女性消费潜力显现,体育消费内容项目呈现多元化态势

近几年越来越多的中国女性加入体育消费的行列,女性体育消费潜力显现。

生态视域下的体育赞助价值评估课题组的调研数据显示(图3-102),2017年被访男性和女性消费者在未来个人体育消费趋势上与当前整体持平的比例较高。其中男性消费者的体育消费意愿更强,未来增加个人赛事消费的比例占50.7%,而女性消费潜力也在逐渐显现,未来增加个人赛事消费的比例占33.3%。未来减少个人赛事消费的女性较男性占比低,仅为4.3%。此外,英国《金融时报》旗下的独立研究机构"金融时报机密研究"(FT Confidential Research)的报告显示,中国女性在运动领域的参与度不断上升,2016年在中国完全不参加体育运动的女性比例为10.4%,较前一年下降了4.3%;2016年平均每位女性的运动装备花销达到1 141元,而男性消费者则是1 081元。①

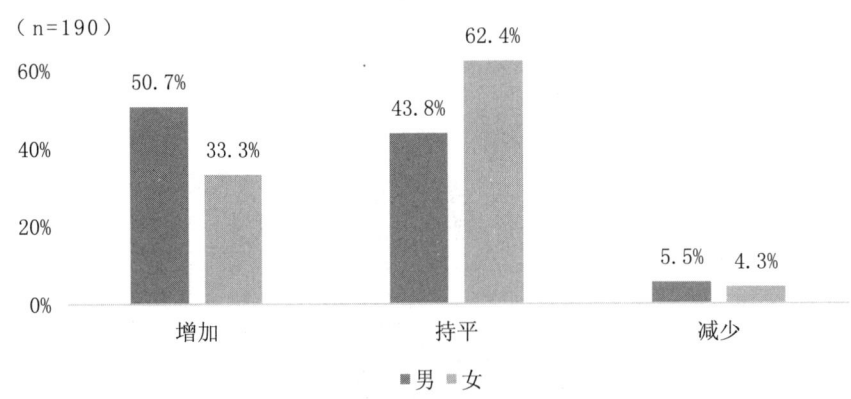

图3-102　2017年被访消费者男女性未来体育消费趋势

与此同时,体育用品女性细分市场呈现出较大的增长和发展潜力。一方面,近年来女性运动健身意识的不断觉醒;另一方面,随着篮球、足球等传统运动装备增长进入平缓期,男子运动市场经过长期的开发接近饱和。相对男子运动产品而言,女子运动服饰装备在款式和种类上的需求量反而更大;同时,一般女性对运动用品的材料、款式有独特的要求和审美。品牌的形象、产品设计、品质等因素都能成为影响购买的决定性因素,有很大一部分女性消费者希望运动用品既能拥有功能性,也能在设计和外观层面满足日常生活休闲穿着。德意志银行综合研究报告显示,瑜伽裤、速干服以及其他运动服饰逐渐成为消费者的新欢,特别是女性服装市场,

---

① 周理瑶.外资运动品牌抢滩中国女性市场,你更中意谁家的运动装备?[EB/OL].(2017-06-12)[2018-03-03].http://www.yxtvg.com/toutiao/5007162/20170608A09IAX00.html.

销售量越来越大。① 京东体育发布的《2017 互联网体育消费报告》显示,近三年互联网体育用户搜索与女性类品类关键词数量复合增长超过 3 倍,女性专用体育用品,如瑜伽服、舞蹈服、女士泳衣等增长较快。可以说,女性消费市场被看作是体育运动消费市场新的增长驱动力。例如安踏、特步等体育用品品牌的一系列新动作,正是出于对女性市场的重新考量与布局。2017 年 6 月 15 日,安踏正式宣布与张俪签约,推出全新女子广告主张"遇见未见的自己",从代言人到消费主张及后续的营销活动都聚焦新都市女性的生活。除了与张俪牵手合作,安踏还邀请旗下代言人张豆豆、蹦床女王何雯娜等人在相关健身社区上推出一系列女子健身视频,并联合优秀设计团队提升产品的时尚设计。② 除此之外,各大运动品牌也在积极举办女性体育健身活动,以吸引更多的女性进入体育运动消费市场。例如,在 2017 年三八国际妇女节期间,著名运动品牌阿迪达斯和国内知名跑步 App 悦跑圈联合推出了一项名为"由我创造"的挑战活动,短短 5 天时间线下女子体验课程报名人数近 3 000 人。而此次线下女子体验课程正是阿迪达斯联合上海、北京、广州、成都的专业健身工作室,打造的专属女性的创意运动体验活动。不难发现,此次阿迪达斯与悦跑圈的合作,两个品牌在理念层面上保持一致,通过触及女性运动市场联系在一起,本质上都是想要吸引更多女性消费者,扩大女性体育消费的市场。

体育消费态势的可观,除了体现在女性的消费潜力上,还体现在目前消费者进行体育消费项目的多元化分布上。生态视域下的体育赞助价值评估课题组的调研数据显示(图 3-103),从 2017 年被访消费者赛事消费项目分布情况来看,现场观赛门票占比最高,达到 26.3%;购买赛事/球队衍生产品购买的比重达到 22.6%;占比最低的是赛事/参赛队活动消费和粉丝/球迷组织费用,分别是 6.8% 和 4.7%;另有 14.2% 的消费者表示无赛事消费项目。总体来看,体育消费项目分布较广,呈现多元化的特点,未来尚有发展空间。此外,京东体育相关数据显示,在体育运动消费项目上,反映品质生活的垂钓、骑行等品类销量猛增,成为 2017 年互联网体

---

① 体育用品"她经济"正在崛起,你准备好了吗?[EB/OL].(2016-10-12)[2018-02-20].http://www.sohu.com/a/115699156_500724.
② 安踏、特步等瞄准"她经济"深挖女子运动消费市场[N/OL].泉州晚报,(2017-06-28)[2018-02-21].http://news.winshang.com/html/061/9266.html.

育消费项目中单价最高的品类,也表明消费者的需求和消费品类越来越细化和多样化。①

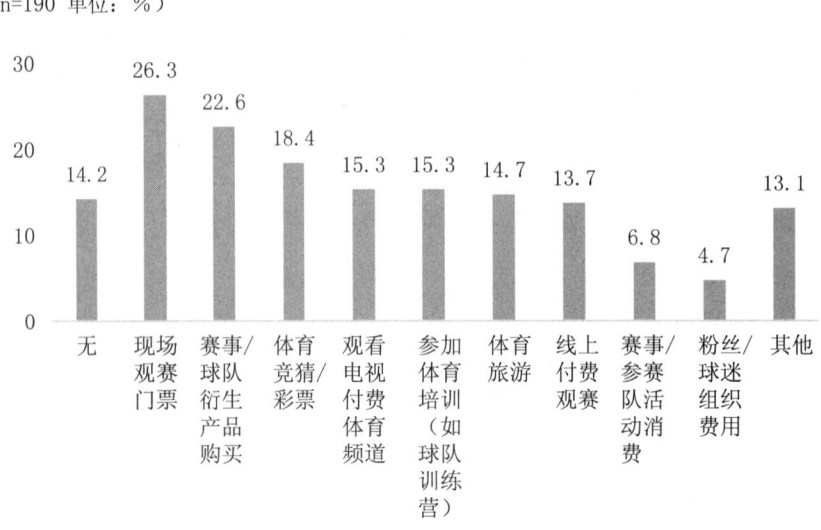

图 3-103　2017 年被访消费者赛事消费项目分布情况

(五)体育赞助效益仅停留在认知层面,未完全激发消费者行为

1.消费者对体育赞助正面认知效应凸显

对于消费者而言,体育赛事有一种与生俱来的积极、阳光、向上、健康的正面形象,并且容易与消费者的兴趣点和需求相吻合、相匹配。因此,企业通过体育赞助的方式进行营销活动往往不会给消费者施加硬性压力,受到消费者的抵触较少,容易赢得消费者的接受和好感。据生态视域下的体育赞助价值评估课题组的调研数据显示(图 3-104 和图 3-105),63.2%的被访消费者认同"进行体育赛事赞助的企业,相比同类企业而言,更能给我传递一种正面形象"这一观点,仅有 8.4%的消费者持否定态度,同时,有 43.7%的被访消费者表示其对进行体育赞助的品牌能留下更深的印象。这表明,体育赞助活动在消费者心中呈现出一种正面的认知形象。

---

① 2017 互联网体育消费报告[R/OL].(2017-09-15)[2018-02-21]. http://sports.sohu.com/20170908/n510496339.shtml.

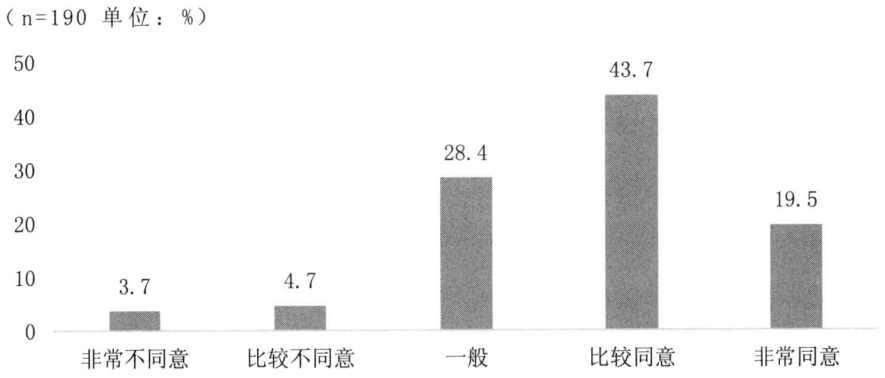

图 3-104 2017 年被访消费者对"进行体育赛事赞助的企业,相比同类企业而言,更能给我传递一种正面形象"观点的态度

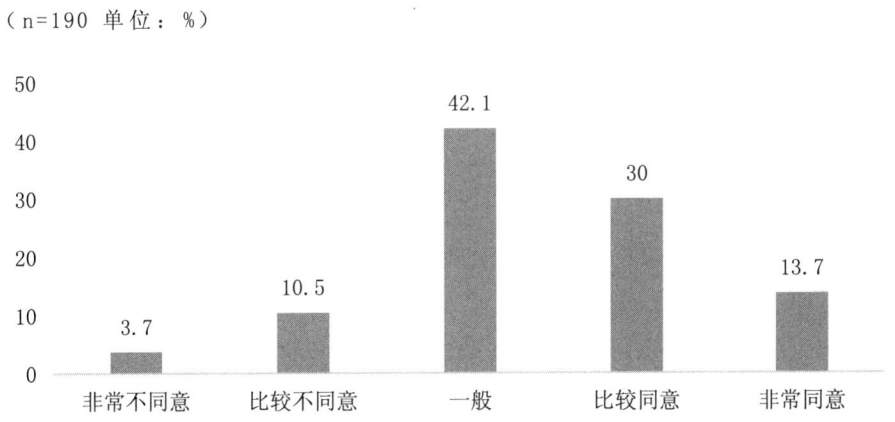

图 3-105 2017 年被访消费者对"相比在其他渠道或节目投放广告,进行体育赞助的品牌往往会给我留下更深的印象"观点的态度

2. 体育赞助效益还需进一步转化

虽然企业进行体育赞助会留给消费者一种正面积极和较为深刻的品牌印象,但是赞助并未完全激发消费者的消费行为。生态视域下的体育赞助价值评估课题组的调研数据显示(图 3-106),2017 年的被访消费者中,仅有 33.7% 的消费者表示会购买赞助商的产品,13.7% 的消费者表示不会购买赞助商的产品,另有 52.6% 的消费者对购买赞助商的产品持无所谓的态度。可以看出,体育赞助在促进消费者对品牌形象的正面认知后并没有完全实现广告主产品的销售转化,即体育赛事的正能量属性虽然使体育赞助营销有利于广告主塑造品牌形象,增加品牌美誉度,但

是广告主体育赞助效益仅停留在认知层面,还需要进一步转化,广告主需要和消费者有更深层次的互动。

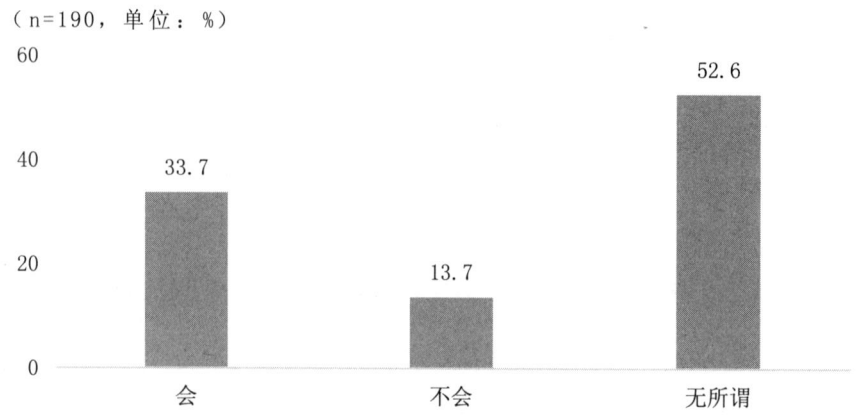

图 3-106　2017 年被访消费者是否会购买赞助商产品

广告主想要获得最大限度的赞助权益转化,通常意味着要付出三倍的赞助费来做后续的赞助激活。同时,企业应当意识到体育赞助并非局限于品牌与产品的赛场曝光,它更依赖一套从赛前到赛后全方位的营销规划,才能将体育赞助的正面效应映射到品牌和产品的销售上。然而,很多企业在赞助后期的综合开发上没有足够的投入,缺乏后期跟进,以及与消费者的互动和深度沟通,导致赞助权益没有被真正激活,最终造成了资源浪费和投入产出比低。企业要想取得好的营销效果,就要学会全方位地使用并整合自身拥有的各项权益,例如对广告位的使用、对票务资源的掌握、对赛场内外资源的应用以及对周边赛事的开发和参与等。很多企业的体育赞助营销之所以失败,最关键的一个误区就是没有激活整个赞助营销链,产品、体育项目没有和消费者建立起联系。例如,面对马拉松这类参与型的体育运动和赛事的崛起,企业进行体育营销则要学会如何在各个接触点与目标消费者进行深度的互动。农夫山泉与"奔跑中国"系列赛达成战略合作,在全国不同的城市,为参赛选手和其他参与者提供饮用水服务。在供应饮用水这一赞助权益上,就可以开发多个营销接触点:如在杭州马拉松赛上,农夫山泉在沿途共设立 15 个饮用水补给站,志愿者会将瓶中的一部分水倒入纸杯中,让选手们在及时补充水分的同时,又不影响奔跑速度;在终点站,农夫山泉还向选手供应加热过的"东方树叶"这一产品,减少可能因短时大量饮用冷水而对选手身体造成的伤害。不难看出,农夫山泉以品牌标志曝光、设置饮用水补给站和在全程各个站点提供细致的志愿者服务等方式,不仅让现场的选手和其他参与者直接受益,使之形成品牌好感甚至产品依赖,还通过电视媒体和数字媒体的报道,向更多潜在消费者宣传科学饮水的理念,使之对农夫山泉产生积极、健康的品牌印象。[①]

[①] 与"奔跑中国"合作的农夫山泉,是如何做马拉松赛事激活的[EB/OL].(2018-01-08)[2018-02-21]. http://www.ytsports.cn/news-15932.html.

第四版块　体育赞助市场之势

一、体育赞助市场的供给侧改革聚焦"扩""融""补"

习近平总书记在党的十九大报告中指出,广泛开展全民健身活动,加快推进体育强国建设,筹办好北京冬奥会、冬残奥会。对于中国体育市场来说,这是最好的发展时代:这里有最强劲的发展动力,有最宽广的发展平台,体育界和相关各界需要做的就是抢抓机遇、趁势而上、奋发有为,开拓属于中国体育市场的全新篇章。

我国社会主要矛盾已经转化为人民日益增长的美好生活需要和不平衡、不充分的发展之间的矛盾。目前,体育赞助市场也存在体育赞助资源发展不足、不能满足日益多元化的体育赞助需求的情况。因此,未来我国体育赞助市场将着力进行供给侧改革。

体育赞助市场的供给侧改革,就是针对中国体育赞助市场的发展现状,以体育赞助价值供给端为基础,以推动机制创新为切入点,以结构生态链条优化为重点,集中全力从供给端入手,推动中国体育产业的新一轮改革。未来,我国体育赞助市场的供给侧改革可向三个方向发展:第一,"扩"——深刻把握体育赞助市场新矛盾,提高体育赞助资源供给能力;第二,"融"——跨界融合延伸体育产业链条,激发体育赞助市场创新与活力;第三,"补"——弥补赛事赞助营销策划和服务短板,激活赛事赞助资源价值。

(一)扩——深刻把握体育赞助市场新矛盾,提高体育赞助资源供给能力

目前,我国体育赞助市场的供给不足主要体现在两个方面:一是体育赞助资源的数量激增但优质资源仍较为稀缺,二是体育赞助资源的赞助价值未能充分开发,由此导致体育赞助资源供给与广告主赞助需求不匹配及匹配不精准等问题。

综上,应主要从以下两点进行体育赞助资源供给能力的改革。

第一,通过引进或发展高水平体育赛事提升体育赞助资源质量。例如,引进国际高水平体育赛事,积极鼓励和引导创办本土自主开发的高水平体育品牌赛事。近年来,苏宁体育、万达体育、腾讯体育、阿里体育等中国企业积极引进英超、FIBA、NFL等国际赛事。与此同时,未来将有越来越多的国内优质赛事成长。

某田协工作人员在接受课题组访谈时表示:"2017年北马的完赛率已经超过95%,这是非常好的数字,表明参赛人员的水平在提高。从竞赛组织来讲,田协一直坚持对赛事运营公司做竞赛组织管理培训,办赛主体通过培训熟悉竞赛理念、组织标准和管理办法。办赛的人和参赛的人如果都提高的话,那我们可以说办赛水平也在提高。"

国内的顶级赛事也在积极推进海外发展之路。例如2016年6月,四达时代集团与中超战略合作伙伴IMG、中超联赛版权持有者"体奥动力"就中超落地非洲签署合作备忘录,四达时代集团将拥有中超联赛在撒哈拉沙漠以南的非洲两年(2016—2017年)的全媒体权利,通过自办赛事频道将中国顶级足球联赛展现在非洲观众眼前。[①]

第二,开发体育资源的多层次供给能力,形成不同类型、不同地域特色的发展格局,满足市场多元赞助需求。其一,破除地理壁垒,释放爱好者所积聚的体育赛事爆发力。如利用技术将冰雪体育赛事"南移",上海先后举办了短道速滑世界杯、花样滑冰世锦赛等国际顶级赛事。其二,发挥长尾效应,不同地域特色的赛事满足爱好者们不同的需求。近年来马拉松发展火热且形式多样,从城市到乡村再到沙漠、戈壁、极寒地等特殊地域,不断更新与开发赛事举办地。如在呼伦贝尔根

---

① 产业日趋成熟的标志——赛事版权引进来还要输出去[EB/OL]. (2016-12-15)[2018-02-11]. www.sohu.com/a/121634588_501205.

河市的 -40℃ 极寒地区举办的 2017 中国冷极冰雪马拉松,中国最北的 2017 漠河北极冰雪马拉松,位于铁木真草原的轻越野型 2017 国际草原马拉松极限挑战赛,全球唯一的海上大桥马拉松——2017 青岛海上国际马拉松等,结合赛事举办地的人文、自然景观等特色,因地制宜发展多样化赛事,丰富赛事产品供给。

其三,促进电竞、搏击等新兴体育赛事的多元化发展。数据显示,2017 年我国电子竞技市场规模达到 908 亿元人民币(环比增长 73.3%),其中移动电竞市场规模占比为 53.7%,预计 2019 年我国电子竞技市场规模将达到 1 300 亿;2017 年我国电子竞技用户达到 3.5 亿人(环比增长 40%),预计 2019 年将达到 4.3 亿人。① 搏击类赛事则在 2017 年下半年迎来一个小高潮——时隔 4 年后重回东亚市场的自由搏击赛事 GLORY 荣耀格斗、首次在中国举办赛事的 UFC、综合格斗赛事 ONE 冠军赛等,都通过落地赛事迫切想要从中国市场分一杯羹。

(二)融——跨界融合延伸体育产业链条,激发体育赞助市场创新与活力

体育作为一种健康的生活方式和理念,具有公共性和公益性,这一特点使得体育赞助产业需与其他产业融合才能迸发商业价值。体育能满足社会群体从生存到自我实现的跨层级需要,具有开放、融合的特点。体育产业供给侧改革一方面可以挖掘体育赞助资源自身的潜力,不断提升赛事供给能力;另一方面也可借助与其他产业的融合,实现"1+1>2"的效应,提高体育赞助资源的供给效率,激发体育赞助市场的活力。

一是跨要素的融合,即通过在体育赛事中融入娱乐、文化、科技等元素,挖掘体育赛事的商业赞助价值。体育与文化密不可分,不同文化之间的相互融合将促进体育赛事的多元化呈现,有助于激发赛事的商业赞助潜力。例如,2017 厦门集美半程马拉松以"二次元"为主题,将赛道、补给站、医疗站、提示牌等布置成动漫风格,沿途加入 cosplay 表演;再如,2017 超级企鹅篮球名人赛在营销上融入娱乐和社交元素,引入类似 NBA 赛场的互动环节,集合顶尖篮球明星和娱乐明星,满足多种类、多层级的品牌营销需求。清扬作为此次赛事首席冠名赞助商得到全方位的品

---

① 2017 年中国移动电竞赛事商业价值评估分析[EB/OL].(2018-02-11)[2018-02-11]. https://baijiahao.baidu.com/s? id =1583460216159618565&wfr = spider&for = pc.

牌呈现,蒙牛"优益C"则与吴亦凡联手推出"吴亦凡视角"实现用户互动,洋河"梦之蓝"通过独家冠名此次比赛的明星及贵宾的高端酒会进行圈层传播。① 我们也需意识到,"体育+娱乐"的结合一旦脱离体育运动的本质属性则可能有被异化的风险。尽管体育与娱乐彼此交融,但体育的竞技属性是其迸发商业价值的动力与源泉。林丹曾在采访中说过,他的商业价值来源于竞技场上的成功。

某冰雪类杂志主编在接受课题组访谈时表达了竞技体育成绩对体育产业产生重要影响的观点。他认为,一项体育运动的发展在一定程度上是由竞技成绩拉动的,例如李娜在国际网球赛场上的优异表现激发了国人对网球运动的关注。冬季运动项目也是一样,如果竞技体育的成绩很差,公众的关注度很低,媒体自然也就不关注了。

二是跨行业的融合,体育的产业价值也往往取决于产业链的延伸。也就是说,体育产业链的触角延伸的领域越广、越细分,体育产业所能获得的商业价值就越多。比如体育产业内部可延伸到职业联赛、赛事门票、明星经纪、俱乐部经营等多元细分领域;体育产业外部可进一步延伸到旅游、会展、影视、教育等诸多领域。例如,借助武夷山得天独厚的生态优势,打造并举办了诸多高水平体育赛事——如现已常态化的武夷山国际马拉松赛、武夷山公路轮滑马拉松公开赛、武夷山国际骑游大会、武夷山国际越野赛四个国际大赛。优质的体育赛事品牌也帮助武夷山吸引了越来越多的海内外体育爱好者和游客。2017双世遗武夷山国际马拉松赛开赛前,武夷山主景区的门票销售量较前一年同期增长了50%。②

(三)补——弥补赛事赞助营销策划和服务短板,激活赛事赞助资源价值

当前我国体育资源多,但商业化程度低,一些依靠地方政府培养的专业赛事或企业自办赛事尤其面临前期的招商难、体育赞助资源价值开发和优化能力弱等问题。如2017年12月24日,因为汇森放弃了对天津队的投资赞助,天津女足因资金问题正式退出职业联赛。尽管天津汇森女足在国内比赛中获得过8个冠军、13

---

① 2017超级企鹅篮球名人赛:营销竞技freestyle,揭秘全场MVP[EB/OL].(2017-09-15)[2018-02-11]. http://sports.tom.com/2017-09-15/0RO1/30818873.html.
② 闫旭,林玲.品牌赛事带动福建武夷山"体育+旅游"融合发展[EB/OL].(2017-10-21)[2018-02-11]. www.chinanews.com/ty/2017/10-21/8357661.shtml.

个亚军和9个季军,还获得了2017年全运会女足成年组亚军,但是如此"劲旅"却也难逃退赛厄运。由此可见体育赛事与赞助商在一定程度上具有"共生"关系,体育赛事的赞助价值开发对其生存发展而言至关重要。体育赞助市场供给侧改革的"补"主要围绕以下两方面进行。

一方面是补足赛事运营方的专业能力短板。例如,某地方政府主办的自行车赛事自首届就踏上了商业运作的征程,但两届赛事过后,赞助企业退出,赛事的举办一度陷入困境,中间几届赛事只好由政府投入一半以上。由此,组委会根据省委、省政府的要求,提出了"政府引导,企业参与,市场化运作"的赛事运营理念。虽然赛事取得了较好的成绩,但是由于当地政府对赛事运营的经验不足,相关职能部门与承运企业磨合不好,省内外企业赞助的力度和积极性时高时低,市场运作没有形成稳定的模式,营销效率不高,导致至今尚未实现赛事与赞助企业二者之间的良性互动。

另一方面是补足赛事传播能力,打造品牌赛事。品牌是赛事重要的无形资产,赛事品牌的打造离不开赛事传播。所谓"好酒也怕巷子深",例如2010年北京市体育局为推广冰雪运动引入了"沸雪"品牌赛事,但前几年的赛事,在新闻宣传、扩大影响力方面做得不够,同时受到国内冰雪运动文化基底薄弱的影响,"沸雪"的表现不尽如人意。2017年"沸雪"升级为国际雪联单板滑雪大跳台世界杯,主办方对相关的媒体宣传工作也全面提升了要求与标准,专门组建媒体服务团队,为记者提供翔实、全面的新闻素材,加大对"沸雪"赛事以及冰雪运动的宣传;为使赛事得到持续的曝光,同时也帮助赞助商激活权益,赛事运营方联合赞助商开展了不少配套的宣传推广活动。2017年11月11日,"沸雪"赛事组委会联合冠名赞助商英菲尼迪等合作企业在三里屯SOHO举办"沸雪公园"活动,活动现场为冠名赞助商英菲尼迪设置专属展区;在比赛当天以XS运动营养饮料冠名的"XS Freestyle时刻"在决赛中分别评选出男女运动员的"最佳动作奖",这一官方奖项的诞生就来自于"雪迷"们的实时线上投票,让观众感受到融入赛事的乐趣。①

---

① 杨昕雨. 沸雪来京8年,全世界最酷的赛事在打什么牌?[EB/OL].(2017-11-26)[2018-02-11]. http://sports.qq.com/a/20171126/009714.htm.

二、互联网颠覆传统体育赞助生态：赞助价值流动的去中介化

最初观众只能在现场观看体育赛事，随着卫星技术的发展，电视成为连接赛事与广大观众的重要传播媒介，这也为体育赛事的商业化开发提供了机会。在"体育—电视"这个产业链中，电视转播权的开发扮演了"上帝之手"的角色，它的介入使电视媒介和体育赛事与项目的发展都得到了有力的推动。[①] 然而这一"上帝之手"也带来了弊端：由于排期限制，只有少数头部赛事能得到电视媒体的青睐，隐藏在冰山之下的大量赛事由于缺乏电视媒体的传播而未能有效开发其赞助价值。

互联网，尤其是移动互联网的发展大大提升了信息传播的速度和效率，也为体育赞助生态提供了全新的信息传播方式。互联网的发展为传统体育赞助生态带来的改变主要是以下两点。

一是赛事与受众交流互动的去中介化。随着移动互联网的发展，以直播平台为代表的新媒体平台的发展使得赛事的播出平台更加多元化。直播平台为众多赛事带来市场机遇，许多赛事可以不依靠电视媒体而直接传达给受众，极大地提升了赛事的赞助价值。例如，受众可通过直播平台观看拳击、武术等细分赛事。另外，移动互联网增加了互动的机会，诸如短视频、搞笑视频或游戏等媒体形式和内容形式，进一步拉近了赛事与受众的距离，满足了他们多元化的需求，扩大了赛事传播的范围及影响力，如中华龙舟大赛的赛事运营方推出了手游《龙腾四海》，赢得了良好的口碑。

二是赛事与广告主赞助价值流通的去中介化。在传统的赞助体系中，由于信息传播受限，广告主与赛事处于信息割裂状态，各方均面临赞助需求不匹配的问题。在互联网技术发展下的体育资源数字化为体育赞助营销带来了机遇，未来将诞生更多的体育资源数字化的赛事运营公司。

---

① 纪宁，巫宁.体育赛事的经营与管理[M].北京：电子工业出版社，2004：252.

三、体育赞助市场从无序到有序的规范化发展

"无以规矩,不成方圆。"体育赛事赞助价值的提升需要各方的协调与配合。目前体育赞助市场上的体育赞助资源因缺乏赛事运营和赛事执行标准,以及媒体直播、转播标准,整体呈现为无序状态。这一情况直接影响体育赞助价值在赞助产业链中的顺畅流通。

(一) 赛事运营和赛事执行的标准化

政府在体育赛事市场化运营的前提下,扮演着两个重要的角色。第一个角色是引导制定赛事运营和执行标准的角色,推进体育赛事尤其是业余赛事执行体系的规范化和集约化发展,而业余赛事执行体系的标准化将大大提升行业的规范性。如2018年1月,国家体育总局联合发改委、科技部、工信部、公安部、财政部、自然资源部等多个国家部委发布了《马拉松运动产业发展规划》,针对"无序野蛮"发展的马拉松产业存在的问题,对马拉松产业从发展路径、增量设计、发展目标等方面进行规范和指导,并通过在赛事组织、选手服务、安全保障、环境保护、信息发布、赛事补给等方面形成较为完备的标准规范,在赛事评价、跑团认证、跑者积分等方面建立较为完善的规则体系来促进马拉松运动产业的健康长远发展。[①]

政府扮演的第二个角色是要推进体育赛事赞助权益的规范化,为赞助商的赞助权益提供保障和支持。2017年4月中国城市足球联赛陷入违约风波,因运营公司用章管理制度不够严密,使得原本300万的赞助却在200万的合同上落了章,公司与赞助商仅达成口头上的资金赞助协议,没有录音,法律效力有限。[②] 这一风波为业余足球联赛的运营者敲响了警钟,业余联赛的商业化之路必然与规范的赞助管理息息相关。

[①] 水涛.〈马拉松运动产业发展规划〉促产业规范化、体系化、特色化[EB/OL]. (2018-01-14)[2018-03-05], http://sports.xinhuanet.com/c/2018-01/14/c_1122255599.htm.
[②] 陷入违约风波的中国城市足球联赛,给业余赛事运营者提了个醒[EB/OL]. (2017-04-09)[2018-03-07]. http://sports.huanqiu.com/gdsports/2017-04/10447496.html.

表 4-1 中国田径协会马拉松及相关运动等级赛事评定标准

项目	赛事标准
温度	一般比赛适宜温度在 5℃—15℃ 之间,如当天比赛气温低于 5℃ 或高于 26℃,必须采取必要的防寒保温或防暑降温措施。
路线	赛道设计非常具有本地特色,起点和终点交通便利;赛道宽度在 9 米以上,最窄部分不低于 6 米,在全程马拉松比赛中最窄赛道不得超过 5 公里;没有出现未经中国田协批准擅自更改路线的情况。
计时服务	尽可能采取"净计时";从起点到比赛终点,金牌赛事 A 类应每 5 公里设置一个感应计时点,银牌、铜牌赛事应不少于每 10 公里设置一个感应计时点;芯片计时成绩在比赛中丢失率不超过 1‰。
起终点规划	起点各功能区域设置合理、流线顺畅、标识清晰,厕所按照参赛人数 50∶1 的比例配置蹲位,终点区域流线顺畅,完赛物品发放便捷、有序。
视觉形象	中国田径协会和中国马拉松赛事联盟标识以及赛事自身标识在主背景板、颁奖台背景板等处得到充分展示;沿途各功能点指示牌、引导牌高度适宜、清晰可见,符合赛事要求。
观众	起终点和赛道沿线观众达 5 万人以上。
选手服务	从报名开始直至赛事结束后 1 周配有专门的咨询电话和电子邮件;起终点及赛道沿途补给种类以及数量充足,每个饮水/用水站为每名运动员提供大约 250—330 毫升的水。在每个饮水/用水站为每位参赛者提供大约 250—330 毫升的饮料,并配备有食品等补给站。
医疗救援	有针对性的医疗救援体系,设施及药品配备充足,便携式移动 AED 不得少于每 1.5 公里 1 台,保证比赛全程 AED 覆盖。如果组委能够合理充分地利用 AED 设备,则可适当减少 AED 数量。未出现因组委会管理不当、急救不及时而造成的人员伤亡情况。
社会效益	赛事组委会组织了有一定社会影响力的社会公益活动。
宣传	通过市级以上电视台、网络电视、微博、微信等新媒体现场直播(或录播)赛事;赛事建立了官方网站,积极使用网络、新媒体手段进行推广和宣传,并建立起完整的宣传管理体系和舆论引导体系。
市场开发	形成了完整的市场开发体系,赛事开发良好。
申报材料	申报、总结材料效果良好、逻辑清晰,内容完整。

其他因违反规定取消评定资格或降级的内容:
1. 未按规定时限上传成绩。
2. 赛事中出现严重违反《中国田径协会马拉松经纪人管理办法》等相关规定的情况。
3. 赛事陈述效果(态度及内容)。
4. 拖欠奖金。
5. 出现兴奋剂阳性问题。
6. 赛事出现重大医疗急救问题。
7. 私自申报加入国际组织的行为。
因赛事组织不当发生违规事件视造成社会负面影响程度,取消评定资格或降级。

数据来源:中国田径协会官网

(二)媒体直播转播的标准化

媒体对体育赛事传播价值的重要性不言而喻,但就目前中国体育赛事市场而言,首先应予以重视的是如何统一和规范国内大量专业赛事和业余赛事的直播、转播标准。据艾瑞咨询数据显示,2016年用户选择体育平台时的主要关注因素中,选择观看体验占比最多,达到60.8%。① 目前,国内体育媒体的直播、转播技术参差不齐,不同媒体之间的直播、转播标准也不尽相同。相对而言,电视媒体在体育赛事的直播、转播方面仍具有较高水平和标准,互联网平台在直播、转播的画质、信号以及后期剪辑制作等方面则有待加强。体育媒体对"中超"、CBA、"中网"等较为成熟的赛事已经形成较为完善的直播、转播标准,但大量业余赛事仍呈现直播、转播的无序状态。

某互联网媒体内容部高级经理在接受课题组访谈时表示:"赛事的直播、转播需要做成一个产品,这种转播产品说明书、技术说明书可以改善中国目前无序的、混乱的转播情况。"

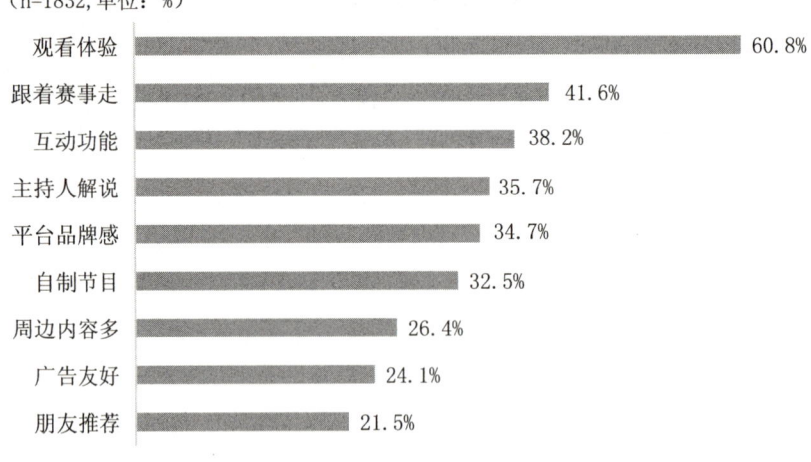

图4-1 2016年用户选择平台时的主要关注因素

数据来源:艾瑞咨询《2016年中国互联网体育用户洞察报告》

---

① 2016年中国互联网体育用户洞察报告[R/OL].(2016-06-08)[2018-03-07]. http://www.199it.com/archives/482442.html.

四、2018年本土品牌迎来体育赞助营销机遇

2018年是体育大年,平昌冬奥会、俄罗斯世界杯、印尼雅加达亚运会已经成功举办。2020东京奥运会、2022北京冬奥会和2022年卡塔尔世界杯,更是让未来4年内的多个体育盛会进入"东亚时间"。消费者对体育内容的关注度提升,广告主进入体育营销红利期。在这一背景下,本土广告主的体育赞助营销布局正悄然进行。

改革开放后,中国本土企业的品牌升级、国际化市场的拓展为体育营销带来了历史机遇。中国本土企业经历改革开放以来40年的品牌建设管理,在产品创新、技术积累、管理经验上都积聚了一定实力,品牌升级和品牌走出去成为其突出诉求。与欧洲足联合作推出2016欧洲杯官网的盛开体育副总裁丁明昊曾表示:"体育营销是中国品牌国际化的捷径,是最'润物细无声'的方式。"[①]

近年来,中国本土品牌以国际顶级赛事赞助商的身份频频亮相,体育营销正成为本土品牌升级品牌形象、拓展国际化市场的有利切口。例如,中国本土手机通信商中,中兴实行"全球本土化"体育营销战略,在北美市场与NBA合作,在加拿大赞助传统体育项目曲棍球,在日本赞助棒球,在埃塞俄比亚赞助长跑运动等,形成全球化与本地化并行的体育营销战略。华为在2013年推出"敏捷场馆"解决方案,体育营销从"冠名赞助"拓展到场馆网络设备供应;华为作为2018平昌冬奥会网络设备官方供应商,奥运会这一平台成为华为在韩业务的强势背书和推广平台。[②] 本土手机品牌OPPO和vivo在国内市场趋于饱和的背景下将传播资源向体育赞助倾斜。在国际顶级赛事上,vivo成为2018—2022年"世界杯"官方赞助商,在区域市场上二者争夺印度板球超级联赛赞助权益。"一方面,这些手机厂商都在寻找中高端的转型,需要做出突破价格的尝试,要想做到这一点只靠娱乐营销显然是不够的;另一方面,国内手机厂商国际化,进入其他市场由于文化的差异,需要奥运会、

---

① 中国手机品牌如何通过体育营销撬开国际大门[EB/OL]. (2017 – 06 – 20) [2018 – 03 – 18]. http://mp.weixin.qq.com/s/KsTcEB0qI8KCHH2Ga9 – hMg.
② 余伟. 世界杯、冬奥,不容有失的体育大年,各大品牌已打响2018营销大战|2017体育产业七日谈[EB/OL]. (2017 – 12 – 10) [2018 – 03 – 18]. http://www.lanxiongsports.com/? c = posts&a = view&id = 8588.

世界杯这样的赛事来打造品牌。"①

体育赞助营销正处于体育赞助产业爆发的历史机遇期。米那格汉(Meenaghan)将体育赞助营销定义为"商业企业以资金或实物方式向某种活动或个人提供支持,以达到其商业目标的行为"②。体育赞助营销从本质上是以体育活动的赞助权益为载体来推广产品或品牌的一种营销传播手段,其生存依靠的是体育赞助产业链条的发展。我国自1992年明确提出发展体育产业,从1995年国家体育总局出台《1995—2010年体育产业发展纲要》至2016年发布《体育发展"十三五"规划》,我国体育产业走过20多年的发展历程。在这一过程中体育产业得到初步发展,体育赞助产业链条初步构建,直接促进了中国体育赛事市场的蓬勃发展、体育赛事版权市场的升温、专业化赛事运营公司的成长、广告主体育赞助需求的旺盛,以及体育媒体竞争的活化。此外,自2018年起,国际重大体育赛事如平昌冬奥会、俄罗斯世界杯、印尼雅加达亚运会、东京奥运会、北京冬奥会等集中在亚洲地区,体育赞助营销在诸多优质资源的晕轮效应下,将助力中国品牌迎来良好的历史发展机遇。

五、规范与突破:旧秩序影响力仍在,新规则与话语体系在博弈中逐渐成形

体育市场话语权从以往的政府主导,逐步演变至多元参与者共竞,新的规则与话语体系正在博弈中逐渐成形。旧的话语体系主要表现为政府主导体育产业的资源配置,国家体育总局和中央广播电视总台掌握大部分的优质赛事所有权和直播、转播权。但可以看到的是,近年来多方参与者竞相"发声",体育赞助市场迸发生机与活力,表现出以下特点:

一是体育市场多方参与者的介入激发赛事市场活力,推进职业赛事市场化进程。以腾讯体育、阿里体育为代表的互联网公司正将互联网逻辑融入传统体育赛事的运营推广中。2017年8月6日,中国排协正式宣布腾讯体育成为"中国女排战略合作伙伴",腾讯旗下的全资子公司赢德体育发展有限公司将获得中国女排独

---

① 赵子明.增势放缓 vivo 巨资押注体育营销能出位吗[EB/OL].(2017-06-07)[2018-03-18].http://www.sohu.com/a/146873790_134438.
② MEENAGHAN T,Commercial sponsorship[J]. Euro pean Journal of Marketing,1983,17(7):18.

家商务运营权,腾讯体育也正在为中国女排探索一套经纪营销业务的特色模式。①

二是国际赛事运营公司与国内本土赛事运营公司同台竞技,在未来十余年国际顶级赛事集中的"东亚时间"内开展竞争与合作。而对从顶尖国际超级联赛到国内本土参与型赛事的多元化赛事赞助资源,从叱咤全球的国际品牌巨头到本土区域性品牌的多元化赞助需求,从国际专业化、职业化的体育赞助营销方法到本土化落地执行,未来赛事运营市场在这一历史机遇下孕育着无限潜能。

三是体育产业风口之下的体育媒体产业格局将重组。未来体育媒体的身份将从赛事的"传播者"向"参与者"过渡;体育媒体跳出"传播者"思维定式,借助内容版权向产业链上下游延伸。未来中国是否有可能诞生类似 ESPN 的全球体育媒体巨头,这一点值得期待。

总之,体育赞助市场尚未定型,新规则的制定仍有变数,体育赞助产业链条上的多方参与者需细细考量旧秩序的影响,同时把握建立新规则的机会。

---

① 王帅.腾讯体育获中国女排独家商务运营权,将展开深度合作市场化包装女排[EB/OL].(2017 - 08 - 06)[2018 - 03 - 16]. http://www.lanxiongsports.com/? c = posts&a = view&id = 7152.

下编 | SHIJIAN ANLI
实践案例

一、欢乐跑·中国10公里锦标赛

（一）赛事概况

欢乐跑·中国10公里锦标赛是由国际专业体育营销公司瑞士盈方体育传媒集团（以下简称盈方）发起的群众性跑步运动。盈方的业务遍布体育市场的各个方面，包括赛事运营、媒体版权销售、电视信号制作、数字媒体与娱乐节目内容制作、品牌推广以及赞助业务等。盈方在中国大陆地区的赛事运营主要有两个业务板块：一个是篮球比赛，例如CBA、男篮世界杯、男篮世界杯预选赛等；另一个便是时尚跑步与耐力项目，主要包括重庆国际半程马拉松、世界铁人三项（WTC）、"亚洲马拉松大满贯"等，其中欢乐跑·中国10公里锦标赛便是在"时尚跑步与耐力项目"这一业务下与中国田协共同主办的专业10公里路跑赛事。

欢乐跑·中国10公里锦标赛最初分为10公里和3公里两个项目。2014年，欢乐跑·中国在北京、上海、常州、深圳和惠州5站成功举办，2015年增至10站。随后，欢乐跑·中国在全国范围内逐渐扩展，并最终成为中国最有影响力的10公里跑步活动。2016年，欢乐跑·中国升级为中国10公里锦标赛赛事。2017年，该赛事在北京、上海、深圳、成都、苏州和广州6大城市举行。目前该赛事是国内唯一10公里金牌赛事，以及国内唯一由中国田协赛道认证的10公里专业赛事，由中国田协承认的10公里全国路跑纪录赛事。[①]

欢乐跑·中国10公里锦标赛定位于专业10公里路跑赛事，主要面向20－45岁年龄段相对严肃的跑者。在专业赛事组织和比赛赛制的前提下，延续欢乐跑·中国独创的赛中赛环节（即"欢乐英雄"），尊重每一位严肃跑者，创造更好的成绩，让每一位参赛者体会跑步的激情，感受跑步的快乐。

（二）赛事运营

2017年欢乐跑·中国10公里锦标赛经营情况向好，赞助是其主要收入来源。

---

① 欢乐跑·中国10公里锦标赛[EB/OL].（2017－03－08）[2018－02－25]. www.happy10k.cn/html/beijing.html.

近几年国内路跑类赛事的蓬勃发展态势为其赛事发展提供了良好的外部环境,尽管未来国内路跑赛事竞争态势有所显现,但是不同类型、不同定位、不同风格的比赛也会吸引更多人参与到路跑赛事中。目前,盈方在时尚跑步与耐力运动领域正处于发力阶段,在路跑赛事方面也处于探索与发力阶段。欢乐跑·中国于2014年创立,由于体育赛事的培育周期较长,2018—2020年间可能是其较好的赛事养成阶段。在赛事收入方面,国内路跑赛事的版权、媒体转播权相对弱势,因此欢乐跑的收入来源主要是赞助费、报名费,以及联合合作。

盈方是一个市场化运作的公司,在欢乐跑·中国的赛事运营逻辑上更多考虑市场的需求。目前,国内路跑赛事在举办主体上可划分为两种:一是政府主导的赛事,此类赛事更多基于城市形象或社会公共事业的角度出发;二是商业赛事,于盈方而言便是通盘考虑赛事的市场发育程度。盈方在2016年之前并未过多涉及路跑赛事,主要是认为中国路跑赛事市场还未发育成熟。近两年国内路跑赛事遍地开花,盈方在欢乐跑赛事的运营上仍是从务实的角度出发,"大处着眼,小处着手"。例如,欢乐跑的举办城市上从2014年的5个增至2015年的10个,并在2017年重新敲定北京、上海、深圳、成都、苏州、广州等6个一、二线城市。

欢乐跑赛事的利益相关者涉及跑者、赞助商、政府、媒体等,在赛事运营上基于多方需求展开合作。首先,欢乐跑作为一项参与型赛事需更多考虑参赛主体,也就是跑者的需求,跑者的参赛体验是评判一项赛事好坏的重要来源。例如,现场的服务、补给情况、医疗情况、娱乐性是否贴近跑者的需求等。其次,赞助商对于欢乐跑赛事而言是重要的利益相关者,赞助也是欢乐跑赛事的主要收入来源之一,赞助商也需要通过赞助权益达到品牌传播目的。在诸多体育赛事"混战"的状态下,盈方更关注赛事本身的长久生命力,在赛事的生命周期内持续积累赛事口碑才是赛事商业开发的良好基石。再次,国内赛事的举办离不开政府的扶持。欢乐跑赛事由于其短程赛事的特点,对公安、医疗等社会资源的要求较马拉松而言相对较低,因此与政府更多是合作模式。《国务院关于加快发展体育产业促进体育消费的若干意见》(国发〔2014〕46号)发布后,赛事的审批政策逐渐宽松,近年来政府逐渐向服务型政府转变,这更有利于赛事与政府的合作。最后,欢乐跑由于其参与性、耐力性等赛事特点,在媒体合作上倾向高参与度、高互动性的媒体,如咕咚、网易跑步等。

(三)赛事推广

欢乐跑在赛事推广上主要基于合作模式,构建对跑者"圈"的影响力。欢乐跑·中国首推出"圈"的概念。无论是家庭圈、朋友圈,还是校友圈,欢乐跑·中国希望跑友能够一起建立基于社交圈的跑步圈,并以"圈"的形式跑起来。组委会提倡跑友在报名时建立自己的跑步圈,通过社交媒体分享"圈"二维码,邀请朋友一起参与活动。线上方面,建立欢乐跑·中国官方网站,并开通同名官方微博和微信公众号,独家呈现新鲜项目动态和跑步趣闻,与跑友保持互动;线下方面,成立"蜗牛跑团",定期在北京奥林匹克森林公园举办活动,让跑友有机会面对面交流跑步经验。此外,组委会还提前四周为报名参赛者开设跑步训练营。在赛事推广合作上,2017年欢乐跑与咕咚合办线上跑,咕咚为欢乐跑每一站设计奖牌、为跑者定制报名渠道、举办线下活动等。

体育无国界,但各国的体育文化存在差异。盈方作为国际体育营销公司在中国赛事市场同样面临着本土化落地的挑战。中国人民在体育运动上更偏爱观看比赛,参与比赛的人数量很大但是比例不高,因此,中国的参赛市场需要持续投入与培育。尽管如此,盈方的全球资源与国际赛事运营经验是其面对中国路跑赛事时信心的来源。

图1 2017年欢乐跑·中国10公里锦标赛线上赛上海站宣传图

二、跑步前进 Bubble RUN 泡泡跑

（一）赛事概况

跑步前进 Bubble RUN 泡泡跑，被称为"地球上最开心的5公里"跑步赛事。2015年6月13日，跑步前进举办国内首场 Bubble RUN 泡泡跑，接下来，又先后在北京、上海、深圳、沈阳、大连、南京、武汉等城市举办。除 Bubble RUN 泡泡跑外，跑步前进公司旗下赛事还有 Power RUN 光电跑、The Movie RUN 电影跑和 Hello RUN 社交跑等。

（二）赛事运营

2017年跑步前进整体营收呈现增长态势，主要收入来源是门票和赞助费，未来营收增长动力主要来自以下四个方面：一是体育赛事市场整体走势向好，跑步前进的主要客户群"85后"和"95后"逐渐成为社会主力消费人群，未来此类人群在休闲娱乐上的精神消费类支出将会持续增多；二是跨界带来的品牌溢价，跑步前进举办的赛事不单纯属于体育，还是体育与娱乐、体育与文化的跨界；三是新市场的开发，2017年跑步前进覆盖的八个城市中，三分之二是新城市，这就意味着2018年跑步前进将得到来自新拓展城市的口碑与收入增量；四是尝试更多的用户变现，由于赛事品牌已经具有一定影响力，跑步前进旗下赛事与赞助商的合作已从原来的用户导流向用户流量变现推进。例如，未来针对赛事社群的定制衍生品销售、电影的宣传发行与文学上市将会是创收的方向。

用户群体的全面开发和赛事服务细节质量的提升是其赛事组织运营的难点所在。在自身用户群体开发方面，每一场路跑类赛事都能聚集上千人，甚至是上万人，通过一场路跑赛事就能掌握参赛者的信息，但是用户群体的价值还尚未被完全挖掘。在赛事服务细节质量提升方面，执行标准需更高程度地下沉。举办一场路跑赛事涉及的路面复杂、人员复杂等情况，需要协调各方力量。以志愿者为例，大型赛事会有上千名志愿者，小型赛事也会有几百名的志愿者，再加上现场的工作人员，人员纷杂繁多，导致建立执行标准困难，而更困难的是标准如何完全执行、如何

高度下沉。

跑步前进创始人王路娜在接受课题组访谈时表示:"目前,流程已经标准化,但是执行起来比较难。因为不同地方的人素质不一样,所以执行情况很难控制。我们现在就在研究要怎样去把控这些细节。"

(三)赛事推广

传统媒体、新媒体和户外是跑步前进旗下赛事采用的主要推广媒体,但在媒介策略上需因地制宜。在地域差异上,微博等新媒体在北京、上海、广州、深圳等一线城市影响力大、转化率高,但在成都、西安等二线城市的新媒体推广则要侧重微信等。由于跑步前进旗下赛事以参与型赛事为主,因此其在广告推广上的目标是让目标客户群从"知晓赛事"到"了解赛事"再到"报名赛事",其中引起目标客户的兴趣以及顺利的报名转化是关键,因此报名入口和通道的建设是其推广的关键所在。

随着跑友参赛经验的增加,未来跑友将更加注重赛事的品质与赛事精神的契合。

"赛事运营方要讲故事,通过故事与用户产生精神共鸣,体育在本质上就是精神的。"跑步前进创始人王路娜在接受课题组访谈时表示,"Bubble RUN 泡泡跑这一赛事仅是一个载体,需要不断有精神和文化意义去丰富它的内涵,未来赛事的发展是将粗糙的感情抛开,一场赛事只需要提炼一个精致的诉求点就足以吸引用户参与。"

三、彩虹泡泡跑

(一)赛事概况

彩虹泡泡跑由北京华凯锐艺术传播有限公司主办,由中央国家机关户外健身运动协会全程支持。2016 年 6 月 26 日,彩虹泡泡跑于北京园博园举办了第一场赛事;2017 年在北京、上海、广州、深圳等城市相继举办,并于国家体育场落幕。2017 年彩虹泡泡跑对赛事进行了升级,泡泡的颜色由 5 种增加到 7 种,活动现场增加舞台互动环节,赛事内容更加丰富。

彩虹泡泡跑的目标参赛人群是有3-12岁儿童的家庭,家长多为"75后"消费人群,以社会中高收入家庭为主。彩虹泡泡跑的赞助商集中于与家庭消费场景相关的快消品、房地产、汽车、金融、儿童教育、家居用品、儿童用品、亲子平台等品牌。

(二)赛事运营

彩虹泡泡跑作为趣味参与类路跑赛事,在赛事收入构成上以门票收入为主,此外基于粉丝量的线上宣传资源也会带来一部分广告收入以及赞助收入等。它与北京马拉松等政府背书的大型专业马拉松不同,趣味路跑赛事天生缺乏品牌背书功能的基因,因此在寻求商业赞助上更关注与赞助商品牌内涵的契合性。彩虹泡泡跑的标签是"家庭""亲子",其赞助商主要集中在房地产、儿童用品、金融产品等与家庭消费场景相关的品牌。例如,儿童在比赛中经常会遇到走失、迷路的情况,赛事运营方通过现场租借360电子手表、设置魔法守护站等方式解决孩子走失问题,家长也因此关注并重视电子定位产品对儿童保护的重要性,从而激发了家长现场购买配备电子定位功能的儿童手表的行为。[①]

(三)赛事推广

彩虹泡泡跑在赛事推广上主要面向北京、上海、广州、深圳、杭州等一、二线城市,主要原因是级别较高的城市基础设施建设较好,且体育消费的土壤发育较为成熟。在赛事推广渠道上,以北京、上海、广州等城市的亲子平台、辣妈群为主,还有赛前的媒体传播。其中,彩虹泡泡跑与亲子群体建立互动是其发展较为迅速的原因。

彩虹泡泡跑在赛事筹备上有以下两个特点:一是建立赛事管理的基本流程。比如公安系统要进行报备,还包括请专业的安保公司、志愿者、工作人员等维护现场秩序。另外,筹备亲子跑的细节还体现在联系附近的儿童专科医院提前配备医疗用品等。二是亲子跑赛事筹备的关键是防止儿童丢失,因为经常有一些"辣妈"在比赛中太过忘我导致儿童遗失,而且6岁以上的儿童容易贪玩走丢。

[①] 齐彦丽,张浚哲. 对话田道凯:亲子路跑赛事的机遇与反思[EB/OL]. (2017-03-08)[2018-03-15]. http://mp.weixin.qq.com/s/QpaJgqy9mSvBy7lxH745JA.

对于这一情况,彩虹泡泡跑创始人田道凯在接受访谈时表示:"我们配备了电子定位系统,通过现场租借360电子手表,随时给儿童定位;其次是人工干预手段,我们设置了五六个魔法守护站,帮助家长解决孩子丢失的问题。我们有非常多的细节去解决孩子丢失、受伤的问题。"

对于趣味路跑类赛事的发展前景,彩虹泡泡跑创始人田道凯在接受访谈时表示:"对于小众路跑类赛事的发展前景,一方面,我们满怀期望,另一方面,我们也要看清现实。在中国这样的大国,体育产业不可能成为支柱性产业。""体育赛事最关键的是追逐IP,然而优秀赛事IP屈指可数。我认为趣味路跑的前景,从商业角度而言,不要期望它成为一个特别赚钱的赛事,一个赛事运营公司要做好,第一要义是不被赛事拖垮。我认为仅从赛事本身去提高服务是必要的,但最重要的是赛事如何盈利;对行业而言,趣味路跑赛事仍是一个很好的有经济效益和社会效益的赛事。"

四、斯巴达勇士赛

(一)赛事概况

斯巴达勇士赛于2016年正式登陆中国,目前是盛力世家旗下的赛事。盛力世家成立于2000年,最开始从体育咨询、体育赞助入手,如今发展成提供体育赛事、体育经济、体育文化传播、体育咨询、公关服务等业务的全产业链公司。公司总部位于上海,在北京设分公司。北京分公司主要运营拳击、路跑、击剑、冰球等赛事,以及负责咨询与销售部分业务,其中跑步类别下有斯巴达勇士赛、自有IP赛事"挑战100"、北京国际长跑节暨北京半程马拉松、国家田径队的比赛,以及腾讯企鹅跑等合作赛事。

斯巴达勇士赛包含三个级别的常规赛事,分别为斯巴达勇士竞速赛(Spartan Sprint Race)、斯巴达勇士超级赛(Spartan Super Race)和斯巴达勇士野兽赛(Spartan Beast Race)。赛道长度从6公里到21公里不等,障碍数量从21个到50个不等。除上述常规赛之外,斯巴达勇士赛还包含世锦赛、斯巴达勇士超级野兽赛(Spartan Ultra Beast)、团体赛(Team Event)、冬季专项赛(Winter Special),以及由美国军方独家设计的"军队系列"(Military Series)等分支赛事。① 目前斯巴达勇士赛在中国地区已举办过两届,分别为2016年斯巴达勇士赛上海站和北京站,以及2017英菲尼迪斯巴达勇士赛上海站。

(二) 赛事运营

斯巴达勇士赛的收入来源主要由报名费和赞助收入构成,也包括一部分授权费收入。首先,报名费相对一般参与类赛事较贵,如斯巴达超级赛报名费在600元左右,是北京马拉松报名费的3倍,但是斯巴达超级赛的参赛人数足够多,如2016年北京站一场参与人数约7 000人,报名费可承担其很大部分的赛事运营成本。其次,赞助收入也是赛事的主要收入来源之一,汽车品牌英菲尼迪于2017年冠名该赛事,并成为2018年该赛事的"顶级合作伙伴"。赞助商赞助斯巴达勇士赛主要基于以下原因:第一,斯巴达勇士赛为外来引入赛事,赛事比较新颖;第二,该赛事具有很强的传播性,参赛者会自发在社交媒体上分享赛事信息,媒体也乐意报道新颖赛事,在这一过程中会有品牌露出;第三,斯巴达勇士赛参赛人群有较强的消费能力。斯巴达勇士赛的赞助商主要来自汽车、体育用品、食品饮料等行业,在儿童赛时会有旺旺等品牌赞助。最后,授权费用带来一部分收入。斯巴达赛事版权在美国公司,盛力世家拥有该赛事在大中华区的唯一授权,因此盛力世家可收取二级授权的费用,此外还有周边衍生品售卖等收入,斯巴达赛事目前没有政府补贴收入。

(三) 赛事推广

斯巴达勇士赛在推广上采取线上、线下并行的方式,其中线上为主要阵地。线上主要通过社交媒体、垂直类的健身类和时尚类媒体;线下则是通过与北京、上海的40多个健身房进行合作,开设斯巴达课程帮助消费者了解赛事。此外,斯巴达勇士赛也利用名人效应,与明星及其经纪公司合作推广赛事。

斯巴达勇士赛的赛事推广策略不是"铺广"而是"打精"。其受众画像如下:具有

---

① 斯巴达勇士赛百度百科[Z/OL]. (2017 – 03 – 08)[2018 – 03 – 15]. https://baike.baidu.com/item/斯巴达勇士赛/19899929? fr = Aladdin.

健身基础、健身爱好,对自己的身体形象有一定要求的年轻人,主要集中在25—35岁,男女比例为6∶4,具有一定消费基础的人群(非学生群体)。在"打精"策略下,斯巴达勇士赛重视社群关系与口碑营销。从2017年斯巴达勇士赛的报名数据来看,70%以上的参赛者为团队参赛,赛事注重运营粉丝群,培养和用户的关系。

2016年一年内同时出现了Tough Mudder(马拉松障碍赛)、Mud Run(竞速赛),以及一些小型障碍赛,业界有观点认为2016年是国内障碍赛爆发元年。障碍赛在国内的发展机遇主要基于以下原因:一是障碍赛满足跑者升级的赛事需求,障碍赛很大一部分参与者是从马拉松10公里、20公里的跑友转化而来的;二是国内健身行业复苏,每年在一线城市健身房的数量和会员的数量、开店数量都以15%以上的速度增长,此类人群需要比赛综合考量其训练的成果,障碍赛正迎合此类群体的比赛需求。

五、阿里巴巴世界电子竞赛

(一)赛事概况

世界电子竞技运动会(World Electronic Sports Games,简称WESG)是阿里体育打造的一项世界级赛会制电竞赛事,覆盖全球125个国家和地区。首届WESG于2016年举办,包含100多个参赛国家,奖池达550万美金,阿里体育投入1亿元人民币。中国区预选赛于2016年4—8月进行,海外预选赛为6—9月进行,全球决赛为9月进行,总决赛于12月在中国举办。第二届WESG于2017年7月2日开启,口号为"世界竞在眼前",包括《反恐精英:全球攻势》、DOTA2、《星际争霸2》《炉石传说》4个竞技游戏项目,其中《炉石传说》和《反恐精英:全球攻势》分为通用组和女子组,全球总奖金为550万美金。[①]

(二)赛事运营

阿里体育推出电竞平台配合WESG举办,这个电竞平台由8大板块组成,即会

---

① WESG赛事官网.[EB/OL].(2017-03-08)[2018-03-15]. http://www.wesg.com/index.php/posts/267.

员系统:会员系统将提供玩家线下约战功能,并提供信息交流,让玩家参与到赛事的互动当中;运动数据:阿里体育对每位运动员进行实名认证,并在其主页上显示所参与的赛事和每场的数据;赛事系统:无论赛事大小,平台都将即时公布赛事信息,并进行消息推送,为基础用户做好推广;增值服务:平台除去电竞赛事部分,还将增加金融、保险、教育等增值服务;内容集成:包括赛事直播、点播及战报等;供应链服务:包括场地、设备、舞台搭建等;电商交易:背靠淘宝天猫进行推荐与销售,可提供赛事上的优质电竞装备、周边等;商务营销:资源方进行定价,通过平台发布,完成营销。

阿里体育更愿意去打造属于自己的原创 IP。阿里体育 CEO 张大钟强调阿里体育的定位有别于国内很多体育公司:"对于版权,我们会关注一些头部资源,但买版权或者赞助一项赛事是一件相对简单的事情,主要是资金的投入,我们希望能够自己创造 IP,基于阿里的平台,借助大数据,实现赛事运营、商业开发等一系列的产业开发。"

除去 WESG 赛事这一电竞产业拼图的核心以外,阿里巴巴在围绕着电竞打造的产业闭环上也取得了显著进步,其中主攻实体线下的电子竞技馆项目截至目前已经达成了全国 1 000 家的签约数。首批签约电竞馆遍布电竞人口稠密的中部及沿海地区,保证了对于直接用户的覆盖,同时通过与 WESG 平台联动衔接,以日常的线下电竞馆赛事与体系服务,为用户提供全新的生活娱乐体验。通过电竞用户平台作为纽带,以线下约战、比赛等更加生活化、场景化的方式定义电竞,达成"馆、赛、人"一体的目标,使电竞真正地融入生活,成为生活的一部分。

华硕玩家国度的负责人如此评价 WESG 所带来的更多可能性:"这将成为一种全新的商业模式,以往通过单纯的赛事,赞助商甚至赛事本身几乎没有收益,只能图个吆喝。而现在通过加入 WESG 以及其整合的完整平台,作为参与者我们在每一个节点内都能找到最适合自己的位置,也能够带来实际的收益,真正地将电竞产业化。"

在世界范围内,WESG 的影响力也正在逐渐渗透,在乌克兰首都基辅进行的欧洲区总决赛,吸引了来自 50 个国家的超过 3 万名电竞爱好者及职业选手的参与,而美洲赛区也有包括 37 个国家或地区在内的 2 万多名选手参与其中,包括许多知名的职业战队。此外,WESG 还让大型的电竞赛事首次登陆非洲大陆,给非洲的电竞选手和爱好者一个站在世界舞台上的机会。

(三)赛事推广

ImbaTV 出资 3 500 万元获得首届世界电子竞技运动会 WESG 的全球官方主播台权益,与此同时,阿里体育仍保留着 WESG 赛事的版权销售权益。ImbaTV 是一支有着强大制作能力和丰富制作经验的团队,曾制作过多档高质量的电竞节目,同时也是中国首家将国内原创大型电竞赛事"i-League"落地在海外举办的制作机构。

在 2016 年 WESG 亚太区中国总决赛的整个赛期内,约有数千人赶赴苏州现场观赛。累计有 2 000 万人选择在优酷直播、战旗 TV、斗鱼 TV、熊猫 TV、全民 TV、虎牙直播这 6 大直播平台观赛,在电脑前为自己喜爱的战队和选手加油助威。

同时,在 YouTube、Twitch、Hitbox、Facebook、Twitter 等社交及流媒体平台的配合下,来自全球各地的数百万人在线上共同观看了世界级电竞比赛在中东和非洲的首次登场,而在海外主要的游戏及电竞玩家社区中,对于 WESG 的讨论也日渐高涨。

六、ofo 小黄车赞助德国多特蒙德足球俱乐部

(一)赞助达成:拉加代尔体育促成 ofo 小黄车与多特蒙德足球俱乐部战略合作

ofo 小黄车启动于 2015 年 6 月,发展几年来,ofo 小黄车已在全球连接了超过 800 万辆共享单车,日订单超 2 500 万,为全球 7 个国家超 170 座城市的上亿用户提供了超过 30 亿次的出行服务。[①] ofo 小黄车从 2017 年以来就积极推动海外市场的产品布局,现已进驻北美、欧洲、东南亚等海外市场的部分国家。在 2017 年 7 月,ofo 小黄车与德甲知名俱乐部多特蒙德达成了合作关系。ofo 小黄车与多特蒙德足球俱乐部的合作,正体现了其扩大欧洲市场的海外战略和本土化体育营销策略。

作为多特蒙德全球独家商务代理机构,拉加代尔体育在促成 ofo 小黄车和多特

---

① 毕磊. 领军企业和业内专家探讨 共享单车如何健康发展[N/OL]. 人民日报(2017-08-12)[2018-02-23]. http://www.sohu.com/a/164006766_157267.

蒙德足球俱乐部的赞助合作中,遇到不少挑战,但也充分展现了它的专业性。诸如"共享单车"在内的概念以及ofo小黄车的品牌内涵、品牌价值等各个方面都需要和多特蒙德这类国外赛事方进行诸多沟通。只有当国外这些IP赛事方真正了解到我国本土品牌的价值、潜力和其在中国的传播价值后,才会全力、积极地支持与合作。

不论是在品牌的发展阶段还是品牌价值和理念、目标受众人群上,ofo小黄车与多特蒙德足球俱乐部的结合都体现出很高的契合度。作为中国本土品牌的ofo小黄车以全球品牌合作战略为目标,多特蒙德足球俱乐部也相应地想要吸引更多中国市场的球迷和观众。同样是黄色与黑色的品牌色,代表着激情、进取、积极的企业精神和体育精神,也成为二者共同的品牌价值与理念基础。

拉加代尔体育大中华区执行总监李莹曾表示:"黄色与黑色代表着热情和进取,两家企业都向世人展示着相同的企业符号。多特蒙德的球迷遍布全世界,ofo小黄车也在很多国家积累了广泛的用户基础,他们同样年轻而富有激情,ofo小黄车的品牌形象和企业理念与多特蒙德足球俱乐部完美契合,非常有助于两家企业进行全球化推广。"①

ofo小黄车所提倡的低碳环保的环境理念、新型的生活出行方式和欧洲市场的文化理念、价值观相符合,这更有利于品牌的本土融合与传播。

图2 ofo小黄车标志登上多特蒙德主场球赛
图片来源于网络

---

① ofo与多特蒙德的跨界合作,在体育营销界掀起了一阵"黄色风暴"[EB/OL].(2017-03-09)[2018-02-25].http://www.ytsports.cn/news-16445.html? wd=体育跨界.

(二) ofo 小黄车的体育赞助营销

拉加代尔体育针对 ofo 小黄车和多特蒙德足球俱乐部的品牌特性和共通点,从 2017 年 7 月至 12 月期间策划了不同的品牌活动助力其体育赞助的营销活动。例如,2017 年 7 月的多特蒙德中国行活动。在此次活动中,多特蒙德俱乐部来到广州市,身穿与 ofo 小黄车同色系的多特蒙德主场队服的球星普利西奇和索克拉迪斯两人与球迷一起骑上小黄车,带领多特蒙德球迷环游广州,获得了媒体的广泛报道和球迷的普遍关注。在此期间,两位球星还与 ofo 小黄车的用户进行了抽奖、签名、合影等互动。

图 3　球星普利西奇和索克拉迪斯带领球迷骑 ofo 小黄车游广州
图片来源于网络

图 4　多特蒙德球星许尔勒现场试骑 ofo 小黄车
图片来源于网络

借助 2017 年 9 月的德国法兰克福车展,拉加代尔体育又策划了一次 ofo 小黄车与多特蒙德俱乐部的品牌赞助活动。在车展期间,双方举行了发布会,并宣布进一步合作。多特蒙德球员许尔勒到场助阵,不仅现场第一次试骑小黄车,并代表俱乐部球员在定制款 ofo 小黄车车灯处签上名字。同时,ofo 小黄车也将其绿色环保的交通理念传递给大量参观车展的受众,进一步传播了品牌形象。

在 2017 年 11 月下旬到 12 月下旬,ofo 小黄车和多特蒙德之间进行品牌联合传播,通过社交媒体平台如 Facebook、微博等打造话题"告诉我们你为什么喜欢多特蒙德"(Tell us why you love BVB)进行传播推广,并将来自全球各地的多特蒙德的粉丝留言收集起来,制作成广告板轮回播放的内容。据悉,这场持续一个月的品牌活动触达总人数2 442 059人次,全球转发量1 116 206次。①

七、阳光保险体育赞助案例

(一)阳光保险赞助马拉松赛

马拉松积极向上、健康、拼搏的理念、气质,及其覆盖人群众多、参与者具有一定的消费能力的特点使之成为金融保险行业青睐的体育赞助对象,与金融保险行业的潜在客户较为吻合。同时,金融保险行业往往是以信用、社会责任为核心价值理念,所以通常选择马拉松这类具有社会公益性、公信力的介质来帮助保险品牌的传播。阳光保险作为金融保险行业中企业社会责任的积极践行者,从2014年开始就一直贯彻"健康阳光"战略,持续开展"阳光下奔跑"系列活动,将阳光保险"健康阳光"的品牌内涵和理念与跑步这项体育运动天生所具备的积极、阳光的赛事精神相契合,不仅赞助了北京马拉松、扬州马拉松、武汉马拉松、无锡马拉松、东营马拉松、南京马拉松、郑开马拉松、The Color Run 彩色跑等90余场马拉松比赛,为120多万参与者提供全方面的保险和现场志愿服务,还与北京市阳光保险爱心基金会共同发起"阳光下奔跑"公益计划,开展"阳光之星爱心计划"。

具体来看,作为2014—2017年北京马拉松的官方独家保险赞助商,阳光保险制定了包括保险保障、现场全程志愿服务和协助救护工作等详细的赛事服务体系,还为赛事实施直赔、意外医疗零免赔和100%赔付的理赔举措,并为整个赛事提供最高300万元的公众责任险保障。同时,在北京马拉松博览会上,阳光保险以专属展区为基地,开展一系列深度互动活动,如阳光保险以"厉害了我的国"为主题,请专业摄影师在北京马拉松终点及北京马拉松博览会为跑步爱好者拍摄写真照,并制作成电子版个人杂志封面,深受广大参与者喜爱。此外,阳光保险还在北京马拉松博览会上开展根据跑步爱好者的个人身体状况对其进行科学健身指导的活动,

---

① ofo 与多特蒙德的跨界合作,在体育营销界掀起了一阵"黄色风暴"[EB/OL]. (2017 - 03 - 09)[2018 - 02 - 25]. http://www.ytsports.cn/news - 16445.html? wd = 体育跨界.

并在北京马拉松终点设置赛后拉伸服务,来贴合跑友的实际需求,帮助跑友更科学地进行跑马备战和赛后恢复。

2015—2017 年,阳光保险分别成为武汉马拉松 2015—2017 年唯一官方保险供应商和扬州鉴真国际半程马拉松赛 2016—2017 年唯一保险供应商。在 2017 年武汉马拉松期间,阳光保险的官方跑步团队——"阳光跑团"组织 140 余名跑团代表参赛。此外,武汉马拉松博览会期间,阳光保险还发起了"阳光下奔跑"公益跑鞋捐赠计划,跑友线下参与阳光展台跑步机活动,跑步爱心接力每累计 10 公里,阳光保险将为贫困地区学生捐赠跑鞋 1 双,以此呼吁社会持续关注贫困山区儿童的运动梦想。①

(二)阳光保险打造自主 IP 赛事——"阳光跑团"

阳光保险不仅积极赞助全国各大马拉松赛事,还建立起员工和客户的"跑团"——"阳光跑团"。"阳光跑团"是由阳光保险的员工、家属、客户以及广大跑步爱好者组成的跑步团队,由阳光保险友情赞助,并且是阳光保险唯一的官方跑步团体。一方面,阳光保险通过建立"阳光跑团"等保持密切联系,同时挖掘潜在客户;另一方面,通过"阳光跑团"在社会上积极地参与各项跑步赛事,传递阳光保险积极向上的品牌形象和企业精神。2017 年"阳光跑团"在全国范围内代表阳光保险参加了十余场大中型马拉松赛事,不仅统一着装,展现其专业性,还在北京马拉松上以 Cosplay 战队出征,10 名阳光跑团成员装扮模仿"王者荣耀"游戏中的 10 个人物角色,全程跑完北马征程,引起了跑友、观众和媒体的广泛关注。②

除了参加全国各地的马拉松比赛外,"阳光跑团"还会定期于奥林匹克国家森林公园组织例跑活动,每次活动人数 10 人以上,活动方式为例跑、跑前热身、跑后充分高效拉伸技巧分享等。同时,"阳光跑团"也在线上建立起传播渠道,其微信订阅号和官方微博也得到了广大跑友的关注。③

---

① 阳光下奔跑,阳光保险邀你开启公益跑鞋捐赠计划[EB/OL]. (2017 - 04 - 05)[2017 - 02 - 25]. http://www.sohu.com/a/132163535_492758.
② 北京马拉松活力开跑阳光保险再度护航[EB/OL]. (2017 - 09 - 18)[2018 - 02 - 25]. http://news.163.com/17/0918/14/CUKE23K000018AOQ.html.
③ 肖睿,易交红. 阳光奔跑以爱之名[N/OL]. 北京晨报,(2015 - 12 - 10)[2018 - 02 - 25]. http://money.163.com/15/1210/01/BAEHACP100253B0H.html.

八、新浪 3×3 篮球黄金联赛

(一) 赛事概况

3×3 篮球黄金联赛是新浪体育于 2015 年开始主办,经 FIBA 认证的国际顶级 3×3 篮球赛事,已举办过三届。2017 年的 3×3 黄金联赛举办时间从 2017 年 3 月开始一直持续到 11 月,在北京、上海、广州、重庆、厦门、南京、深圳、杭州、成都等 24 个城市举办。相比 2016 年,2017 年新浪 3×3 篮球黄金联赛的比赛范围扩大至 25 个赛区,吸引超过 6 000 支队伍、2 万名运动员和篮球爱好者参赛,总决赛球队 32 支,赛季总奖金也提升至 200 万元以上。其中,黄金联赛在城市站分赛场设置 3 万元等价"金砖",总决赛的冠军队伍可以拿走价值 90 万元的全部"金砖",这也意味着黄金联赛成为全球奖金最高的 3×3 篮球赛事。① 为了提高联赛的品牌价值,黄金联赛还邀请了 CBA、CUBA、NCAA 等联赛的众明星参赛,总决赛 32 支球队中高水平的球员占据一半以上。

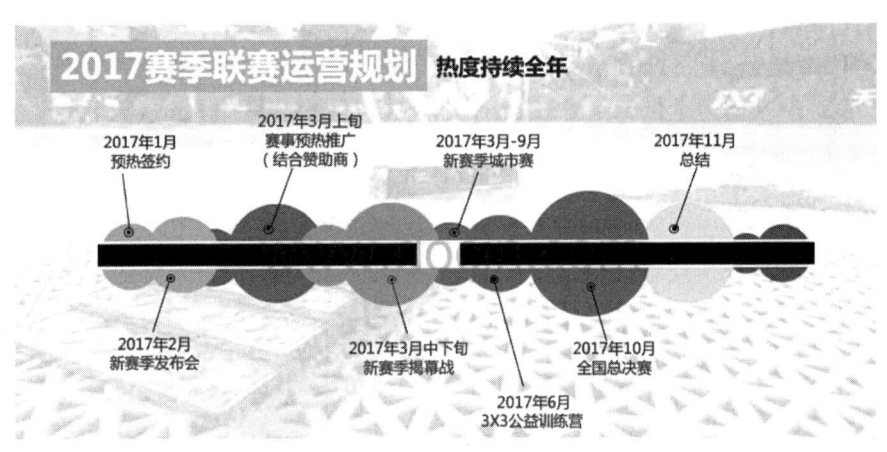

图 5　2017 年新浪 3×3 黄金联赛赛季联赛运营规划

图片来源于网络

---

① 2017 新浪 3×3 篮球黄金联赛获 FIBA 官网全球推荐[EB/OL].(2017 – 02 – 13)[2018 – 02 – 18].http://www.sohu.com/a/126156730_500724.

2017年新浪黄金联赛资金投入约1 800万元,目标用户画像以年轻、高学历、男性用户为主。其中20-35岁用户占比88%,男性用户占比68.6%,大学本科(及以上)用户占比88.5%。① 作为新浪体育打造的首个具有自主知识产权的体育赛事,3×3篮球黄金联赛凭借其产品化的思维打造、专业化的资金和媒体资源投入,围绕赛事IP进行全方位的开发,不论是在竞赛组织、竞技水平,还是奖金额度等方面,可以说已经成为国内高水平的3×3篮球赛事。

(二)赛事运营

从赛事打造来看,新浪体育通过三年的运营逐步将这一自主IP赛事打磨成型,"产品化思维"是3×3篮球黄金联赛运营的核心方法。第一,新浪体育组织最专业的团队筹备赛事,将赛事职业化、专业化,并投入足够的资金,不论是冠军奖金还是涉及现场的具体物料、促销物都要达到一定的设计水准。且新浪体育以NBA的规格和标准制作高水平的赛事内容,从网络报名注册、每个选手数据库的搭建、比赛现场的数据记录等都是对标NBA的数据体系,每位球员像NBA比赛一样有自己的赛事主页,有全网的赛事排名,致力于做到专业化、国际化。第二,打造优质的赛事内容。3×3篮球黄金联赛不仅致力于自身专业化的打造,邀请很多CUBA、NCAA级别球员的参与,与澳大利亚NBL联赛在球员试训上合作,还结合更多娱乐元素,邀请明星助力宣传。在2017年比赛中邀请了吴亦凡、蒋劲夫、姜潮等娱乐明星为总决赛助威,与"鹿晗运动季"跨界合作,并让嘻哈人气歌手Tizzy T唱作主题曲,在赛事中融合街舞、啦啦队、嘻哈元素等,让娱乐明星的年轻粉丝也能关注3×3篮球黄金联赛,让观众不仅欣赏到专业竞技型的表演,还能够体验到更多娱乐内容。第三,打造优质的媒体内容。新浪体育利用自身专业的媒体资源和互联网传播思维进行图文和视频的报道,并通过全网渠道输送,最重要的是新浪体育与微博进行合作,将微博作为3×3篮球黄金联赛线上推广的主要阵地。

---

① 2017赛季新浪3×3篮球黄金联赛麦当劳合作方案[EB/OL].(2017-09-12)[2018-02-18].http://www.docin.com/p-2014493669.html.

从赛事赞助体系来看,新浪体育3×3篮球黄金联赛赞助等级体系分为四级。首先是赛事全程总赞助,即赛事顶级商务合作伙伴,享有最高权益,如荣誉权回报、线上线下各项权益、联合媒体宣传、公关礼遇等回报;其次是品类特约合作,享有深度定制线下产品植入、线上整合传播的权益;再次是线上传播合作,享有搭载赛事报道推广传播,打造话题借势提高品牌声量等权益;最后是城市赛合作,在指定城市合作,地域精准营销。3×3篮球黄金联赛2016年的主赞助方是联想ZUK手机;2017年的主赞助商是麦当劳巨无霸,第二赞助商是匹克。黄金联赛上述赞助商采用的是一年一签的形式,且目前3×3黄金联赛的主要盈利来源就是赞助收入。基于赞助商的权益,新浪体育将自身的媒体评估体系简化成规模和曝光两个维度,去掉不可量化的部分,这二者最终形成的便是平台影响力。比如线上流量、页面浏览量、话题的阅读量、视频的点击量等,赞助商的所有回报实际上都是通过这些新媒体的形式来呈现的。以麦当劳巨无霸的赞助为例,麦当劳结合新浪体育3×3篮球黄金联赛这一赛事,在2017年推出以鼓励完成和挑战自己的梦想为核心的主题,将体育、比赛与梦想、未来这些关键词结合,以故事化的呈现方式去传播,除了线下的促销和抽奖活动、优惠券的发放之外,麦当劳和新浪体育还共同打造了一个主题漫画。新浪体育参与漫画脚本的一些策划和制作,联

图6 麦当劳与新浪体育3×3篮球黄金联赛合作漫画剧集《霸篮少年》

图片来源于网络

合漫画工作室为麦当劳创作了一支球队,球队中的成员以高中生、大学生为主,参加了虚拟的 3×3 篮球黄金联赛,新浪体育把每天发生在真实黄金联赛赛场上的故事放在他们身上,通过漫画形式把麦当劳巨无霸与赛事关联起来。除此之外,匹克为参加赛事的所有运动员提供了全套专业篮球装备,又冠名了赛事当中的"单挑王"赛事;匹克也与黄金联赛官方微博进行互动,为每一次分站赛推出定制海报的同时,还共同开展了数次转发抽奖活动。①

(三)赛事推广

整体来看,从纯粹的体育媒体转型为体育运营甚至是体育产业公司,不仅没有削弱新浪体育的媒体属性,反而将新浪体育以及微博的媒体平台能力最大化。这主要基于新浪自身的媒体属性加上互联网思维,使其能够将体育赛事与自身的业务体系相融合,从而创造出更多的传播价值。据官方数据显示,2017 年新浪 3×3 篮球黄金联赛的视频播放量是 2.4 亿,微博话题阅读量是 14 亿,新浪体育、网易体育、优酷、爱奇艺、企鹅直播等十多家平台进行直播,CCTV5、五星体育、广体体育则进行实况报道。在新浪体育的规划中,未来三年的 3×3 篮球黄金联赛除了线下的参赛规模不断扩大外,线上传播的规模还将继续发力,视频播放量和微博话题阅读量三年内要累计突破 100 亿次。②

新浪体育善于运用媒体渠道优势向各媒体平台分发内容,通过新闻和信息的分发流动使各媒体平台间资源流通,破除信息壁垒,扩大赛事的传播度和影响力。新浪全媒体平台以 PC 端新浪首页、新浪体育首页、联赛专题首页、中国篮球首页,移动端手机新浪网体育首页、CBA 首页、新浪体育 App 焦点图、赛事专题等,微博上新浪体育官方账号、新浪体育视频官方账号、联赛官方账号、中国篮球官方账号、话题"新浪黄金联赛"等这三类媒体资源为主共同推广,并在赛前、赛中和赛后不断产生优质的媒体内容覆盖整个传播周期。例如,在赛前结合线上热门手游,吸引用户报名并进行赛事的传播和扩散。首先,新浪体育会进行全程高清视频直播

---

① 走过第三年的 3×3 黄金联赛,能成为品牌商的体育营销新高地吗?[EB/OL].(2017-11-06)[2018-02-18].http://www.myzaker.com/article/5a0015ce1bc8e04c1f000010/.
② 3×3 黄金联赛登央视黄金档霸屏整月热度不减[EB/OL].(2017-11-24)[2018-02-22].http://sports.sina.com.cn/sportsevents/3v3/2017-11-24/doc-ifypathz5624030.shtml.

（PC+App同步直播），在每个赛区的决赛日进行3小时5机位专业赛事直播并进行全程专题报道。其次，打造原创节目和话题，将精彩的赛事集锦和精华片段制作成短视频或GIF动态图，再通过微博传播扩散。例如，由新浪体育专业的编辑记者团队为总决赛打造的名为"找回兄弟"的主题海报，用故事和情感与赛事产生关联，在微博上产生了非常高的话题热度。最后，通过网络意见领袖的话题炒作和微博、微信的传播，让包括体育圈的马布里、易建联等明星球员和娱乐圈的鹿晗、吴亦凡等娱乐大咖共同帮助赛事扩大影响力，进一步引发活动热议，迎来赛事活动的高潮。

九、央视+微博：2014年巴西世界杯

2014年巴西世界杯，是央视和微博首次基于大型赛事的合作。微博成为央视体育频道2014年"世界杯"社交媒体独家合作伙伴。在巴西世界杯期间，微博联手央视推进台网联动合作模式，在重大体育赛事上首次打造跨屏话题互动，并在赛事直播、世界杯互动体验、媒体传播多次发酵，进行联合推广。

重大赛事社交化直播主要体现在以央视播出的世界杯相关节目为核心，利用微博这一媒体平台的社交属性，在央视的各项节目直播中融入微博元素，开创微博话题，引导观众和线上用户进行深入讨论。同时，打造包括原创节目口播、赛事直播互动、赛事点评等多种形式的互动，全面覆盖央视体育频道四大新闻类节目《体育晨报》《体坛快讯》《体育新闻》《看透世界杯》，以及《豪门盛宴》《我爱世界杯》等主打节目。例如，微博联合央视体育频道发起"#微5世界杯#发微博，和C5一起聊球"的系列话题互动，让主持人、前方记者与微博网友在线互动聊球。通过实时的跨屏互动，能够让网友讨论和比赛内容更好地结合，带给电视观众和网友全新的观赛体验。除此之外，央视体育频道还与微博联合打造百人"微5神评团"，邀请明星、名人和网友一起对赛事、球星和世界杯进行点评，精彩的点评内容会在《我爱世界杯》《豪门盛宴》等节目中呈现，"微5神评团"成员还有

机会参与节目录制。①

在世界杯的互动体验方面,微博通过社交游戏、球迷站队、赛事竞猜等形式,为网友提供"一站式"世界杯互动体验。例如,在微博 App 推出了特色开机游戏"微博踢球",用户在移动端登录微博即可参与游戏并和好友 PK,迅速融入世界杯氛围。微博发起赛事竞猜,用户可以发起 1 对 1 的竞猜 PK,选择支持任意一支球队并佩戴国旗,在看球、聊球的同时获得更多乐趣。同时,微博还在多个城市组织"同城开球"等特色线下活动。据第三方机构 IWOM discover 的数据监测显示,南非世界杯期间,网民讨论世界杯的所有话题中,微博所占份额一度超过总量的 65%。②

通过媒体传播的多次发酵,社交媒体平台扩充了体育赛事的传播度和参与性。尤其是围绕巴西世界杯,我国最权威的电视媒体央视与最大的社交媒体新浪微博深入合作,能够整合双方强大的媒体资源优势,形成巨大的协同效应。据《2014 年巴西世界杯数据报告》显示,此次世界杯总互动量达 14.92 亿条,总讨论量达 9.14 亿条,话题总阅读量达 297.5 亿次,超过了《时代周刊》的总发行量。而央视体育频道的官方微博在世界杯期间的粉丝增长超过了 260 万人次。传统媒体与社交媒体平台首次在大型赛事上的合作,不仅扩大了电视节目影响力,还提高了全媒体收视率,同时扩大了两大媒体和赛事、广告主的商业影响力。③ 同时,据国际足联的数据显示,2014 年巴西世界杯期间中国的收视人数高居全球第一,并创造了单场比赛收视人数 5 200 万的记录。央视索福瑞的数据也显示,央视体育频道在 2014 年世界杯期间相同时段收视率最高达到原先的 20 倍。④

---

① 首次社交直播世界杯微博成央视社交媒体独家合作伙伴[EB/OL].(2014 - 06 - 03)[2018 - 02 - 25]. http://www.adquan.com/post - 14 - 27588.html.
② 台网互动打造一站式观赛平台[N/OL].信息时报,(2014 - 06 - 07)[2018 - 02 - 26]. http://news.ifeng.com/a/20140609/40645942_0.shtml.
③ 2014 年巴西世界杯数据报告[R/OL].(2014 - 08 - 05)[2018 - 02 - 26]. http://www.199it.com/archives/262985.html.
④ 微博首社交直播世界杯央视社交媒体独家合作伙伴[EB/OL].(2014 - 06 - 03)[2018 - 02 - 28]. http://media.people.com.cn/n/2014/0603/c40606 - 25096517.html.

十、央视+微博:2016年里约奥运会

2016年5月24日,微博成为中央电视台奥运报道首席社交媒体战略合作伙伴。这是继2014年巴西世界杯之后,两大媒体再次携手推动国际大型赛事的传播。央视索福瑞的研究表明,微博讨论量每增加1%,可以带动电视节目的到达率增加0.248%,收视率增加0.1%。① 而微博和央视的再次合作,也证明了微博的媒体影响力和作用力得到了专业媒体的认同,成为重大赛事传播的主流渠道。在里约奥运会期间,微博和央视除了通过微博、央视体育频道,为用户提供全时在线、跨屏互动的全景式奥运观赛体验之外,相比第一次合作,2016年的里约奥运会又打造出了一些新的亮点和创新之处。

第一,奥运会相比世界杯覆盖范围更广,关注人群更多,所以2016年微博与央视的合作覆盖了所有重大赛事。例如,微博和央视共同组建了在奥运会现场的自媒体直播团队,央视记者团队在微博上呈现了各种关于奥运会赛场以及报道的幕后花絮,并带动微博用户、电视观众参与微博互动,甚至实现边看边聊、即时分享,以此在线上形成媒体传播联动。除此之外,微博还会基于网络大数据提供关于奥运会内容和用户的大数据信息,以改进和丰富奥运节目内容。

央视体育频道总监江和平曾表示:"之所以要跟新浪微博进行合作,理由其实是非常简单的。首先,它受众面广,其次,它的用户年轻化,最后,也是更为重要的,就是它已经拥有了巨大的影响力。"②

互联网技术的发展和微博平台影响力的逐渐扩大,是央视和微博再次合作的基础。并且对于央视来说,微博的社交性和互动性弥补了传统媒体的不足之处。和微博的联动也是传统主流媒体跟进时代、融合新元素的体现,能够助力央视吸引更多年轻人,扩大线上的覆盖面。此外,基于社交媒体平台的数据共享也为央视的节目制作、受众分析带来了便利。

---

① 王晓易.央视体育牵手微博进军里约[EB/OL].(2016-05-24)[2018-02-26].http://news.163.com/16/0526/04/BNVF7ION00014Q4P.html.
② 宗宁:里约奥运央视为何要联手微博?[EB/OL].(2016-05-26)[2018-02-25].https://baijia.baidu.com/s?old_id-470071.

第二，微博与央视在里约奥运会的合作让产品升级、玩法创新。例如，微博推出了一款奥运日历，使赛事内容直播移动化，并把央视体育客户端和微博渠道相结合。在里约奥运会期间，微博上参与互动的不仅有央视体育频道等权威媒体、500多位知名体育评论员、超过70%的现役国家队运动员、1 000多位国外运动员，以及15万体育认证用户，还有国际奥委会、里约奥组委、里约体育局等赛事组织和运营机构，中国驻里约总领馆、巴西驻华使馆等政府机构。① 基于这些用户产生的直播、赛事介绍、评论和花絮等内容，微博展开及时、全面的报道，并组织和引导用户进行打卡、点赞、打赏等社交行为。

---

① 张帆，杨磊. 微博成为央视奥运报道首席社交媒体战略合作伙伴[EB/OL]. (2016 - 05 - 24)[2018 - 02 - 26]. http://sports.people.com.cn/n1/2016/0524/c202403 - 28376404.html.

图书在版编目(CIP)数据

生态视域下的体育赞助价值评估/杨懿等著. ——北京:中国传媒大学出版社,2019.9
ISBN 978-7-5657-2530-2

Ⅰ.①生… Ⅱ.①杨… Ⅲ.①体育—赞助—产业发展—研究—中国 Ⅳ.①G812

中国版本图书馆 CIP 数据核字(2019)第 170363 号

生态视域下的体育赞助价值评估
SHENGTAI SHIYUXIA DE TIYU ZANZHU JIAZHI PINGGU

著 者	杨 懿 等
策划编辑	程 平
责任编辑	蒋 倩
特约编辑	李俊可
封扉设计	大鹏设计
责任印制	李志鹏
出版发行	中国传媒大学出版社
社　　址	北京市朝阳区定福庄东街 1 号　邮编:100024
电　　话	86-10-65450528　65450532　传真:65779405
网　　址	http://cucp.cuc.edu.cn
经　　销	全国新华书店
印　　刷	北京玺诚印务有限公司
开　　本	787mm×1092mm　1/16
印　　张	12
字　　数	201 千字
版　　次	2019 年 9 月第 1 版
印　　次	2019 年 9 月第 1 次印刷
书　　号	ISBN 978-7-5657-2530-2/G·2530　　定　价　56.00 元

版权所有　　翻印必究　　印装错误　　负责调换